昔話・伝説を知る事典

野村純一・佐藤涼子
大島廣志・常光徹 編

アーツアンドクラフツ

目次

か行

ま行

［執筆者一覧］

赤井　武治
石井　正己
伊藤　清和
薄井　有三
大島　廣志
梶　　晴美
上地ちづ子
粂　　智子

幸野　典子
近藤　雅尚
財前　哲也
佐々木　勝
佐野　正樹
高山　英子
常光　　徹
野村　純一

花部　英雄
藤田　尚樹
間瀬　俊治
矢口　裕康
山本　則之
米屋　陽一
和久津安史
渡辺　公一

［編者］

野村　純一（のむら・じゅんいち）
佐藤　涼子（さとう・りょうこ）
大島　廣志（おおしま・ひろし）
常光　　徹（つねみつ・とおる）

[凡例]

一、本書は、二〇一三年五月にアーツアンドクラフツより刊行された自然民俗誌『やまかわうみ　二〇一三年春号（vol.7）』「総特集　昔話・伝説を知る事典」より連載を除いて単行本化した。この「総特集」は、一九八七年に刊行された『昔話・伝説小事典』（みずうみ書房）を底本として再編集され、各項目は執筆者の手により加筆・修正・校閲を経て出版されたものであった。

一、本書の構成は、各項目を一頁として五十音順に配列した。

一、本文中の書名・文献名は『　』、話型名・論文・作品名は「　」とした。

一、年号は、原則として西暦を用い、（　）に元号を付した。

一、本文中、（　）内に地名の表示があるものは、二〇二一年時点の現在地表示を入れた。

一、各項の執筆者名は、各項目末尾に（　）内に明記した。

一、参考文献は＊表示の下に付した。なお、右の三人の全集・著作集は略記した。

『折口信夫全集』全三十一巻・別巻総索引、昭和二十九年～三十四年、中央公論社

『定本柳田國男集』全三十一巻・別巻五、昭和三十七年～四十六年、筑摩書房

『関敬吾著作集』全九巻、昭和五十五年～五十七年、同朋舎出版

一、巻末に「各地に伝わる昔話・伝説」として、日本地図に本書掲載の昔話・伝説の場所を入れて掲示し、併せて本文掲載頁も表示した。

昔話・伝説を知る事典

赤子塚
あかごづか

死んだ妊婦を埋葬した土中から赤子の泣き声が聞こえたという話を伝えている塚のこと。その赤子は後に高僧となったと説く例が多い。岩手県紫波郡寺林村（現・花巻市）では、昔、大興寺の九世宿鷲和尚が古塚の中から赤子の泣き声が聞こえるので掘ってみると、赤子がいた。この赤子を育てると奇才を発揮。後、如幻和尚となって大興寺十世を継いだ。これにより赤子塚を如幻塚と称したという。

元来、赤子塚は、峠、村の境、交通の要地などに位置している。これは、境の神つまり道祖神との関わりの深いことを示している。古来、赤子の霊は再生するものと信じられており、その管理は境の神に委ねられていた。赤子を欲する者が境の神に祈願したり、身体の弱い子を境の神に願って強くしてもらうのはこの理由による。こうした境の神に対する信仰が、土中から赤子の泣き声が聞こえたという伝説を生成させたのであろう。

赤子塚の中には、母の幽霊が飴や団子を買い与えて土中の赤子を生育させたという子育幽霊譚と結合している場合もあるが、これは後代の付加といえる。また、土中誕生の赤子が高僧となった例は、前述の如幻和尚の他に、頭白上人（茨城県筑西市）、通幻禅師（兵庫県三田市）、上達上人（広島県宮島）などが名高い。赤子塚の伝説は、夜泣き石伝説と結合する場合もある。（大島廣志）

＊柳田國男「赤子塚の話」（定本十二）

足跡石
あしあといし

神・英雄・貴人などが、石の上に立ったときの足跡が残ったという、足跡石とか神足跡などと呼ばれる石や岩が各地にある。愛知県蒲郡市には、弘法大師が海岸の岩の上に立って、巡錫のかたみに草鞋の足跡をとどめた、弘法大師御足跡というのがある。宮城県塩釜市の塩釜神社の境内には、社の神の二つの足跡のついた、神足石がある。もともとこれらの石は、神を祭祀する場であり、足跡というのも、神の降臨したことを示すものとして考えられていたものであろう。長野県伊那市高遠には、弁慶が戸隠からひとまたぎで飛んできたときにできた足跡石があり、この石に溜った水を疣につけるといい、日照りの時にも乾かないという。香川県綾川町には、谷川のほとりの岩上に弘法大師の足跡があり、そこに溜った水を目につけるとよくなるという。このように、足跡に溜った水に霊水的な要素を説くものもある。

足跡石と同じような伝説に、馬の蹄の跡のついた馬蹄石と呼ばれるものも、広く各地にある。馬が神霊の乗物として考えられていたことから、これらも神の降臨と関係するものであろう。富山県南砺市には、綽如上人の乗っていた馬が急にいなないて、そこの石に蹄のくぼみができ、そこから水が吹き出したという伝説があり、これらの伝説と水との関係も注意してみる必要がある。そのほかに、鬼の足形石などもある。

（薄井有三）

＊柳田國男「山島民譚集」（定本二十七）

跡隠しの雪

あとかくしのゆき

旧暦十一月二十三日から二十四日にかけての大師講にまつわる言い伝え。昔、ダイシサマには十三人の子供がいて、生活に困り大根などを盗みに行った。そのときにダイシサマは塩水の鍋で火傷をし片足を痛めてしまった。その足跡を隠すために雪を降らせるのだという。これをスリコギ隠し、テンポ隠しなどという。また、この日村々を巡行したダイシサマを、貧しい老女が親切にもてなした。老女はダイシサマのために盗みを働いた。老女は足が不自由だったので、足跡から盗みが発覚するのを心配したダイシサマはその足跡を隠すために雪を降らせるともいう。この伝説は古く山の神の来臨、巡行への信仰に由来するものと思われる。

山の神が片足神であるという俗信は各地にあり、山の神はこの夜に来臨して村人に恩恵を与えるものと信じられていた。ダイシは神の大子（オオイコ）であり、それが仏教の普及とともに弘法大師、元三大師、智者大師、達磨大師等の話として伝えられるようになったと思われる。大師講には小豆粥や団子等を作ってダイシサマに供えるが、塩ぬきの粥や片方だけ長い箸を供える風習もある。この話型は「弘法の麦盗み」等と共に、穀物栽培民文化に典型的な神話素材の一つとして世界的に分布する「穀物盗み」のモチーフに属する物語の一つであるとも考えられている。

（梶晴美）

＊柳田國男『日本の伝説』一九五三、角川文庫

雨蛙不孝

あまがえるふこう

『日本昔話名彙』に「雨蛙不孝」とみえ、その説明に〈鳶不孝と同型〉とある。『日本昔話大成』では動物昔話〈小鳥前生〉の四十八「鳶不孝」に分類している。『名彙』にもこの項はあり、派生昔話・鳥獣草木譚としている。他に「鳩不孝」もあり、〈鳩の鳴声あり。食物を親に持って行かず、親が餓死したのを嘆いて鳥になって――といふ〉とある。「鳶不孝」とは、昔、親子の鳶がいた。子は天の邪鬼の性格で親が何かいうと反対のことばかりするので、母が死ぬ時、葬式（墓）は雨の降る時（川辺）に出してくれと頼んだ。すると子どもは、葬式の時は親の遺言どおりにしようと思い、雨の降る時にすると、屍（墓）が流れてしまい、屍（墓）を捜して雨の日には鳶は鳴くという、鳶の鳴き声の由来譚。「鳶が舞えば雨」という諺もある。また「蛙が鳴けば雨」という諺もあるように、鳶でなく蛙または山鳩・烏とする話もある。

分布としては『日本昔話大成』によると、沖縄・鹿児島・大分・熊本・長崎・佐賀・福岡・香川・徳島・広島・岡山・島根・鳥取・奈良・兵庫・京都・滋賀・愛知・静岡・岐阜・福井・石川・富山・新潟・神奈川・東京・千葉・群馬・栃木・福島・山形・宮城・岩手・青森県と、ほぼ全国的である。朝鮮にも「雨蛙の嘆き」という類話がある。実際に雨蛙は雨が降る前に鳴く。それには科学的根拠がある。雨蛙は湿度の変化に対して非常に敏感に反応するからである。

（矢口裕康）

雨乞いと伝説

あまごいとでんせつ

雨は農耕に欠くことのできないものなので、雨乞い行事は全国各地で古くから行われている。雨乞いが行われる特定の池・沼・淵などは神聖視されている。したがって、それらの聖地には必ず禁忌（タブー）があり、その禁忌にまつわる伝説も多い。雨乞いの対象となる神は竜神・竜王と呼ばれるもので、これらは蛇と混同されることが多い。また、雨乞いを行うような聖なる池・沼・淵などには主《ぬし》が住んでいるとされ、竜・大蛇・河童をはじめとして鰻・蟹・鯉・蜘蛛などにまつわる様々な言い伝えがある。

雨の神と関わりを持つ伝説は、高谷重夫によれば大きく三つの型に分類することができる。第一は三輪山型で、主が女のもとへ通うという型である。第二は夜叉ケ池型で、主が田に水を入れてやり、その代償として三人娘の一人を連れ帰るのである。第三は赤松池型で、女性が水に入って大蛇などの主になる。この型の伝説では、その入水の動機を落城・嫁姑の争いなどと伝えている。

この三つの型以外にも、水界へ行った者が、雨を降らせることができる宝物を持って帰ったという伝説や、雨乞い習俗の起源・由来となる沈鐘伝説など数々ある。これらの伝説は、雨乞いという祭祀の主催者の家系伝承になったり、聖地および雨乞い行事そのものの権威づけに用いられている。

（藤田尚樹）

＊高谷重夫『雨の神信仰と伝説』一九八四、岩崎美術社

安珍・清姫

あんちん・きよひめ

道成寺の縁起となる伝説が有名である。奥州白河の安珍という若い修験僧が、熊野へ参詣する途中、紀伊国牟婁郡真砂の庄司の清次の家で一夜の宿を借りた。その夜安珍が寝ていると、清次の娘清姫が来て熱い想いをかける。驚いた安珍は、今は修行中なので熊野の帰りに必ず立ち寄ると固く約束をして出て行く。しかし帰途についた安珍は真砂の宿を素通りしていった。それを知った清姫は怒り狂い安珍の後を追う。そしてついには蛇体に身を変え炎を吐きながら日高川を渡る。道成寺に逃げこんだ安珍は寺僧の下した釣鐘の中に隠れたが、追ってきた清姫は鐘を七巻きにし安珍を焼き殺してしまう。その後二人は蛇道で夫婦となり、法華経の功徳によって救われる。このような内容の絵解きが現在も道成寺で実演されていて、和歌山県で採集される安珍・清姫伝説の内容に少なからず影響を与えている。絵による伝説の享受という点できわめて重要な事例である。

また、同じ和歌山県の安珍・清姫伝説でも、清姫の出生地とされる田辺市中辺路町付近の伝説は道成寺の縁起とは少々趣が異なっていて、清姫が純真な女性として説かれており、清姫の墓・清姫ヶ淵・清姫のねじり松など伝説にまつわる事物が散在する。この伝説は、遠く東北地方にも伝承されており、安珍の出生地とされる福島県白河には安珍桜などの伝説がある。寺社縁起の伝播とその定着を考察する上で数々の問題を提起している。

（藤田尚樹）

イエと伝説《いえとでんせつ》

イエという言葉には人が住む建造物を指す場合と、家族集団に付け加えられた抽象的な理念をいう場合がある。これは経済・信仰等の面で超世代的に継承されるべきものと考えられている。イエに関する伝説には、ムラの中のある特定のイエがその対象とされる。それは富裕なイエの盛衰に関わる話や他とは異なる家例・家宝・家屋敷などを説明する話である。たとえば河童から伝授された秘伝の薬や、源義経や平家など貴人ゆかりの名器等の家宝は各地に伝えられている。また家屋敷に関する話には、東京都大田区の日蓮寄掛りの柱・梶原屋敷のあかずの間・皿屋敷・幽霊屋敷・長者が没落して残った古井戸など、屋敷に付随する話も多くある。一方、キュウリを作らない、ウナギを食べない、餅をつかないなどの家例の由来や、博打で儲けたり、六部から奪った金で金持になったという話もある。「六部殺し」は、逆に代々不具の子が生まれるという祟り話になっている例がある。祟り話には神仏のほかに狐や蛇など動物も深く関わっている。動物の異常は不吉の前兆とはよくいわれるが、家の主の蛇を殺したために没落した話は多い。

いずれにしても、ムラにあって他とは異なり特別なイエであることを歴史的な人物や事件に絡ませ、あるいは神仏や動物など霊的なものに結びつけたりして伝承されている。これには経済的な事情とともに信仰的な要因が深く関わっていると思われる。

（梶晴美）

異郷譚《いきょうたん》

異郷（主に水界）を訪れた主人公が歓待を受け、別れ際に財宝あるいは呪宝を持ち帰る話群。この異郷譚に分類できるものに、「竜宮童子」「浦島太郎」「沼神の手紙」「黄金の斧」「玉取姫」などがある。これらの昔話は、海中（竜宮）や水界との関係を示したものであるが、昔話の世界では、山中、地底、海の彼方、天、そして海中の竜宮というように異郷が幅広く語られている。この地は現実生活とは及びもつかない富の郷であり、美しくすばらしい園である。そして、そこでは時はゆっくりと流れ、いつまでも年をとらず若いままでいられるのである。このような異郷観が昔話に反映されている。そして「見るなの座敷」のように理想郷を語る昔話もあるし、また、山中を舞台とする「酒泉」や「若返りの水」などにも異郷譚の一つの側面が窺える。

この異郷譚の多くは、隣の爺型の昔話と結びつき、欲におぼれて再度富を得ようとすると失敗したり、富あるいは呪宝を喪失し元のもくあみに戻ってしまう。そこに、異郷を訪れ得る者の資格を窺うことができる。つまり、正直者で人が良くなければならず、欲深であっては逆にこらしめられる結果となるのである。

笑話において異郷が語られる場合は、主に地獄が主題となったり（「閻魔の失敗」）、天に昇って雨を降らす（「源五郎の天昇り」）など、本来の異郷の性格は表れてこない。

（間瀬俊治）

和泉式部

いずみしきぶ

平安中期の女流歌人。小野小町に劣らず広い伝説分布をもつ。誕生の地と伝わる所だけでも、西は佐賀県杵島郡から兵庫・京都・静岡・長野・福島、北は岩手県和賀郡まで十数ヵ所を数える。鳥取市湖山では、父大江定基が円城寺の千手観音に祈って授かったという式部の出生説話が伝えられている。式部が歌人であることから、各地に残されている式部伝承も和歌に関するものが多い。瘡疾を患った式部が平癒を祈り、日向国法華嶽寺の薬師堂で百日の参籠をしたが、いっこうに効験がないのを恨んで〈南無薬師衆病悉除の願立てて身より仏の名こそ惜しけれ〉と詠むと、〈村雨はただ一ときのものぞかしおのがみのかさそこに脱ぎおけ〉と薬師の返歌があってたちまち平癒したという霊験譚はとりわけ有名で、土地によっては小野小町となっている。他にも、歌によって娘の小式部を発見する「うるか問答」と呼ばれる話。西行・空也・一遍などの高僧と歌問答を行う話などがある。また御伽草子の「和泉式部」は、式部の隠し子の道命阿闍梨が知らずに母を恋慕し、式部がその罪の深さを悔い惟空に救いを求める話で、〈くらきより暗き道にぞ入りぬべきはるかに照らせ山の端の月〉という歌が採られている。これらの伝説が各地に残されていることは、中世に特定の女性にまつわる語り物を運んで歩いた者たちのいることを推測させる。京都の〈誓願寺〉には式部に関するものが多く残され、その者たちの拠点と考えられている。（近藤雅尚）

一族と伝説

いちぞくとでんせつ

一族に関する伝説にはその出自を語るものと、それに伴う行事・祭礼などの由来を説くものとがある。氏族の出自を説く祖神の説話としては古くは、記紀にも見える。

たとえば、大三輪氏の伝承は蛇に化した神との婚姻であり、この系統には後の九州の緒方氏の伝承があり、さらに越後の五十嵐小文治の伝承にもみえる。また「葛の葉」伝説で名高い安倍晴明の母は狐であり、安倍氏をはじめ、現在でも狐を先祖にもつ一族は各地に類例がある。このほか、賀茂氏の伝承は雷神を、藤原氏は天人を祖とする異類婚姻譚の形態をとる。始祖を神、あるいは動物とする伝承のほか、歴史上著名な人物を始祖にもつ伝承も多い。たとえば羅生門の鬼退治で有名な渡辺綱を祖先にもつ渡辺党は各地にあるが、山形県西村山郡朝日町の例では節分に豆を撒かず、五月節供に菖蒲を屋根にささない。これは祖先の綱が鬼を退治したので鬼除けをする必要がないためだという。新潟県栃尾市(現・長岡市)の茨木一族は、鬼が破風を破って逃げたため、それ以来家を建てても破風は造らないという。このほか、落人村など祖先を平家と称して正月に餅を搗かないことなど特殊な家例の由来を説いている。

このように、ムラにあって一族が特別な存在であることを、祖先の出自に求め、その業績に伴って同族神の祭祀や、現在の行事などを説明しているのである。同族神への信仰が深く関わっていると思われる。

(梶晴美)

一休話

いっきゅうばなし

禅僧一休（一三九四～一四八一）にまつわる話。一休宗純は大徳寺第四八世住持で、後小松天皇御落胤とも噂される伝説的部分の多い人物。自ら破戒僧として数々の奇癖、奇行を残し、その点がまた後の説話を生み出す要因にもなった。一休話は、彼の没後その奇異な振舞いや奇跡を説くという形で巷間や書物などに断片的に伝えられていた。それらをまとめたのが『一休はなし』（寛文八年）であり、続けて『一休関東咄』『一休諸国物語』が寛文年間に刊行されるに至って一休話の枠組ができあがったといえる。その中には一休の実話に加えて、創作や先行する説話を一休話に仕立てたものもある。後世の一休話の代表例となる「この橋渡るべからず」「喉は鎌倉街道」などの、いわゆる頓智小僧一休がすでに造型されている。系統的にみれば、一休話は『沙石集』などに見える和尚と小僧譚につながるもので、それを継承発展させていったものといえる。民間に伝承される一休話は、基本的には前述の咄本の流れを汲むものである。ただその中には、「蒟蒻問答」「指合図」などのように主人公名に一休の名が冠せられて組み込まれたものもある。西行説話が民間に伝わった場合に独自な展開をみせたのと同様に、民間伝承の中で固有な発達をとげた傾向がみられる。一休話の伝承には寺などの説教も関与しているが、近年ではテレビ等のマスメディアの普及が大きい。

（花部英雄）

＊岡雅彦「一休俗伝承」（『一休蓮如』一九八三、吉川弘文館）

一寸法師

いっすんぼうし

異常に小さな姿で生まれた申し子が、すぐれた能力を発揮し、富を獲得して栄える昔話。話の発端は、子供のない夫婦が神に祈願して小さ子を授かる例が一般的である。『御伽草子』の普及も手伝って、一寸法師の名で広く親しまれているが、民間ではそれ以外にも、豆一・五分次郎のように小さいことを表す名や、すねこたんぱこ・指太郎のように生まれ出た場所を示す名が伝承されている。一寸法師は何年たっても大きくならないが、ある時、両親に暇乞いをして長者の家で働く。ある晩、寝ている長者の娘の口許に米を塗りつけ、翌朝、米が盗まれたといって騒ぐ。盗みに怒った長者は、娘を一寸法師に与えて家を出す。このモチーフはすでに『御伽草子』の「一寸法師」にみえ、江戸期の『神国愚童随筆』にも記録されている。娘は濡れ衣を着せられた状態で一寸法師に預けられるが、ここには、求婚者の携えてきた食物を口にすれば、その男の意志を受け入れたものと見なす観念が働いていよう。婚約者を得た一寸法師は、鬼退治などで手に入れた打出の小槌で若者に成長し、娘と結ばれる。

話によっては、娘に対する計略のモチーフを欠いているものや、鬼退治のみで、計略や若者への成長のない場合もあり、その内容には変化が多い。しかし、いずれの場合も、主人公が異常な力を発揮して、富を獲得する結末は共通している。

（常光徹）

＊大島建彦「昔話の伝承」（『日本の民俗』一九七四、朝日新聞社）

犬と猫と指輪

いぬとねことゆびわ

助けた動物の援助によって失った呪物を取り返す昔話。呪宝譚の一つで世界的に分布する。アールネの歴史地理的方法の対象となった昔話として知られている。アールネはこの話の原型を次のように示した。若者が殺されようとしている犬と猫を助け、さらに犬と猫の助力で蛇を救う。蛇の親は恩返しに呪力を持つ石を若者に与える。若者は呪物によって城を築き王女を妻に迎える。ある時、呪物を盗まれ、妻を運び去られる。犬と猫は主人を助けるため家を出る。石は泥棒がくわえていたので、猫は鼠をおどして石を持ってくるようにいう。鼠は泥棒をくすぐり石を吐き出させる。猫がそれを持ち帰る途中、犬と口論になり石を川に落とす。魚がそれを呑み込むが、後に彼らは魚を発見して石を持ち帰る。若者は石の呪力で城と妻を呼び戻す。荒木博之は、我国に伝えられる本話を歴史地理的方法によって分析した。それによれば、呪物の授与者を蛇とする例は東北日本に顕著であり、西南日本では猿が主流を占める。この二つのサブタイプの他に九州の西海岸を中心に竜宮サブタイプを比定している。かつては蛇サブタイプが広く分布していたが、やがて猿サブタイプが発生し、蛇サブタイプを駆逐しながら南は九州・沖縄、東は新潟まで波及した。竜宮サブタイプは東アジアのどこかからの伝播ではないかと推論している。

（矢口裕康）

＊荒木博之「昔話の歴史地理的研究」（『日本昔話大成』十二、一九七九、角川書店）

犬聟入《いぬむこいり》

娘の排便の始末をしてくれたら、ゆくゆく嫁にやると犬に約束する。犬は娘の排便の始末をし、娘が成長すると約束の履行を親にせまる。娘は犬の妻になり、犬と一緒に山の中で暮らしている。猟師がやってきて犬を殺し、その女を自分の妻とする。七人の子供ができしあわせに暮らすが、ある日猟師は、昔の犬殺しのことを妻に告白する。妻は先夫の仇とその猟師を殺す。だから〈七人の子はなすとも女に心を許すな〉ということわざがあるのだ、と結ぶ昔話。

東北から奄美、沖縄まで伝承されている昔話だが伝承濃度はあまり密でなく、西南日本に多く採集される。男の告白と女の仇討ちの場を、妻に髭をそらせているときとする型と、オトゴ朔日に妻が包丁で夫に味噌漬を食べさせているときとする二つの型に分けられる。後者は前者の地域的な変化であろう。この昔話と関連する犬祖伝説は東南アジア地域に広く伝承されている。すなわち畲（ショウ）族、苗（ミャオ）族、猺（ヤオ）族等の始祖伝説である。自分たちの始祖を犬と女との間に生まれた人々であるとするこの伝説は沖縄・宮古・八重山の島々の伝説にも大きく影響を与えている。伝承の背景に焼畑耕作、あるいは狩猟生活が窺える昔話で、伝承の分布も焼畑耕作等の分布と重なってくる。

（田畑千秋）

＊三品彰英「獣祖神話」（著作集三『神話と文化史』一九七一、平凡社）
福田晃「犬聟入の位相と伝播」（『昔話の伝播』一九七六、弘文堂）

異類婚姻譚

いるいこんいんたん

人間と人間以外の動物・精霊・妖怪などの異類とが結婚する昔話群がある。これを〈異類婚姻譚〉と呼ぶ。『日本昔話名彙』では〈幸福なる婚姻〉の項に分類されている。『日本昔話大成』では〈婚姻・異類聟〉の項に「蛇・河童・鬼・猿・犬・蜘妹・木魂聟入」「鮭・蟹報恩」「鴻の卵」「蚕神と馬」「蚕由来」、〈婚姻・異類女房〉の項に「蛇・蛙・蛤・魚・竜宮・鶴・狐・猫・天人女房」「笛吹聟」がある。『古事記』の〈三輪山神話〉のごとく、三輪山の神の化神である蛇と娘とが結婚する神話的な伝承の残滓が昔話の「蛇聟入・苧環型」として語りつがれている。あるいは、異類は池の主であったとか、異類との間に生まれた子供が英雄になったとかいうような始祖伝説、英雄伝説としても語りつがれている。しかし、異類聟譚では、神話や伝説と異なって異類が神や池の主としてではなく、人間に悪や害をもたらすものとして妖怪化している。また、異類女房譚は、命を助けられた異類が報恩のため女性となって現れ結婚する。両者の間に子供が生まれるが、何らかのタブーを男が破って異類の正体がばれ離別する。「蛇聟入・苧環型」は妻問婚の形式をとり、その他の異類聟譚は妻方から夫方に移る妻方・夫方居住制をとる。異類女房譚は嫁入婚で夫方居住制をとっている。異類婚姻譚には、トーテミズム信仰・水神信仰・異部族間の婚姻習俗・男女の生活規範・労働生産活動・農耕民の知恵などが絡みあっている。

（米屋陽一）

魚《うお》

海魚・川魚を問わず、魚は人々の生活と密接な関わりをもっている。日常の食用として欠かせないだけでなく、年越魚に代表されるようにハレの日の食物としても重要視される。昔話「魚女房」は、助けられた魚が美女になって男の女房となり、うまい汁を作る話。東北日本に色濃く分布し、魚の種類にサケ・マスが多く登場するのは、おそらく、これらの魚の文化圏と深く関わって伝承されてきたことによろう。とりわけ、季節を定めてやってくる鮭は神聖視された。鮭に特別の関心を寄せた話に「鮭の大助」がある。旧十一月十五日の晩には〈鮭の大助今通る〉と大声で叫びながら鮭の王が川を上るという。これは、捕獲された鮭の精霊であるともいわれ、この声を聞くと不吉なことがあるといって耳塞ぎ餅を搗いたりするなど、土地の民俗と深く結びついて語られている。「物食う魚」は、毒流しの相談をしているところに僧が現れて、やめるように忠告する。僧は赤飯を御馳走になり帰る。翌日、毒を流した川に大鰻が死んでいる。腹を割くと赤飯が出てくる。鰻の他に、岩魚・山女と語る例もあり、年を経た大魚を淵の主あるいは水界の霊とする信仰が背景にある。また、多く旅僧に化ける点から、旅の宗教家などによって伝播されたものと推測されている。

ほかにも、魚を構成要素とする話には「尻尾の釣」「蜂と蟻の魚分配」「犬と猫と指輪」「猿の生肝」「牛方山姥」「物言う魚」などがある。

（常光徹）

牛《うし》

農耕だけでなく運搬にも利用される牛は、馬とともに重要な役畜として重んじられてきた。昔話「牛方山姥」では、塩や鯖をつけて山道を行く牛の様子がよく描かれている。こうした牛をつかった運搬業者を牛方と呼ぶが、彼らは昔話の有力な伝播者で、時には自らを主人公に仕立てて話を語り歩いたと考えられている。人が死んで後、牛に生まれ変わるという信仰も早くからあったようで、『譬喩尽』には〈牛は坊主の生れ変り故、魚類を食はず〉とみえている。牛が前世では人間であった事情を語る「後生の牛」などは、こうした背景のもとに成立した話であろう。民間でも、白い首の牛は人間の生まれ変わったもの（奈良）とか、牛が死ぬと人間に生まれ変わる（大阪）といった伝承が各地でいわれており興味深い。他にも、牛の登場する話は多い。「片目の牛」は、頓智を働かせて片目の牛を高い値で売りつける話。「牛の鼻ぐり」では、吉四六が町の衆を騙して鼻ぐりを大量に売りさばく。また、馬の尻に代わって「牛の尻に札」を語る土地も多い。これら、おどけ者話や笑話に牛を題材にとった話が豊富にみられるのは、それだけ身近な役畜として親しんできたことの反映であろう。牛に似た大石の由来を説く「牛石」の伝説も方々に残っている。愛知県岡崎市では、牛岩に鼻綱を通して、滝の両側に対峙する大松に結び、岩の背を洗って祈ると雨が降ると伝えている。牛と水との結びつきを示す事例である。

（常光徹）

牛方山姥《うしかたやまうば》

逃竄譚に属する本格昔話。東北から九州にまで広く分布している。主に東北地方では主人公が牛方であるのに対し、西日本では馬方とされるものが多い。男が牛（馬）に魚を積んで運んでいると峠にさしかかった所で山姥が出てきて、魚や牛（馬）を次々に食う。男は危機を感じ大急ぎで逃げ出す。灯のついた家を見つけ、天井に隠れていると山姥が入ってくる。〈天井に寝ようか、釜に寝ようか〉というのを聞き、男が〈釜がよい〉というと火の神の言葉と思った山姥は釜に寝る。男は釜に蓋をして重しをのせ、湯を入れ、火をつけて山姥を煮殺す。これが一般的な型である。魚はサバであることが多いが、他にブリ・イワシ・タラ、魚以外にも大根・塩・米等の場合もある。また山姥の家での語りを欠き、途中、山姥が池に映っている男を見て池に飛び込み死んでしまう型のものもある。この話を、男が山姥に出会い山姥の家まで逃げていく前半と男が山姥を退治する後半に分けて考えた場合、そこに描かれる山姥はあまりにも対照的な姿をみせているのに気づく。前半の山姥の凶暴性や威圧感は後半ではすっかり影を薄め、男の知恵に簡単に屈してしまう単純な愚直さと滑稽さとが描写され、男と山姥の立場は逆転している。この後半部が強調されると、話は笑話に傾きやすい。また、「牛方山姥」の背景には、峠の神に手向けをする信仰や習俗が指摘されている。

（近藤雅尚）

＊五来重『鬼むかし』一九八四、角川書店

歌い骸骨《うたいがいこつ》

二人の男が郷里をめざして帰ってくる。一人はよく働いて金持ちとなったが、一人は文無しのままだった。五葉の松の所で休んでいるとき、文無しは金持ちを殺して金を奪い、家に帰ってくる。三年後、仕事をしに文無しが例の場所を通りかかると、しゃれこうべが〈かのたかのたよ　思たことかのた　末じゃ鶴亀　五葉の松〉と歌っていた。男はこれを金満家のところへ持ち込み歌わせようとするが、歌わないので首を斬られてしまう。そのとたん、しゃれこうべは例の歌を歌い、いきさつを語る。

朝鮮・グリム童話などにもみられる話で、日本では古く『日本霊異記』下巻第一、『今昔物語集』巻十二第三十一などに類型話があるが（法華経を常に誦していた僧が山中で死ぬ。三年後、髑髏の舌は腐ることなく経を読み続けている）、これは当時すでに民間に流布していた話を僧が利用、記録したと考えられる。髑髏に対する畏怖は諸民族共通のもので、霊力は尋常なものではなかった。死んでも魂・精は残り、先祖・死者との交渉が可能であり、死者の力を受け継ぐことも可能と考えていたのである。源を異にするであろう「枯骨報恩」という話もある（行方不明の金持ちの息子が骸骨になって乞食に拾われ、もてなしを受ける。骸骨は自分を乞食に背負わせ葬式に連れていく。お礼に乞食にごちそうをし、金を与える）。その他、「歌い骸骨」は、東北地方および九州地方、沖縄という国の両端に分布しているところに特色がある。

（渡辺公一）

姥捨山《うばすてやま》

特定の年齢に達した老人を山奥に捨てるという発端をもつ昔話。以後の展開によって四つの型に分類できる。第一は難題型で、捨てきれずに連れ帰って隠しておくと、隣国の殿様から難題が出される。しかし老人の力で解決し、老人は知恵があるということで棄老の慣習を改めることになる。第二は枝折型で、捨てに行く途中、枝を折っているのでその理由を尋ねると、子供が道に迷わないための道しるべだといい、子を思う親の気持ちに感動し連れ帰ることになる。この型は一モチーフのように扱われて、このあと難題型に展開していくものもある。第三は親棄畚型で、息子を連れて親を捨てに行き帰ろうとすると、息子が畚を持ち帰ろうとする。訳を聞くと今度自分が父を捨てるときに用いるのだという。我身を振り返り、捨てずに連れ戻る。第四は採集例は少ないが、嫁姑不和型とでもいうべきもので、一旦捨てられた老人が神により危難を救われ、富を授けられる。逆に捨てた側の嫁の方が罰を受ける。この四話型はその主題とするところにおいては相違もあるが、同根からの枝別れとみてよいであろう。この昔話はインドが源流とされるが、それは古く経典『雑宝蔵経』にみえることからで、我国でも『今昔物語集』をはじめ引用が多い。親棄畚型は中国の『孝子傳』に出ているが、儒教精神の濃いものといえる。民間の伝承の中には習俗や地名と結びついて伝説化されたものが多い。話の内容上、習俗や歴史的事実の説明に傾きがちである。

（花部英雄）

産神問答

うぶがみもんどう

『日本昔話大成』では大きく三分類を試みている。一、「産神問答」は、ある男が偶然、神々が子供に福分を授ける話を聞き、自分の息子の嫁に福分を持つ女をもらう。二人は結婚するがうまくいかず離婚する。男はおちぶれるが女は再婚し裕福に暮らす。男は放浪生活の末たまたま元の女房と再会する。『神道集』（釜神の事・葦苅明神の事）、『大和物語』（百四十八段）、『今昔物語集』（巻三十）などの文献との関わりが指摘されている。男は箕売りや笊売りになる例が多く、結末で、竈神の由来と結びつく例もみられる。二、〈虻《あぶ》と手斧《ちょうな》型〉は、男がお堂に泊まった時、自分の子供の寿命を話している産神の問答を聞く。それによると〈虻に手斧の相〉だという。後に子供は大工になるが、ある時、飛んできた虫（虻・蜂など）を手斧で殺そうとして、あやまって体を切って命を落とす。類話は『今昔物語集』巻二十六にもみえる。三、〈水の神型〉は、ある男がお堂で、自分の子供の寿命について話している産神の問答を聞く。それによると〈七つの年の水で死ぬ〉という。果して七歳になった子供は、水と書いた暖簾の下で死ぬ。この型には、子供が死ぬ場合と、親が何らかの手段を講じて難を逃れ、子供は長生きしたと語る場合がある。以上の他に、年齢差の極端に異なる男女が夫婦となる運命の不思議さを説く「夫婦の因縁」や「炭焼きの子」などがある。

（矢口裕康）

＊福田晃「芦刈説話伝承論序説」（『口承文芸の展開』一九七五、桜楓社）

産湯水

うぶゆみず

　歴史上の著名な人物が産湯を使ったという伝説をもつ泉または井戸。遡れば『筑前国風土記逸文』に、神功皇后が応神天皇を生んだ時に産湯水にしたという「瀰夫《みふ》の泉」の伝説がある。また宮崎県西都市の児湯《こゆ》の池は〈無戸室（うつむろ）でお産まれになりました三皇子の産湯をお使いになったのがこの池です。景行天皇の頃から、この地方を子湯の県（あがた）と呼んでいます。児湯郡という郡名も、この池から生まれたといわれます。また、日本最初の産婆の神・袷縞（あわしま）様、現在の青島様が祭られています〉とも報告されている。東京都渋谷区の「金王丸産湯水（誕生池とも呼ぶ）」は、八幡宮の社記によると、一度この霊泉に触るる者齢千歳を保つという。静岡県駿東郡小山町の「金時の産湯の水」は、産婦に飲ませると安産となるというように効験を説く場合もある。他に岡山県真庭郡勝山町（現・真庭市）の「寂室禅師の産湯井水」、京都市下京通の「菅公産湯の水」、京都市北区の「牛若丸誕生水」、京都市伏見区の「親鸞上人産湯の井」、奈良県磯城郡桜井町（現・桜井市）の「衣通姫の産湯の井」、名古屋市熱田区の「頼朝誕生水」、千葉県安房郡天津小湊町（現・鴨川市）の「日蓮誕生水」、千葉県君津郡小糸町（現・君津市）の「鎌足の産湯の井」、福島県郡山市田村町の「田村麻呂産清水」、福島県会津若松市の「日什上人の産清水」というように、誕生水・産湯の井・産湯水・産清水等誕生に関連した産湯水の存在が各地にみられる。

（矢口裕康）

馬《うま》

神事など神聖なときに使用される馬は、早くから神霊の乗り物とされてきた。岩や石に蹄の跡が残っているという「馬蹄石」伝説は、その乗馬の主を神もしくは歴史上の英雄と語る例が多い。神が馬に乗って訪れるという信仰が、馬蹄に似たくぼみをもつ岩石の由来譚と結びついて語られたのであろう。「駒繋ぎ松」も同様に、木に神霊が憑くという信仰をもとに、神聖な駒をつなぐ伝説が生まれたと考えられている。奥羽地方では、近年まで出産時には夫が馬を引いて、安産の神である山の神を山中に迎えに行く習俗があった。途中で、馬が身震いなどすると神が乗られたと判断して引き返す。こうした民俗の中にも馬を神霊の乗り物とする一面をみることができる。「蚕神と馬」は、娘と馬が仲好くなり結婚する。怒った娘の父親は馬を殺し、娘もともに死ぬ。のちに馬の皮から蚕が生まれたとか、娘が蚕に化したという。いわゆる馬娘婚姻譚と呼ばれる話で、蚕の神とされるオシラ神信仰と結びついて、巫女の語る祭文とともに広まったものである。「馬と犬と猫と鶏の旅行」は、動物たちの協力によって悪者を追放する話で、報告例は少ないが、『グリム童話集』の「ブレーメンの音楽隊」と同系のものである。馬は牛や犬などと同様、家畜として人間に親しみのある動物だけに昔話にも多く登場する。馬を構成要素とする話は「馬追鳥」「銭ひり馬」「馬の田楽」「馬の尻に札」「旅人馬」「馬子の仇討」など多彩である。

（常光徹）

馬と犬と猫と鶏の旅行

うまといぬとねことにわとりのりょこう

動物昔話の一種。いくつかの種類の動物が特徴を生かしながら、協力して悪者を追放したり、退治する話。馬と犬と猫と鶏が飼い主に酷使されたため、あるいは飼い主が貧乏になったため旅に出る。日が暮れたので、森の中、または一軒家に泊まる。と、夜中に泥棒がやってきて、金など盗んできた物を分けはじめる。四匹は泥棒を脅そうとして、馬の上に犬、犬の上に猫、猫の上に鶏があがって、一斉に〈ヒヒーン、ワンワン、ニァンニァン、テテコッコウ〉などと声を上げる。泥棒は驚いて盗品を残して逃げる。四匹の動物はそれを手に入れて旅を続ける。あるいは、幸福に暮らす。『グリム童話集』における「ブレーメンの音楽隊」と同じ系統（AT一三〇）で、ヨーロッパで流行した話。アンティ・アールネは、「猿蟹合戦」などの仇討をするところでいろいろな物が登場して悪者を退治する話（AT二一〇）をアジア的原型とし、ヨーロッパの事情にもっと似つかわしく組み立てられた話であるとしている。日本においては、岡山県・長野県・新潟県などや、東北地方から数例報告されている。関敬吾は、朝鮮にも同様な伝承があるとしながらも、グリムの「ブレーメンの音楽隊」にあまりに近いことから、古くからの伝承であるかどうか疑問であるとしている。

（和久津安史）

＊関敬吾「昔話の分布」（『日本民俗学大系』十二、一九五九、平凡社）
A・アールネ著、関敬吾訳『昔話の比較研究』一九六九、岩崎美術社

梅《うめ》

外来植物である梅は、早くから珍貴な木とされ、庶民にはもったいないという畏れがあった一方で、梅の実は日常生活の必需品として親しまれた。

梅の俗信は多く、秋田県雄勝郡では、梅の木を屋敷に植えると災難除けになるというが、反対に、岩手県二戸市では、宅地に植えると不幸があるといって忌み嫌う。梅の実が食用であることから、入梅前に梅を食べてはいけないとか、半夏生に梅を食べると、頭が禿げるなどという。また、花が上向きに咲くか下向きかにより天候を占い、下向きに咲く年は多雨という。梅がよい年は豊作ともいわれる。

梅に関する伝説の中でよく知られているのは、飛梅にまつわる話であろう。福岡県太宰府天満宮にある飛梅は、昔菅原道真が筑紫へ下るとき、〈東風吹かばにほひをこせよ梅の花あるじなしとて春な忘れそ〉と詠み、日頃愛した梅との別れを惜しんだ。その梅が菅公を慕って一夜のうちに飛んできたと伝えられている。

飛梅伝説は、福島市、福井県大飯郡にもみられる。千葉県安房郡の逆梅は、源頼朝がここに赴く途中、梅の枝を折って杖とし、将来を占って地に挿したものが成長したという。昔話の中でも、継子が梅の木に縛られたり、また、梅に鶯の取り合わせが「見るなの屋敷」などに描かれている。（赤井武治）

＊鈴木棠三『日本俗信辞典』一九八二、角川書店

瓜子織姫《うりこおりひめ》

異常誕生譚。瓜から生まれた姫の成長と婚姻を説く昔話。婆が川へ洗濯にいくと、川上から瓜が流れてくる。家に持ち帰って切ると、中からかわいらしい姫が生まれる。瓜姫と名づけて育てていると大きくなり機を織るようになる。あるとき、姫が一人で機を織っていると天邪鬼がやってくる。瓜姫は絶対に戸を開けるなといわれていたが、天邪鬼に誘われるままに戸を開けとらえられてしまう。天邪鬼は瓜姫を木にくくりつけて瓜姫になりすまし、嫁入りしようとするが途中で偽者であることがばれ殺されてしまう（広島県）。

分布は全国的にみられるが、東日本と西日本では天邪鬼の瓜姫に対する扱いに違いがある。西日本では瓜姫を殺さず木にしばりつける例が多いが、東日本では殺害し皮をはぐなどと語られる。またこれとは逆に、天邪鬼に対する仕打ちは西日本の方が残虐である。発端部は、東北地方では瓜を畑からとってくるという例もあるが、やはり川上から流れてくるというのが古態であろう。瓜は水神の依代とも考えられており、その瓜から生まれた姫が機織りをするという語り口から、瓜子織姫の〈たなばたつめ〉的性格を読みとることも可能であろう。この昔話は早く、室町時代物語の素材にもなっており『瓜姫物語』などと関係がある。また姫と天邪鬼との関わりは「たなばた」とも関係が深い。

（藤田尚樹）

＊柳田國男「桃太郎の誕生」（定本八）

運定めの話《うんさだめのはなし》

人間の一生はいかに本人が努力しようとも生まれ落ちた時すでに定められているとする運命譚である。その中に分類される昔話に「炭焼長者」「甓長者」「男女の福分」「水の神の寿命」「虻と手斧」「夫婦の因縁」「王位の約束」等がある。この人生が超自然の力で定められているとする思想は世界のあらゆる民族が古くから持ちえた思想であるが、〈あきらめ〉を美徳とする日本においては北は東北地方から南は沖縄地方まで広範囲に伝承されている昔話である。

運命を定める神は産土の神・山の神・箒の神・杓子の神・便所の神等々いろいろであるが、奄美ではケンムンが運命を定めるという話もある。また運命の定めを聞き知る機会は父親・巡礼・乞食が村境の辻堂などに泊まった時に聞くが、奄美・沖縄では海浜の寄木に枕していてその運命を知る。『日本昔話名彙』『日本昔話集成』にも載っておらず、近年運定めの話として確認された「夫婦の因縁」の昔話の概略は次のようである。昔、若い男がたまたま堂に泊まっていて神仏の声を聞く。それによると自分の妻になるのは今夜生まれた女の子であるという。年の違いにおどろきその子を殺そうと喉を刺す。それから二十年ほどして嫁をとり、初夜の晩にその嫁の喉に傷があるのを見て、二十年ほど前に自分の手で殺そうと喉を刺したあの時の女の子であると知る、というものである。

（田畑千秋）

*関敬吾「運命譚――その系統と分布――」成城大学民俗学研究所紀要六

絵姿女房《えすがたにょうぼう》

婚姻をテーマにした昔話の一つ。美しい娘が男の女房となる。男は女房のそばを離れないので絵姿を与えて仕事にやる。それが風に飛ばされて殿様のもとに落ちる。以後の展開によって〈物売型〉と〈難題型〉とに分類される。物売型は、殿様が無理矢理に女房を召しあげる。男は女房が教えた通り物売りになって城下に行き、大声で振れ回る。その声を聞いた女房が初めて笑うのを見て、殿様は男と衣装を取り換える。しかし事情を知らない門番は殿様を城から追放する。難題型は、殿様が男に難題を課し、解けなければ女房を差し出すようにという。男は女房の援助で難題を解決し幸福に暮らすという内容である。

この二つの型は、併存して伝承されている。衣装の交換は日本的趣向でないということで、外国からの輸入とする考え方があるがはっきりとした根拠はない。難題を女房の力で解決するという要素は、この女房が尋常の女性でないことを暗示しているが、同じモチーフをもつ「笛吹聟」の昔話では天の女性であるのに対し、「絵姿女房」は出自が明らかにされていない。その意味では、異類婚姻譚の天人女房系の流れをくむものでありながら、より人間社会にリメークされたものといえる。『三国伝記』巻五の類話に出てくる相撲の難題は現行の奄美の例にも見えて興味深いところである。『今昔物語集』『御伽草子』などの文献にも載る。

（花部英雄）

＊関敬吾「絵姿女房」（著作集二）

縁結びの木

えんむすびのき

ある木に願をかければ男女の縁が結ばれるといい、その木を縁結びの木という。愛知県春日井市では、松の古木の枝に、親指と小指で紙縒を結びつけると良縁を得るという縁結びの木がある。滋賀県高島市には、縁結びの神木があり、観音へ参詣した人が紙をさいて片手でこの木に結えば好縁を得るという。新潟県東蒲原郡では、夜中に男女ふたりが縁結びの木に松の小枝をうまく結びつけると、ふたりは結ばれるという。このような習俗は、近世に広く行われていた。男女の名前と年齢を書いた白い紙を神社の扉や境内の木の枝などに結びつけて男女の結縁を願ったという、縁結びの神の信仰と関係してこようが、ここには〈結ぶ〉という行為を通して男女の縁を結びつけるという発想が窺われる。しかし、もともとは折口信夫の説くように、霊魂をつけるという〈産霊（むすび）〉の信仰と関係があるであろう。千葉県市原市には、ふた株の合木の大銀杏があるが、片方を男木といい、もう片方を女木という。これに願をかければ男女の叶わぬ縁も結ばれるという。東京都板橋区には、相生杉と呼ばれる木があり、男女の結縁に利生があるという。これらは木の形によるものであろう。このような縁結びの木とは反対に、願をかけると縁が切れるというものもある。東京都板橋区には、縁切榎と呼ばれる木があり、嫁入りするものはこの木の下を通らなかったという。

（薄井有三）

＊折口信夫「産霊の信仰」（全集二十）

狼《おおかみ》

イヌ科の猛獣で一般にはヤマイヌ、オイヌなどと呼ばれる。埼玉県秩父市の三峰神社や静岡県浜松市の山住神社などは狼を神の使とし、頼むと、害獣の鹿や猪を捕ってくれると信じられた。また猟師も山の神獣として、これを捕らなかった。狼は日本の肉食獣ではいちばん強いものとされており、それに信仰の対象になっていたことなどが付加され、霊的な力をもつ動物として一般に認識されていた。

このような力をもつ狼は、日本人に相対立する二つのイメージをもたせた。つまり、その力で害獣をとってくれる益獣としての〈善〉のイメージ。その力をひとたび人間にむけたときの畏怖される害獣としての〈悪〉のイメージ。昔話の世界にも、この考えは反映されている。「狼の眉毛」は真人間が狼から眉毛をもらい、幸福な人生を送った話。「狼報恩」は狼の口に刺さったトゲを抜いてやった男が猪や雉子を御礼にもらった話。これらは〈善〉のイメージである。それに対して「鍛冶屋の婆」の狼は人を襲う恐ろしい動物として登場する〈悪〉のイメージである。

また、「狼報恩」は韓国、中国では虎、ヨーロッパでは熊やライオンとして伝承されている広い分布をもつ昔話である。このことは、日本における狼の役割、ひいては、昔話における動物を考える上で重要であろう。

（財前哲也）

＊千葉徳爾『狩猟伝承研究』後篇一九七七、風間書房

大歳の昔話

おおとしのむかしばなし

大歳の夜に旅人が宿を貸してくれといってやってくる。親切に心よく泊めてあげると、次の日旅人は金に変わっていたという話がある。「大歳の客」と呼ばれる。異人歓待をテーマとした昔話の一つであるが、関敬吾はこれらの大歳に関する話を『日本昔話大成』で、〈大歳の客〉としてまとめ「猿長者」「宝手拭」「弘法機」「大歳の客A・B」「厄病神」「貧之神A・B」「大歳の火」「笠地蔵」「大歳の亀」「ものいう動物」の、十二話型をあげている。

異人歓待をテーマとする話は、古く風土記の時代まで遡ることができる。『常陸国風土記』筑波郡の条「福慈（富士）と筑波」の話や、『備後国風土記逸文』の「蘇民将来」の話などがそれである。これらの話の成立には、異人を歓待するという民俗的背景が考えられる。秋田県のナマハゲはつとに知られており、鹿児島県の屋久島では、年越の晩にトシノカミがくるという。また、小正月の訪問者として一括される、コトコト・ホトホト・カセドリなどもそれである。昔話がハレの日に語られていたことは以前から指摘されてきたが、その中でも大歳や正月はことに重要な日であった。それは同時に、家々に神霊の訪れてくる大事な日でもあった。〈大歳の客〉の一連の昔話が、大歳の夜に語られることにより、その伝えるところの心意を一層印象深くして伝承されていったものであろう。

（薄井有三）

＊鈴木正彦「歳の夜の訪客」国学院雑誌五十四—一、一九五二

桶屋　おけや

各種の桶・樽・盥などの容器を作る職人。桶屋も大工などと同じく聖徳太子を信仰し、太子講を組織してこれを祭った。桶屋には居職と出職とがあり、出職の桶屋は竹タガを肩にして村々を回る旅職人であった。彼らは一般の想像を超えた深山幽谷にまで出入し、険阻な間道にも通じていて、世間が広く、仕事をしながら、また泊った民家で世間話や昔話をよく聞かせた。伝説に桶屋が登場するものがある。敗走の武将を桶屋がかくまって助けたという話である。職人が頼朝や家康など時の権力者を助けたという話は、桶屋以外にも見られ、それによって職人が自分たちの権利を主張するのに利用した例もあったのであろう。つまり、右から左へ式に単に伝播するのではなくて、ある意図をもって、特定の話を管理・伝播した。昔話の方をみると、「食わず女房」や「山姥と桶屋」などに桶屋が登場している。このような話も桶屋の管理・伝播したものと考えてよいだろう。現実に、現在の語り手たちの中には、桶屋から話を聞いたという例もある。桶屋は口承文芸の管理・伝播の一端を担ってはいたものの、話はそのままとどまってはいない。桶屋を社会が要請しない世代へと語り手が移行しつつある現在、一旦伝播された昔話は桶屋の手を離れどのような変貌を遂げるのか、という視点からの調査、研究が必要となろう。

（財前哲也）

＊小島瓔禮「桶屋勲功記」民俗三十七。野村純一『昔話伝承の研究』一九八四、同朋舎出版

和尚と小僧《おしょうとこぞう》

小僧が和尚を頓智でやりこめる、といった形式をもつ笑話。十数種の話型をもつ昔話であるが、話題は「鮎は剃刀」「卵は白茄子」のように食物を小僧が頓智で奪うものと、「和尚の夜遊び」「小僧の諫言」のような和尚の行状（特に好色）に関する話が多いことは注目される。文献では一円無住の『沙石集』にはじめて「和尚と小僧」の話型がみられ、類話は同じ無住の『雑談集』以後、『駿牛絵詞』の説話断簡、『醍睡笑』などに取り入れられている。

中世には、郷や村によって経営される小規模の寺が多数生じ、村人にとって僧侶が身近なものとなったが、一方では、少ない名田しかもたない小寺の僧は、生活に追われ、世俗化したものも多く、質の低下をもたらした。このような歴史的背景から、食物に意地汚い僧、好色な僧といった話型が多くなったのであろうといわれている。「和尚と小僧」譚の構造は、優位の者が劣位の者にやりこめられるというもので、笑いは、やりこめる者のぬけめのなさと、やりこめられる側の愚かしさ、およびそのやりこめ方のおかしさなどが、現実の僧の生活実態とからみあって喚起されるものであろう。比較研究の方向からは、ヨーロッパにおいても牧師と寺男の笑話群がみられ、朝鮮半島では『傭斎叢話』に和尚と小僧の登場する笑話がみられる。

（財前哲也）

＊美濃部重克「沙石集と和尚と小僧」伝承文学研究十六。石塚一雄「『和尚と小僧』の説話断簡について」（『口承文芸の展開』一九七五、桜楓社）

落人伝説《おちうどでんせつ》

高貴な身分の者が戦いや政争に破れて落ちのびてきたと伝える伝説。大きく二つに分けられる。一つは落人が村の草分けとなったり、その末裔が今も続いていると伝えるものである。その代表的なものには全国に分布する平家谷があるが、他にも高貴な武士が住みついた隠田百姓村と呼ばれるものもある。こうした村や家にはそれを証する遺品というものが伝えられていたり、あるいは正月に餅を搗かないとか特定の植物を植えないなどという他と違った慣習を伝承していたりする。もう一つは落ちのびてきたがついにこの地で終焉を迎えたと伝えるものである。なかには盗みを働いたために村人に殺害されたなどと陰惨な最期を語るものもある。その場合も石や樹・塚・祠堂などの記念物と結びついて説明される。これらの伝説はまことしやかに語られるが、史実そのままではない。ただこうした伝説を生み、伝える背景には、貴人は都を離れ地方を流寓するという貴種流離の思想や、またそうした人々を尊んで迎え入れる異人歓待の信仰が流れている。一方、落人が非業な死を遂げたためにそれが怨霊となり、しばしば村人を苦しめたという御霊信仰の影響も見落とせない。さらにはこうした伝説を自分たちの出自と関係づけた狩人や木地師などの特殊な職業集団や、『平家物語』などを語り伝えた琵琶法師や説教僧、巫女や山伏など芸能・宗教者的存在も考えなくてはならない。

（花部英雄）

＊武田静澄『落人伝説の旅』一九六九、社会思想社

おどけ者話

おどけものばなし

巧智や狡猾によって相手をやりこめる一連の笑話群をいう。しばしば特定の人物と結びついて話される。北海道江差の繁次郎話、山形県露藤の佐兵話、千葉県印内の重右衛門話、神奈川県七沢の久助話、石川県珠洲の三右衛門話、高知県中村の泰作話、大分県野津市の吉四六話、熊本県八代の彦一話、鹿児島県日当山の侏儒話などが知られている。『民話と文学』第二号には二十五人のおどけ者分布図が作成されており（本書巻末参照）、全国的な伝承傾向と、話の概略が紹介されている。これらの人物が実在したと証明する墓などが存在する場合も少なくない。また、名に漢数字が用いられることが多いのも特色といえる。

話柄としては、権力者や支配者をだます話がある。殿様から鴨汁を御馳走になるが大根ばかりであったので、殿様を鴨猟に招き大根畑に連れて行く話（「鴨汁」）。反面、一般民衆をもだまし、烏を雉子と欺いて売りつけたり（「烏と雉子」）、牛の鼻ぐりを売って金を儲ける話（「牛の鼻ぐり」）などがある。また、竿で星を落とそうとしてみたり（「星を落とす」）するなど、狡猾なふるまいをする一方、愚かな面をも有している。

これらのおどけ者話の主題をみる場合、単なる笑いのみとしてでなく、当時の世論の代弁者としての社会批評を読みとることができる。

（間瀬俊治）

＊『民話と文学』二、民話と文学の会、一九七七

鬼《おに》

説話において、鬼は人間を脅やかす存在として登場する。山や島など、人里離れた地に棲み、物を略奪し、人をさらう。災害をおこすこともある。姿は、背が高く、筋骨たくましく、赤や青色の皮膚をして、角や牙を生やし目が鋭く輝いているというのが、一般的な表現である。鬼の語は、〈隠〉に由来し、姿を見せない超自然的存在という意味をもつ。また、人を食うという要素は、羅刹、夜叉、地獄の獄卒といった仏教の系統をひく鬼の影響を受けていると考えられる。中国では〈鬼は帰（き）なり〉とされ、死者の魂を意味した。日本でも現世に強烈な思いを残した者は、鬼になると考えられていた。新潟県に伝承される「弥三郎婆」は、最愛の息子をなくした鋭い悲しみから鬼と化し、人を食うようになる。しかし個々の説話をみてゆくと、恐ろしい鬼ばかりでなく人に幸福をもたらす場合も多い。先に掲げた弥三郎婆が、炭焼き男のために大坂の豪商である鴻池の娘をさらってきたという昔話もある。また「一寸法師」や「夢見小僧」では、主人公に呪宝をもたらす。これらの伝承には、海の彼方から人里にやってきて祝福を与える常世神の要素もうかがえる。また、「鬼の足形岩」や「一夜池」など、地形や巨大事業を鬼の業とする伝説は各地に残る。風神、雷神などは、鬼と同様の姿で描かれる。元来、鬼が荒々しい神であったことの表象であろう。

（条智子）

＊近藤喜博『日本の鬼』一九七五、桜楓社

鬼の子小綱

おにのここづな

呪的逃走譚。ほぼ全国に分布する。鬼に誘拐された娘を、爺が探しに行く。娘は爺を櫃《ひつ》にかくまうが、鬼は人花が二輪咲いているのを見て疑う。娘は妊娠したためだと偽る。爺と娘は鬼との間に生まれた子とともに舟で逃げるが、気づいた鬼が海の水を呑んで吸い寄せようとする。鬼の子は娘に篦で尻を叩けという。鬼が笑って水を吐き出したので、無事に家に帰り着く。娘を姉、爺を弟、夫と語る例も多い。小綱とは、岩手県遠野市の話に登場する鬼の子の名前で、片・片子・片角・デキボシという名をあげる地域もある。また、体の右半分が鬼で左半分が人間であるとか、首が鬼で下は人間といった半人半鬼の姿が強調される。鬼の子は逃走の重要な援助者でありながら、人間界においては存在を否定される。

鬼の子の最期は、しばしば節分行事の由来として語られる。たとえば、山形県新庄市の伝承では、鬼の子が自分の体を二つに裂いて高窓に張ってくれと頼む。節分の夜に、ひいらぎや焼いたイワシの頭を門口などにさす〈やきこがし〉の由来である。娘は、尻、性器を露出させることで、逃亡に成功する。女性性器の露出は、呪術的威圧力があった。〈天の岩戸神話〉におけるアメノウズメノミコトの行為が類型としてあげられよう。なお人花のモチーフを中心に鬼退治、宝の獲得を語る話型がある。登場するのは妻と夫の場合が多く、鬼の子は登場しない。

（粂智子）

小野小町

おののこまち

平安前期の女流歌人で、六歌仙の一人として活躍した女性。その出生地、身分、晩年などほとんどが謎につつまれており、様々な伝説とともに数多くの生地や墓地が全国に伝えられている。秋田県雄勝郡雄勝町（現・湯沢市）小野も小町伝承の地として名高いが、これは『古今和歌集目録』の所伝が小町を「出羽国郡司女」としたことに基づいたもので、小野氏出身者の陸奥の守や介、征夷副将軍によって定着したものと考えられる。それらが『十訓抄』『古今著聞集』『三国伝記』などに見られる小町晩年の、尼もしくは乞食となり流浪して路傍に死したという奥州流浪零落説話の成長の起点となり、平安末期頃から一般化した不浄観の思想を背景に奥州の地に深く根をおろした。この小町落魄伝説とならび後世広く流伝されたのが「通小町」「卒都婆小町」の百夜通い説話である。『古今集』の読人知らずの歌に出発したこの説話の成長の中で、いつ、どのような理由で小町が結びつけられたかは不明だが、美女、驕慢、妖艶どれをとっても小町には、はまり役であった。その他にも歌人としての才能を発揮する小町伝説も数多い。小野氏は、今日でも諸国の神官にこの姓を名乗る者が多いが、もとは近江に本拠地をもつ氏族であった。滋賀県大津市小野の小野神社には、小町の手具足塚があると伝えている。小野氏の子弟が語部の猨女《さるめ》氏の女性と縁組していることからも、歌や芸能に長じたこの一族が諸国を歩きながら小町の物語を全国に広めたと考えられる。

（近藤雅尚）

思松兼《おもいまつがね》

日光感精説話の一型。福田晃によって神の子邂逅型日光感精説話と称された。奄美諸島に分布し、巫女ユタの神歌として唱えられてきた。美しい芭蕉布を織るオモイマツガネに太陽がとび妊娠する。親は妊娠させたものはだれかと娘を問いつめる。十カ月たっても子は生まれず、十二カ月経って神の御子である男子が誕生する。四、五歳になると下衆の子から父なし子とからかわれ、弓競争舟競争をいどまれ、それに勝つ。そして馬競争で天から降ろされた竹馬に乗り、天に昇る。鬼の牧、蛇の牧、竜の牧に押し込まれるなどの試練に耐える。天の神はその試練に耐えたことで自分の子と容認し、神祭りのわざを授ける。そして、オモイマツガネは地上に降りて司祭者となる。類話は沖縄県にも分布し、伊良部島の「太陽神の嫁」、多良間島の「太陽の子」等はほぼ同じ型である。日光感精説話は日本の近隣諸国にも分布していると考えられ、そういった原日本感精説話の上に修験系巫女祭文がかぶさったものではないかといわれている。

また、奄美諸島に伝承される「都はつ丸」の昔話は前半がこの「オモイマツガネ」のモチーフで、後半は「子敦盛」の影響を強く受けた複合型の昔話である。その中世的展開からその伝播を担ったのに念仏聖たちの存在が考えられる。

（田畑千秋）

＊福田晃「奄美・日光感精説話〈神の子邂逅型〉の伝承」（『南島説話の伝承』一九八二、三弥井書店）。岩瀬博「奄美昔話考」同上書

愚かな動物

おろかなどうぶつ

『日本昔話大成』の本格昔話のなかに関敬吾は〈愚かな動物〉の項を設けている。関は、この一群の話を一括した意図として、〈人が動物に優るために、両者の葛藤は究極は動物が敗北するということを主題とした話〉としている。この話群には、「鍛冶屋の姿」「猫と釜蓋」「山姥の糸車」「猫と南瓜」「猫の踊」「猿神退治」「猿の経立」「宝化物」「化物寺」「化物問答」「蟹問答」「ずいとん坊」「大工と鬼六」「子守唄内通」「山姥と桶屋」「狸の八畳敷き」「山姥と石餅」「山梨の怪」「蜘蛛女」といった話が含まれている。人と動物との葛藤譚の場合、人が勝つ話であれば、当然、敗れた動物に愚かな点もみられるわけで、〈人と狐〉などのジャンルのなかにも〈愚かな動物〉と分類されるべきものが含まれているといわれている。『日本昔話名彙』と比べてみると、完形昔話の〈言葉の力〉に分類される一連の話、〈厄難克服〉のなかでは、人が劣勢で遁走が主題とみられるものを除いた話、さらに、派生昔話の〈化物話〉のなかの猫に関する話を加えたものに相当する。動物が人に敗北する原因には、人の持つ知識、情報の優位からその策略にのせられる話と、人との問答によって、正体を見抜かれて鎮圧される話とがある。人間に恐怖を感じさせながらも、最終的に敗北していく動物や化物の話には、厳しさとやさしさという自然の二面性が現れているようである。

（和久津安史）

＊福田晃「妖怪の二面性」（『昔話の伝播』一九七六、弘文堂）

愚か聟話《おろかむこばなし》

主に嫁の実家に行ったときの失敗を題材とした愚行を笑う話で、愚人譚の一種。同様の話型が、「愚か村話」や「吉四六」などのおどけ者話にも認められる。ばか聟が嫁の里へ普請祝いに行くことになる。嫁に〈家をよく見回して小さな穴でもあったら、家相が悪いからお札を貼りなさい、と言え〉と教えられる。その通りにいい、賢い聟だとほめられる。次に馬を見に行くことになり、馬のお尻の穴を見て、〈ここにも節穴がある。家相が悪いからお札を貼りなさい〉といって、いっぺんに馬鹿が知れ渡ってしまう（「馬の尻に札」）。このように、賢嫁愚婿の対照がパターンとなっている。

聟が笑われるということは、聟の社会的地位の低さが一般的な理由として挙げられるが、愚か聟話は、婚姻によって、男が妻方へ移り住む聟入婚の制度のもとで発生、発達したものと考えられる。また、愚か聟が嫁の実家へ行き、挨拶させられるモチーフは、難題聟など本格昔話の婚姻譚の一形式である。結婚する場合の試練とも考えられ、男に娘の聟として十分な資格があるかどうか試される話ともとらえられる。そして、嫁が常に、聟の援助者であることなどと考え合わせると、愚か聟話は本格昔話の断片化、あるいは零落したものであろう。聟狂言と関わりの深いことも指摘しておく。

（間瀬俊治）

＊柳田國男「笑はれ聟」（定本六）、関敬吾『昔話と笑話』一九六六、岩崎美術社

愚か村話

おろかむらばなし

ある特定の村や集落の人々の物知らずなどの愚行を笑う一連の話群をいう。日本全国には四十近い愚か村話が確認されているが、なかでも、「南山話」（福島県）、「秋山話」（新潟県）、「佐治谷話」（鳥取県）などが著名である。殿様が宿に泊まり蕎麦を出されたが薬味のネギがない。殿様にネギを持てといわれるがネギとは何か知らず、村の者は相談して禰宜《ねぎ》（神主）を連れて行く（「葱を持て」）。このような言葉知らずからの愚行を村全体のこととして笑うのである。その発生を考える場合、近隣地域との文化的格差や、経済交流が重要な意味を持つ。文化が急激に発達した場合、必ず別の地域では遅れをとる。たとえば、現在では電気は日本全土に普及したが、電気を知らない者にとってはその扱い方さえもわからなかった。岩手県では、浄法寺の者が八戸の八幡様へ参り旅館に泊まったところ、電気がついている。寝る時になって消し方がわからず、箒で扇いだが消えない。旅館の人に聞きに行ったところひどく笑われた。このような世間話が、現実生活の面において八戸と浄法寺の文化的差異から生じたことは、愚か村話を考えるうえで示唆を与えてくれるように思われる。各地の愚か村話に共通した話型が認められるのは、他地域の話を取り込んでいったためであろうし、伝播者の存在も考えられる。福島県の「南山話」が県内各地に広まったのは、屋根葺き職人によって持ち運ばれたためといわれている。

（間瀬俊治）

愚か嫁話

おろかよめばなし

愚人譚のうち、嫁（女房）の愚かな言行を笑いの対象にした笑話。田舎人が町へ娘を嫁に出すという。言葉づかいをよくしようと思い、和尚に〈糞をこくということは何といったらよいか〉と尋ねると、和尚は〈法事に今から行くので急ぐ〉といって出ていってしまった。早合点した男は〈法事に行く〉といえばよいと思い、娘に教えた。婚礼の式の途中で娘は急に催してきて〈法事に行きたい〉というが皆が反対する。我慢し切れず畑で済まし皆に大笑いされる（「便所は法事」）。

このように嫁入りの際の注意（～のようにしていろ、上品な言葉を使え）を誤解する話として「猫のように」「鶯言葉」、勘違い（無知）による話として「首通し」「二階に馬」、歌の良し悪しが中心になる「掻くための爪」「死別歌」「別れの歌」、屁が中心になる「屁ひり嫁」「屁の悲劇」、自業自得の結末を迎える「茗荷女房」「肉付き面」、その他「姑の毒殺」「鶯の谷渡り」などがある。江戸時代初頭に成立した『醒睡笑』にもみられるものである。

柳田國男は〈笑い〉の根源を〈智力の勝負における敗者を嘲るの声から出たもの〉と考えた。その種の話もあるし、また〈言葉づかい〉に関する話では一種の教育的意味をも含んでいたのである。主に男性の語り手が管理していたためか、下がかった話に落ちていくのも特徴的で、古く『沙石集』の頃まで遡れる話もある（「鶯の谷渡り」「鶯言葉」）。

（渡辺公一）

温泉発見伝説

おんせんはっけんでんせつ

温泉の発見・由来を説く話は数多くあるが、大体三つの型に分かれる。一つは、動物が温泉につかって傷を癒やしているのを見てそれが温泉であることを知ったという話で、もっとも多くかつ広く知られている話。実際に動物が温泉につかっている姿はしばしば見られる。山梨県甲府市の鷲の湯は、病鷲によって発見された温泉で、その鷲を山の神霊の化身として一社を建て湯権現に祀ったといい、このような動物が神の化身・神使いとして考えられていたことがわかる。その動物も鶴・鷺・雉・鷹・鷲・鹿・猿・熊・猪など、各地でさまざまに伝えられ、温泉の名も鶴の湯・鹿の湯などと呼ばれることが多い。また、その発見者には猟師や僧侶などと伝えるものが多い。

二つには、病気平癒を神仏に祈願し、その神仏のお告げ、あるいは単に神仏が夢枕に立って温泉のある場所を告げたという話がある。この話は病気と関連するために、薬師如来の出てくる話が多い。現に温泉の近くに薬師如来を祀る御堂の建つ所が各地にある。

三つには、弘法清水型の話で、群馬県沼田市の川場温泉は、弘法大師が一杯の水を乞い、老婆が遠くから水を運んでくれた。その礼に杖を地面にさすと温泉が湧き出したという話である。これら温泉に関する話は、温泉が神霊の支配する場であり、その神霊を祀ることにより、その恩恵を受けることができるものと考えられたものであろう。

（薄井有三）

怪異・怪談

かいい・かいだん

古くから、人間にはなかなか理解できない、原因（正体）不明の現象や〈もの〉があった（=怪異）。それが一つのまとまった、恐怖を感じさせる話として語られたものが怪談である。

その正体は鳥獣草木をはじめ自然界に存在するものや自然現象であったり、病気や〈心〉の問題であったりしたのである。古代の人々は恐れ、さらには崇める対象にもした。『伊勢物語』『源氏物語』では〈もののけ〉が暗躍し、『今昔物語集』『宇治拾遺物語』では鬼・天狗が出現し、絵巻物にも種々の〈もの〉たちが描かれてきた。その他、浄瑠璃・歌舞伎・講談・落語などでも語られ続けている。とくに近世には中国の怪異小説の影響を受けて『奇異雑談集』『伽婢子』『百物語』などが続々と出版され、怪談全盛時代となり、『雨月物語』『東海道四谷怪談』が生まれたのである。近世の人々は怪談を話そのものとして楽しみ、こわがろうとするようになり、一定の方式にしたがって語り合うこともした（百物語）。人間の情念にとくに関心が高く、幽霊話が人気を得た。

その一方で、現在まで民間に語り伝えられているものは幽霊ばかりではなく〈妖怪・バケモノ〉の類で狐狸の動物から、ザシキワラシ・ウブメ・ベトベトサンなど全国各地に多種多様の〈もの〉が昔話・伝説・世間話として生き続けている。

（渡辺公一）

＊阿部正路『日本の妖怪たち』一九八一、東京書籍

蚕神と馬

かいこがみとうま

蚕の由来を説く馬娘婚姻譚と称される異類婚姻譚の一種。昔、ある家で馬を飼っていた。その家の娘と馬は仲良くなる。父親は怒って馬を殺してしまい、皮をはいで桑の木につるしておく。すると馬の皮は空を飛び、娘をくるんで空に舞い上がる。父親は夢の告げで、娘が白い虫になったことを知らされる。その虫は頭が馬の形をしている。桑を与えるとまゆを作り、まゆからは美しい糸がとれる。このように馬と娘の悲恋を伝えるのは東北地方に多く、関東以西では、婚姻の機縁が父親と馬との約束になっている。この話はとくに養蚕をする地に多く、オシラ神信仰に深く関わっている。オシラサマはイタコと呼ばれる巫女によって祀られ、とくに東北にその信仰が強い。このイタコは〈オシラ祭文〉と呼ばれる馬と娘の悲恋物語を唱導して歩いていた。したがって、それがイタコの口から人々に伝わり昔話化していったものと思われる。

この類話は中国の六朝時代の説話集である『捜神記』にみられる。養蚕技術とともに、蚕神信仰や蚕神の由来を説くこの話も日本に伝えられたと考えられる。

なお、農山村への養蚕技術の普及は江戸期以降なので、この話の流布もそう古いものではない。そして、話の伝承基盤には、蚕をヒメとするオシラ神信仰や山の神信仰、馬は神の乗物であるとする馬への信仰などを考えることができる。

（梶晴美）

＊今野圓輔『馬娘婚姻譚』一九五六、岩崎美術社

蛙《かえる》

各地の水辺に棲息し、人間の生活と深い交渉をもつ生物で、昔話伝説の中にもしばしば登場する。「雨蛙不孝」は、親の墓を川の縁につくった天の邪鬼の子供が、大雨のたびに、墓が流されるのではないかと心配のあまり、死後蛙になったと伝え、それで今でも雨が降りそうになると雨蛙が鳴くのだという。事実雨蛙は気圧の低下に伴って鳴き出すことが知られており、〈雨蛙が鳴けば雨〉の俗信は全国的である。おそらく、こうした伝承を背景として、降雨予知を説く昔話が生まれたのであろう。他にも、蛙の行動から、冬の降雪量や作柄を占う例は多く、農事と密接な関わりをもつこの小動物を、田の神や家の神として信仰している土地も少なくない。「蛙息子」は、祈願によって授かった蛙が、異常な力を発揮して嫁を貰う話だが、内容的には「田螺《たにし》長者」と大差なく、田螺と同様、蛙の水神的な性格が基盤にあると考えられる。鳴き声も古くから注意されていたようで、「蛙女房」では、お経を唱える声になぞらえた語り口がみられて興味深い。蛙と蛇の対立のテーマをもつものに、蛇が蛙を呑む理由を説く「蛙と蛇」や、蛇に呑まれるところを助けてもらった蛙がその恩を返す「蛙報恩」などがある。各地に残る「蛙石」の伝説は、石の形が蛙に似ているところからこの名が付けられたもので、長野県上田市の白山比咩《しらやまひめ》神社にある石は、形が蛙に似ており雨の降る前に必ず鳴くという。この石に、雨乞いや眼病の祈願をする習俗もみられる。

（常光徹）

隠れ里

かくれざと

山奥や洞穴の先に別世界があり、平和で自由富貴な生活が行われていると説く伝説。山奥にある隠れ里は平家谷とも伝えられるが、近世の記録によるとしばしば発見されている。隠田百姓村とも言い、周囲の村と交流を断って完全に孤立した生活を営んできたというが、川上から椀や漆器が流れてきたことによって発見されたと伝えることから伝説的色彩を多分にもっている。椀貸伝説によると、来客や慶弔などで多数の膳椀が入用の時に、洞穴や塚、淵などにその旨お願いすると翌朝にはすべて用意されている。ただ心がけの悪い者がいて返却の約束を守らなかったために以後貸してくれなくなったという。この洞穴や淵などは隠れ里への入口と意識されたりするが、海辺に近い方では竜宮に通じているといい、雨の降る日は乙姫様の機を織る音が聞こえてくると伝えている。「竜宮女房」の昔話では薪を淵に投げ入れた男のもとに竜宮からの使いがきて富を授けたことになっているし、「鼠浄土」でも鼠穴の中では鼠が小判を臼で搗いていたことになる。このように洞穴や淵などは異郷に通じる入口であり、その奥は富の源泉であると考えられている。こうした異郷観念が、説話の中で、心がけのよい、神に選ばれた者がその世界に行き、その富の恩恵に浴するというように形象化されてきたと考えられる。岩手県遠野市で、マヨイガという隠れ里に行き何かもってくると長者になるというのも同様の発想であろう。

（花部英雄）

笠地蔵《かさじぞう》

貧しい爺婆がいる。爺は年取りの日に町へ行き、笠を売って正月の品を買おうとするが笠は売れない。帰路、雪が降り出す。峠の六地蔵に雪が降りつもっている。爺は六地蔵に持っていた笠をかぶせて家に帰る。話を聞いた婆は喜ぶ。二人は食うものもなく寝る。夜中、家の外で物音がする。二人が起きて戸を開けるとそこには金、餅、宝物がある。遠くに笠をかぶった六地蔵がみえる。爺婆は良い正月を迎えることができたという話。村と町の間、つまり境である。この境の神の性格をもつ「笠地蔵」の中の六地蔵は、仏教的地蔵信仰だけでは捉えられない。年取りの日の出来事という観点からみると、正月神（歳徳神）の要素を強くもっているといえる。秋田のナマハゲ、鹿児島のトシドンのごとく家々を訪れて幸をもたらすマレビトと根底は同じであろう。蓑笠を着けると異なった存在となるのは、人間だけではなかったのである。地蔵の数は一、三、六、七、十二と土地によって違いはあるが、六体が一番多い。西日本では、「笠地蔵」と併行して、爺が雪の降りつもっている地蔵をかわいそうに思い、家まで背負ってくる。婆は怒る。地蔵の腹から米が出る。婆は欲を出してもっとたくさん米を出そうと腹を突くと、米が出なくなってしまったという話も語られている。「笠地蔵」の爺に対して語り手たちは、その善良さに人間としての理想的姿を見出していたのではないか。それが全国のどこの土地にも分布している理由であろう。

（大島廣志）

鍛冶屋《かじや》

鍛冶屋には大鍛冶と小鍛冶があり、タタラで造られた鉄をさらに精錬して地鉄《じがね》を造るのを大鍛冶といい、その地鉄を使って鍬・鎌・鉈・刀剣・鎗を打つのを小鍛冶という。この小鍛冶を一般には鍛冶屋といっている。鍛冶屋のうち、刀剣類を打つのを刀鍛冶、農具を打つのを野鍛冶という。

鍛冶屋と関わりの深い話に「鬼の刀鍛冶」がある。昔、ある鍛冶屋に美しい娘がいた。鍛冶屋は一晩に千振の刀を打ったものを娘の聟にするという。ある日見知らぬ若者がやってきて、一晩に千振の刀を打つといい、刀を打ちはじめる。夜ふけになって鍛冶屋が仕事場をのぞくと鬼が刀を打っている。驚いた鍛冶屋は鶏の止まり木をあたためる。鶏が鳴くと、鬼は夜が明けたと思って逃げ出す。この話は、青森県弘前市高杉、新潟県糸魚川市、富山県中新川郡上市町稗田、石川県輪島市門前町剣地、石川県白山市白峰、徳島県海部郡海陽町に伝わっている。石川県剣地は、刀鍛冶が住みつき剣を打ったことからこの村名がついたのであり、鉄針金の産地としても著名であったという。青森県高杉、富山県稗田では、いまでも鍛冶屋跡から鉄クソがでてくるという。これらのことから、鍛冶屋と「鬼の刀鍛冶」の話が密接に結びついていたことがわかる。また、出職といって村々を回って農具を打つ鍛冶屋もいた。この人々は口承文芸の伝播者と目されている。

（大島廣志）

＊石塚尊俊『鑪と鍛冶』一九七二、岩崎美術社

片目の魚

かためのうお

池や川に片方の目を失った魚が住むという伝説。魚が片目になった理由はだいたい三つに分けられる。一つは神仏に関係づけられて説かれる。たとえば行基《ぎょうき》が、食べた膾《なます》を池に吐き出すと蘇生して片目の魚になったといい、あるいは神があやまって魚の目を突いたためなどという。また一つは、目に傷をうけた神、人に因んで説かれる。たとえば目に矢を射られた鎌倉権五郎景政がその水で洗ったところ、そこの魚はみな片目になったといい、あるいは池の主の大蛇が目を片方、傷つけられたためなどという。この類の因縁話はたいへん多い。武将を権五郎というのは御霊信仰から生じたのだろう。さらに一つは、植物が魚の目を傷つけたという話で、その禁忌を伴うものもある。たとえば、神が鮒《ふな》になって川で遊んでいると急に風が吹いて桃の実が落ち、鮒の目に当った。以来、そこの魚はみな片目になったという。これらの魚が住む場所の多くは、山の池や川などで、またそこの魚を採ってはいけないという。柳田國男はこれを神へのいけにえとして放生した魚と考え、他と区別するために片目をつぶしたという。また、川の水質に片目を生じる原因があり、不思議な魚がいたことから霊場視され信仰されたとも考えられる。いずれにしても片目の魚は神聖なものとして尊重された。この片目のものを尊ぶのは、片目の神を祭る信仰の流れであろう。

（梶晴美）

＊小倉学「片目の魚伝説考」日本民俗学会報　六十二

かちかち山

かちかちやま

動物昔話。「かちかち山」譚は四型に分けられる。一、爺が畑でからかう狸を捕え、家に帰り婆に預ける。狸は婆を欺き、婆を殺し婆汁にして爺に食わせて逃げる。兎が来て仇討ちを約束。兎は狸と萱刈に行く。狸の背負っている萱に火をつけ火傷させる。火傷の薬と偽って唐辛子味噌を狸の背中に塗りつける。狸を土舟に乗せて沈めてしまう。これが一般的な型。二、一の前半部。狸が婆汁を爺に食わせて逃げる。三、一の後半部。兎と熊になっている。四、三の話に加えて、人間に捕えられた兎が包丁で尻尾を切られ、尻尾が短くなった由来譚。一の話名「かちかち山」は、兎が火打ち石で火をつける音からきているが、江戸時代には「兎の大手柄」ともいわれていた。この話の問題点は、前半と後半で狸の性格に一貫性がないことにある。三の「兎と熊」は、東南アジアでは「兎と虎」の話となっているから、東南アジアで普遍的な話は三の型といえる。したがって、兎の行為の合理化と、狸の敗北の説明として、二と三が結合し、一の「かちかち山」となったと考えられるのではなかろうか。四は三の亜型。こうしてみると四型の説明がつき、「かちかち山」における前後半の不統一も理解できる。兎の行為を残酷だとする見方もあるが、昔話の表現の特色や、聞き手は主人公に同化するという基本的考え方からみれば、聞き手は悲惨な残酷さを感じてはいないといえる。

（大島廣志）

＊関敬吾「かちかち山の構造」（『昔話と笑話』一九六六、岩崎美術社）

学校の世間話

がっこうのせけんばなし

近代国家では幼稚園・小学校・中学校・高等学校・大学・各種の専門学校等の建物に代表される学校という独特な一つの社会が形成されている。したがって、ムラやマチと同じように、ここでの生活の中でも多くの世間話が生まれたり伝えられたりしている。学校の世間話は、大きく二つに分けてみることができる。一つは、学校の怪談で、もう一つは、学校の笑話である。前者については、松谷みよ子はおおまかに四つのグループに分類している。一、学校の施設や備品にまつわる怪談（あかずの間・便所・階段・エレベーター・ピアノ・ボール・絵など）、二、魂や幽霊の訪れ（児童や学生の訪れ・幽霊ばなし・もと墓地だった学校・生霊・人柱など）、三、戦争にまつわる話（兵学校・日露戦争・満州にて・空襲・原爆など）、四、神様や妖怪の話（水神・座敷童子・こっくりさん・山んばなど）。後者については、報告例は少ないが、あだ名など学校に伝えられるユーモラスな話をあげている。また、学童疎開・戦時下の子供たちの悲劇や学徒動員・戦力増強のため召集された若者の哀話等、子供たちの銃後も含めている。

学校の世間話は、まだ光の当てられていない世間話の分野である。

（米屋陽一）

＊常光徹『学校の怪談――口承文芸の展開と諸相――』一九九三、ミネルヴァ書房
松谷みよ子『現代民話考・第二期・Ⅱ』一九八七、立風書房

河童《かっぱ》

河童は、礼として魚をよく持ってくる。このことからもわかるように水界を主な生活の場とするもので、打身傷薬や骨つぎの秘伝薬の作り方も知っている。水陸両棲で、頭に皿があり、この水がなくなると力を失ってしまう。河童は相撲が好きだが、勝負のとき、まずおじぎをしてから挑むと勝てるとする話も多い。また〈三つ子ばかりの子供〉と表現されるように童形である。呼び名は、ミズチ（青森）、カッパ（東北・関東）、ガメ（富山）、ミズシ（石川）、カワランベ（長野）、ガタロ（大阪）、カシャンボ・ゴーライ（和歌山）、エンコー（中国西部）、シバテン（高知）、カワント（福岡）、ガワッパ（長崎）、ヒョースボ（宮崎）、ガラッパ（九州南部）などがあり様々である。宮崎県では、河童の呼び名は彼岸を境にかわるとし、春の彼岸からはカワンヒト、秋の彼岸からはヤマンヒトとなり、住む場も、それぞれ川・山となるという伝承もある。水の神・山の神の両面をもっていたことも、この呼称は暗示している。昔話には「河童聟入」があり、「蛇聟入」水乞型と同型で、結末は末娘の知恵により河童が嫁にすることを諦める話。「河童釣」はおどけ者の笑話である。伝説では河童石（岩）・河童松・河童証文松等の話があるが、いずれも人間側からの約束または詫状・証文をとり水難守護・人馬牛を損傷しない誓いをとられる話となっている。

（矢口裕康）

＊石川純一郎『新版・河童の世界』一九八五、時事通信社

河童駒引

かっぱこまびき

河童の話の中でも代表的な話。昔、にせどん（下男）が川へ馬入れにいくと、ヒョウスンボ（河童）が出てきて馬の足にからみついた。馬は驚いて家に帰る。みるとヒョウスンボが食いついたまま気をうしなっている。そのヒョウスンボを縄で縛り馬屋の柱に縛りつけておく。ヒョウスンボは頭の皿の水がなくなり元気がない。そこにおかみさんが米のとぎ汁を馬に飲ませようとして来て、縛りつけてあるヒョウスンボにかけると、力がでて逃げていった、と宮崎県の河童駒引は語られる。この他腕をとられたり、村の子に害を与えない詫状・証文等を書いて命を助ける。魚をもってきて報恩をするという話もある。また腕を返すと礼に魚や打身傷薬の妙薬〝ひょすぼ謹奏〟なる秘伝薬を教えてくれる。この薬は〈車前草《おおばこ》と細辛《さいしん》をねって作る〉と製造法を具体的に語る場合もある。このように悪戯をするのみでなく、報恩・秘伝薬を知っているという側面も、河童はもっている。

また河童は水神の零落した姿とも考えられるが、馬と水神とのつながりも暗示している伝承でもある。柳田國男・石田英一郎は、駿馬が水中から出現するとする思想、水辺に牧馬して竜または水神の胤《たね》を得ようとする俗信、古く馬を供えた儀式が推察されるとしている。同時に、医薬をもたらす伝承が多いことから、医師（くすし）との関わりも指摘できる。

（矢口裕康）

＊石田英一郎『河童駒引考』一九六六、東京大学出版会

蟹

かに

奇怪な形状、脱皮作用、あるいは水陸両方に姿を見せるなど、特異な存在を示す蟹は、古来、霊的な動物として扱われてきた。石川県鳳珠郡能登町柳田村の「蟹甲石」伝説は、悪事を働く蟹が弘法大師によって石にされたのち埋められた所と伝え、旱魃のときにこの蟹の甲を掘れば雨が降るという。話の背景に、蟹を水界の霊とみなす考えが横たわっている。俗信にも、蟹が川からあがると雨になるとか、蟹が騒ぐと雨になるなどと、水との関わりを伝える例は多い。淵に棲む大蟹が怪異を現す「蟹渕」の話も各地に残っている。昔話「蟹問答」は、化物の発する謎を解いてその正体を見破り、退治する話。〈四足八足大足二足横行左行眼天にあり〉といった、蟹の形態を暗示した謎解きの興味で流布したもので、特定の寺院などと結びついて伝説化しやすい傾向をもっている。「蟹報恩」は、娘に世話になったり、命を助けられた蟹が、蛇に見込まれた娘の危難を救う内容。『日本霊異記』をはじめ、文献資料に多く記されているほか、京都府木津川市山城町の蟹満寺の縁起としても名高い。特に縁起に描かれた蟹には、魔性のものを駆逐して、鎮魂蘇生させる厄除けとしての性格が指摘されている。「蟹の褌」は愚人譚の一つで、蟹は褌をはずして食えと教えられたのを間違えて、自分の褌をはずしてから食べたという笑話。ほかにも、蟹に関する話には「蟹薬師」「蟹の甲」「猿蟹合戦」などがある。

（常光徹）

＊臼田甚五郎「蟹の話」（『民俗文学へのいぎない』一九八〇、桜楓社）

蟹報恩《かにほうおん》

世話になったり、もしくは命を助けられた蟹が、その恩に報いる話。「蟹の恩返し」ともいう。京都府綾部市の例では、蛇が蟹を苛めているのを見た男が、助ければ娘を嫁にやるといって蟹を救う。ある日、立派な侍がきて約束の娘をくれという。断ると、男は蛇に化してお堂を七巻きにする。すると、そこに、助けられた蟹をはじめ何万というその眷属が現れて蛇を食い殺す。蟹満寺はその時に死んだ蟹の霊を弔った寺だという。冒頭部分には変化があって、蟹を助ける例と、日頃から蟹に食べ物を与えて世話をする例がみられる。娘を要求する蛇が、事前の約束によって来る場合は、あらかじめ蟹の命と引換えに娘をやるとか、田に水を当ててくれれば娘をやるというやりとりに基づくことが多い。また、何の前触れもなく突如魔性の蛇が訪れてくる場合もある。この話は、異類婚姻譚に分類されているが、内容的には婚姻譚としての要素は希薄で、むしろ、主題は恩を受けた蟹が娘の危難を命をかけて助ける点にあり、報恩譚としての性格が強い。同系の話は早く『日本霊異記』をはじめ『今昔物語集』『古今著聞集』『元亨釈書』などの文献に記されている。また、蟹満寺（京都府木津川市山城町）の縁起説話としても有名で、蟹の報恩と、蟹満寺建立の由来を説くとともに、そこに描写された壮絶な戦いと凄惨な死の場面の背景には、鎮魂供養の思想が読みとれる。

（常光徹）

＊神谷吉行「蟹満寺縁起譚の生成」昔話伝説研究一、一九七一

か行

神あらそい

かみあらそい

二柱の神が闘争することを説いた伝説で、全国に数多く分布する。なかでも、日光山と赤城山の神の争いの伝説はよく知られている。

日光権現と赤城大明神は土地をめぐって神戦を繰り返していた。日光権現が鹿島大明神に相談すると、弓の名人の猿丸大夫の力を借りて本意をとげるよう勧められる。そこで助力を請うと猿丸は快く承諾する。夜明けとともに日光権現は大蛇、赤城大明神は百足《むかで》の姿で戦う。猿丸は大弓で大百足の左眼を射ぬき、勝負が決する。その戦いのあった場所を戦場ケ原と呼び、また、その血が流れて赤沼になったともいわれている。このような神々の闘争は、この他に、富士山と筑波山の神の争いなどが有名である。

また、民間レベルともいうべき、沼や淵の主たちの闘争も伝説として各地に伝えられている。たとえば宮城県仙台市の源兵衛淵の伝説などがそれで、広瀬川の淵の主の鰻と賢淵の主の大蜘蛛が決戦し、そのとき源兵衛という人に助力を請うたという伝説である。このように、神同士が闘争し、その闘争に人間が関わるという伝説は、俵藤太譚をはじめ、『今昔物語集』巻二十六の「加賀の国の蛇と蜈と諍ふ島に行く人蛇を助けて島に住む話」などとも共通しており、神あらそい、神戦譚の一つの類型を認めることができよう。

（藤田尚樹）

＊柳田國男「日本の伝説」（定本二十六）

神隠し《かみかくし》

人がある日突然姿を見せなくなり、捜しても見つからない時がある。それを神や天狗の仕業として〈神隠しにあった〉とか〈天狗にさらわれた〉などという。多くは子供が神隠しにあうというが、大人が神隠しにあった話もある。愛知県北設楽郡東栄町では、二十歳半ばの男が山仕事に行って神隠しにあった。村中捜したが見つからず三日目の晩に、屋敷の露地にドシンと大きな音がしたので行ってみると、その男が突立っており、側には大きな木の根株があったという。話を聞いてみると、白髪の鼻の高い老人に連れられて、方々の山などを回った後に、欲しい物はないかと聞かれ、力が欲しいと答えたら、この木の根株をくれたという話がある。このような神隠しにあった人を捜すには、名前を呼ぶ、鉦や太鼓を叩く、隠された子供の使っている茶碗を叩く、桝を叩くなど、地方によってそれぞれ方法があったようである。

柳田國男によれば、隠されやすい子供の特徴として〈さかしい〉とか〈かしこい〉ということをあげ、古くこれらの日本語には、宗教的な傾向を含んでいるのではないかと推定している。また、神隠しにあいやすい場所や季節、隠されて連れていかれる場所など、神隠しの話はある程度類型化できるようであるが、子供が隠された場合と大人が隠された場合、どこが同じで、どこが違うかということも、細かくみていく必要があろう。

（薄井有三）

＊柳田國男「山の人生」（定本四）

髪剃り狐《かみそりぎつね》

狐が化けるのを見破ろうとして失敗する話。『日本昔話大成』では、本格昔話〈人と狐〉に分類されている。

新潟県佐渡郡（現・佐渡市）の報告例では、元気のよい若者が狢《むじな》を捕えに行く。すると狢が美しい娘に化け、木の葉を拾って赤ん坊にする。男は、赤ん坊は木の葉であるといって殺してしまう。娘は警察に訴えると言い出し、男は困り果てる。そこへ坊主がやってきて仲裁に入り、改心をして弔うようにと頭を剃る。寺へ行く途中に坊主はいなくなる。男は狐に化かされたことに気づく。

この話は全国的に分布している。化かすのは、狐がもっとも多いが、他に狢・狸なども登場する。仲裁者は、僧侶がほとんどであり、これは、髪を剃るということからきたものであろう。徳島県海部郡の話では、結末部分で風呂と思って糞壺に入っていたとなっており、「風呂は肥壺」との混同がみられる。また、福島県南会津郡では、発端部分が狐の昼寝を驚かすという「山伏狐」などと同様の語り方がみられる。

狐狸に化かされる話は、他に「馬の糞団子」「尻のぞき」「狐の婚礼」などがある。世間話の中にも狐狸に化かされるという話は多く、化かし方にも一定の傾向がみられる。「髪剃り狐」も、特定の地名や人物を伴って世間話化している場合もある。いわば、世間話と昔話との間に位置する性格をもっている。

（赤井武治）

神の祟り

かみのたたり

神霊による懲罰や制裁として受けとる災禍などをいう。しかし、祟りは本来神霊の示現を意味していた。南島で〈カミタタリ〉という語が神の出現を指していたり、淡路島で霊験あらたかな神を〈タタラシイ神〉ということなどは、本来的な用法と考えられている。今でもしばしば耳にする〈夢枕に顕《た》つ〉というのも同様である。

現在のように祟りが神霊の罰則的な意味に使われるようになってからは、〈おとがめを受ける〉とか〈罰があたる〉などと同義になっている。

祟る主体は神霊に限らず、あらゆる神仏や諸霊におよび、霊験あらたかな神仏ほどはげしいものとなる。本来祀るべき神霊を放置していたり、禁足地であるべき聖地へ入り込んだり、神の使わしめであるべき動物を殺したり、神木であるべき植物を傷つけたりと、意識的であると否とにかかわらず、信仰生活上の規範を犯した場合に祟りを受けることになる。

祟りの結果として当事者は不幸になるのだが、具体的には身体に損傷を受けて不具になったり、死ぬことも少なくない。当事者だけでなく、その子孫にまでおよぶ場合もあった。

一般的に祟りの因果関係は結果から原因を求められる。そうした経過は尾ひれをつけて語られ、世間話として伝播されるようになる。祟りの世間話は人々の神観念を知るだけでなく、神仏の霊験譚と対置して考察する必要もあろう。

（佐々木勝）

亀

かめ

昔話の構成要素として登場する亀にはいくつかの共通する性格がみられる。「浦島太郎」では、命を助けられた亀が、主人公を竜宮に運び、後に再び地上に送り返す役割を演じる。つまり、亀は竜宮の使いであると同時に、現世と異郷との間を往き来することのできる動物として語られる。同様の性格は「海月《くらげ》骨なし」「聴耳《ききみみ》」「竜宮童子」などでも指摘できる。亀を両界の使者とする背景には、おそらく、水陸両方に姿を現すユニークな生態が影響していると思われる。亀はまた、鶴とともに長寿の象徴とされ、縁起のよいものとしてしばしば祝いの席に用いられる。鶴と亀の問答を主題にした昔話「鶴と亀」は、報告例は少ないが、本来、祝儀の場にかかわって伝承されてきた特異な機能をもった話と考えられている。「雁と亀」では、亀が雁に目的地まで運んでもらう途中、うっかり話しかけたために地上に落ちる。それで亀は今でも甲羅が割れているのだという。同系の話は『イソップ物語』や『今昔物語集』などにもみえる。また、亀の独特の形状の由来を説く話に「猪と亀」がある。大歳の夜に発見した物を言う亀によって富み栄える「大歳の亀」は、北九州と南西諸島に片寄った分布を示しているが、南西諸島へは近時の伝播であろうといわれている。民間でも亀に関する民俗は豊富で、亀の行動から晴雨を占ったり、亀の夢を吉兆として喜ぶ土地は多い。

（常光徹）

＊野村純一「祝儀の昔話」（『昔話伝承の研究』一九八四、同朋舎出版）

木地師《きじし》

山中の木を伐り、轆轤《ろくろ》を用いて、盆や椀などの木地を作る木工職人のこと。木地屋・木地くり・轆轤師などと呼んでいる所もある。中世においては轆轤師が呼称として用いられたとされ、この時代に木地師の起こりが求められるといわれる。惟喬《これたか》親王伝承をもつ近江国愛智郡小椋庄（現在の滋賀県東近江市）に古くから住む木地師を本家と仰いでいる。

木地師は、由緒書とお墨付を携えており、これによって、全国各地の山の木を伐ることが許されたという。〈山七合以上伐り次第〉といって、どこの山でも七合以上にある立木は伐ってもよいと考えており、良質の原材を求めて九州から東北まで山野を移動した。しかし、一方では、定住し集落を形成した場合もまれではなく、木地師集落と落人集落とが共生している例がみられるとの指摘がある。

また、木地師集落は他の集落と比較した場合、伝承芸能が豊かであるとされている。職業柄、口承文芸などの伝播者としての機能を有していたと考えられ、各地の伝承されている平家谷伝説や椀貸し伝説などに関与していたらしい。今日、直接、木地師が伝播したことを確認できる昔話は茨城県で報告された「雉の報恩」などごくわずかである。しかし、昔話の中には椀を重要な要素とする話もあり、木地師との関係を考える上で興味深い。

（赤井武治）

＊橋本鉄男「山伏と木地屋」（『日本民俗文化大系五』一九八三、小学館）

キジムナー

沖縄の代表的妖怪。古木の精と考えられ、ガジュマルやウスク（アコウ）の古木などによくすみついている。キジムン・セーマ・セーマグ・ブナンガヤー・ブナガイ・ミチバタ・ハンダンミー・アカガンター・アカブサ等々とも別称される。形状は髪が長く身体は毛でおおわれているとか、赤ら顔の子供のようで総角（あげまき）であるとかいう。また睾丸の大きな子供の姿をしているともいわれる。キジムナーは魚を捕るのが上手で、しかも魚の目だけしか食べないので、これと交友すると大漁まちがいなしという。火の怪でもあり、旧八月十日は妖怪日といって〈キジムナー火〉が飛びかう日である。古木のある家では尾花を刈って結び、その出没を予防する。夜、線香をふるとキジムナーがその火をとりに寄ってくるという。また夕方、口笛を吹いて呼び寄せることもできるという。水の怪としての性格ももっている。キジムナーに水中に引きこまれたとか、キジムナーは水面を駆け回ることが上手で人を連れたままでも水面に立ちうるともいう。キジムナーは人間と親しい妖怪で、そのおかげで富を得たという話もよく聞く。あまり親交が深くなりすぎたり、だましたりしてその報復が怖くなると、そのきらいな蛸や熱い鍋蓋などを利用して縁を切ったという話もある。奄美のケンムンと同類の妖怪である。

（田畑千秋）

＊佐喜真興英『南島説話』一九二二、郷土研究社
島袋源七『山原の土俗』一九二九、郷土研究社

奇人の話

きじんのはなし

倉田一郎は『山村生活の研究』で、変人・奇人と呼ばれる人物を取り上げ、大きく、能動型と退嬰型に分類している。能動型は、性格・能力が一般の村人よりも積極的、能動的な人物をいい、そこには、生理型（大力・大食・大酒・悪食・健脚早脚）、智能型（嘘つき・能弁・頓智・異常信仰など）、芸（歌舞上手・鉄砲上手・曲芸上手など）といった人々が含まれる。退嬰型は、その性格や能力が村人よりも劣っている者で、生理型（偏食者）、智能型（臆病者・奇習者など）がこれに属している。一定の秩序と常識に基づいて日々の生活を送っている人々にとって、異常な性格やふるまいは目につきやすく、好んで世間話の材料とされた。特に、生活の変化に乏しかった、かつての村内では、その傾向は強かったと思われる。ただ、何を異常とみなすか、つまりその異常性の基準は、時代によって、あるいは地域によって一様ではなかったであろうが、今日奇人譚と称する話には共通のパターンをもったものが多い。たとえば、鉄砲の名人・嘘つき上手・大食者などである。なかでも、竹藪を引き抜いたとか、大石を担ぎ上げたといった大力の話はその典型で、各地に大力者の名が残っている。こうした大力の背景には特定の家筋があるといわれ、神霊との交渉をもつ者がその加護を受けた結果として異常な力を発揮する場合が多い。奇人を単なる異常な行為者とみることなく、地域社会における役割・機能を多面的に追究する必要があろう。

（常光徹）

吉四六話《きっちょむばなし》

大分県中南部に伝承されている吉四六という人物を主人公にする笑話。特に「天昇り」の話が有名。江戸期に実在した広田吉右衛門だとして大野郡野津市村（現・臼杵市）の普現寺には位牌や墓などもある。吉四六話は、各種の笑話の型を包括しており、その話種は近世の咄本にもみられる。これらは頓智話の他に、愚か者話や狡猾話などが混在し、同一人物の実話としては矛盾点も多い。なお、国東半島の北部中津市では同じ話が「吉五話」となって語られているものもある。吉四六話は広田吉右衛門という実在した人物の実話というよりはむしろ、その逸話に様々な笑いの要素が付加されてできたと思われる。

吉四六の〈吉〉の字は笑話の主人公の名前に多く、咄の者の通り名の一つであった。広田家には臼杵藩の御用で大坂などへ行く者もいたようであるから、上方の咄をもち帰ったとも考えられる。話を伝える者が話の中の登場人物になる例はしばしばみられる。何代目かの吉右衛門の奇行が一つの契機となって、〈吉〉の字のつく吉右衛門に結びつき、次第に享受者によって改変され、新たに他の笑いの要素も加わって、吉四六という人物像を作り上げたと思われる。豪家で知られた〈吉〉の字をもつ広田吉右衛門がいたことで、この話は定着しやすく、また伝承を強くしている。明治期から活字化されることも多く、吉四六話が多数集められたことから、伝承以外の話もあると思われる。

（梶晴美）

狐《きつね》

昔話の構成要素としての狐は、多くの話に登場し、様々な役を演じている。動物昔話においては、「魚泥棒」「百舌《もず》と狐」などで魚屋をだまして魚を取ったり、自分の利益のために他の動物を利用するなど、いわば悪知恵をもった狡猾者として描かれているのが一般的である。時には「尻尾の釣」のように、逆に人間にだまされて尻尾を切るはめになったり、「狐と熊」で熊の仕返しを受けたりもするが、ここにも狐にだまされ痛いめを味わったものたちの恨みが前提にあり、やはり悪者的存在としての狐が位置づけられているようである。本格昔話では「狐女房」が有名で、「信太の葛の葉」伝説や説経節「信田妻」を通じて広く流布した。そこで語られる叙情あふれる子別れの悲劇的要素が日本人の心を強く打ったようだ。この子別れは、狐の生態の特色とも深い関わりをもつ。他に、狐が人をだますことをモチーフにしたものも多い。狐にだまされないという男が結局はだまされていたという「尻のぞき」「髪剃り狐」。狐を法螺貝《ほらがい》でおどかしたため狐の仕返しを受けた「山伏狐」等がそれである。悪知恵をもった狡猾者としてのイメージはここでもぬぐいさることはできない。一概にはいえないが、稲荷の使者としての狐のもつ霊力や狐を農耕神とみる信仰、あるいは中国における「土気即狐」の陰陽道に関わる思想などが、この狐の性格に反映されていると思われる。

（近藤雅尚）

＊吉野裕子『狐』一九八〇、法政大学出版局

狐女房
きつねにょうぼう

狐が人間の男と結婚する異類女房譚。男に助けられた狐は、恩返しに女に化けて嫁入りする。その後、子供ができるが狐であることが発覚して男のもとを去るという話。男の妻の有無で一人女房型と二人女房型に大別される。後者では、本当の妻が現れて正体を知られてしまうが、前者は男との間に生まれた子供に正体をみられる。狐が尻尾を出す原因は添寝、菊の花、座敷の掃除などがあげられる。そして母狐は〈恋しくば尋ね来てみよ和泉なる信太《しのだ》の森の恨み葛の葉〉の歌を残して去り、婚姻は破局に終わる。ここまでは他の異類女房譚と変らないが、結末にこの話の特徴がある。それは子供が母狐からもらう聴耳などの呪宝で出世し、安倍晴明という一族の始祖となる形をとる点である。また、離別後、狐が一夜のうちに田植えをし、その時に〈つつっぽになれ〉という呪文をかけると、年貢をまぬがれ、男の家は財産家になる致富型もある。前者は、安倍晴明と大阪の信田森の葛の葉狐の伝説が説経節や浄瑠璃を経て集大成した『芦屋道満大内鑑』と深い関わりをもち、安倍晴明を始祖とする陰陽師などがそれを唱導して歩いたと思われる。今日得られる昔話「狐女房」はこの影響を少なからず受けている。このような状況下にあって、致富型の後者は、狐と稲の神の信仰に結びついた信田狐の影響を受けていない話として興味深い。

（梶晴美）

＊折口信夫「信田妻の話」（全集二）。関敬吾「杜の乙女」（著作集二）

狐話
きつねばなし

日本の昔話の中で、狐ほど活躍する動物は他にいない。しかし、多くの話の中に出てくる狐の性格や役割りというものは、決して一様ではない。まず、動物昔話と本格昔話における違いがある。動物昔話の多くは、ある意味で、人間社会を反映した内容の話で、そこでの狐は、悪知恵の働く賢い性格が強調される反面、間の抜けた一面も見せる。それに比べ本格昔話は、人間社会の中の、人と動物との交渉がテーマである。その中には「狐女房」のように、狐が人間の女になって嫁入りし、人間の子供ができるという、超自然的な存在として登場する話があれば、「報恩動物」や「狐遊女」などのように、人間に助けられた狐が、その人に恩返しをするという話もある。「尻のぞき」や「風呂は肥壺」は、人間を化かすという性格を存分に発揮する内容だが、これらの類の話は、狐に化かされたという体験談や伝聞として話される例が多く、より世間話に近いものといえよう。

また、東日本に報告をみる、狐が稲穂を中国や天竺から盗んで日本にもたらしたのが稲作のはじまりだとする、穀物盗みの話などは、稲荷信仰と深く結びついており、農耕神的な存在を暗示している。このように多くの狐話は、人間と狐との間における、様々な深い関わりの歴史の中から伝承されてきたものといえよう。

（薄井有三）

＊柳田國男「孤猿随筆」（定本二十二）

兄弟譚
きょうだいたん

登場人物に兄弟（姉妹）を配し、その優劣、争い、協力を描く幾つかの昔話の総称。大多数は三人兄弟と二人兄弟である。三人兄弟は「三人兄弟」「奈良梨採り」など三人が優劣を競い、呪物、機智の力により末弟ないし長兄が意外な成功を収める。異類婚姻譚「蛇聟入」「猿聟入」では末娘が難事を解決する。二人兄弟では「塩吹き臼」「米良《めら》の上漆《じょううるし》」、動物昔話「時鳥《ほととぎす》と兄弟」のように二人の葛藤を描く。「二人兄弟」など継子話や笑話の類にもある。兄弟譚を内容や分布から捉えると、末子成功譚が全国的に分布し、三人兄弟の話型が東北日本に多く、二人兄弟の話型はほぼ全国にみられ、西南日本で有力である。末子成功譚の発生起因には、内容の漸次的高潮を意図した文芸的技巧、末子相続制度の反映など諸説がある。さらに千村涉は東北日本に分布する相続者選定のモチーフを含む長子成功譚は、末子成功譚が東日本の〈長子相続慣行〉と呼応し、その伝承形態を変化させたとする。また兄弟譚は二人の兄の失敗に対し末子成功があるように、悪い兄と善良な弟、愚兄と賢弟など二元的な構成をもつ。西南日本の兄弟譚には「花咲爺」系の昔話のように隣の爺と同じ話型で重なるものもあり、稲田浩二は兄弟譚の構成を東アジア伝承圏の中で捉え、日本の隣の爺の構成は兄弟譚を母胎としているとその交流接触を論じている。

（佐野正樹）

＊千村涉「兄弟譚の昔話」昔話伝説研究三、一九七三
稲田浩二『昔話の時代』一九八五、筑摩書房

行人塚《ぎょうにんづか》

修験者や山伏など山岳を歩いて身体を鍛え、精神の修養に努めた宗教家が、念仏をとなえながら自ら生埋めになったという伝説をもつ塚。行人塚と呼ばれる以外にも、山伏塚・法印塚・行者塚・入定塚などと呼ばれ、関東地方を中心にして全国に広く分布している。長野県北安曇郡にあるものは、生埋めにされた行者が、死ぬまで鉢をたたいて勤行したところとされ、その後も晴れた日には土中から鉢をたたく音が聞こえたという伝説をもち、今もここに馬をつないだり、放尿したりすることをタブーとしている。神奈川県津久井郡相模湖町（現・相模原市）の山伏塚は、昔、宿を乞うて訪ねてきた山伏をことわったところ、山伏が法螺貝で悪口を吹いたので、追いかけて斬り殺したが、その霊に祟られたので供養として塚をたてたものと伝えている。これらの塚は、峠や村境に多くみられ、山伏などが元来、境の地において神祭を行なった場所であろうと思われる。これらの宗教家が悪霊を退散させる術をもつところから、後に、宗教家そのものの霊を強い怨霊として、村の境から疾病が入るのを防ぐ考えが生まれたのであろう。行人やその他の宗教家が土中に埋められ、何日かの間、念仏をとなえ生き延びていたという自埋入定の信仰は、たとえば空海が高野山で入定して未来世の衆生済度を期したところの信仰と同一のもので、我国のミロク信仰に原拠するものと考えられる。

（近藤雅尚）

＊今井善一郎「行人塚考」民俗学研究二、一九五一

巨人伝説

きょじんでんせつ

巨人の天地創造に関わる滑稽味をもった話で、地名由来と結びつき日本の各地に伝えられている。その行動は、山を担う、足を洗う、小便をする、相撲をとる、釣りをする、蛤を拾うなど様々ある。この話の共通点は、巨人の足跡が山や窪や池などになってムラに残っていることである。その足跡には蒔かずの田の伝承も付加されている。この巨人の特徴は、身体が長大であり、怪力の持ち主で、手や足が長いともいわれている。それは、偉大な仕事を成し得たものは偉大な体格の持ち主でなければならないという考えがあったものと思われる。この伝説の成立は古く、古風土記などに「大人」としてみえる。ところで、この巨人の名前であるが、関東から東海にかけてはダイダラボッチ系統が多い。また、その他では大人、鬼八法師、金八坊主、大人弥五郎、あるいは百合若、弁慶であったりする。現実味を帯びるに従ってその事跡は小さくなっている。

柳田國男はこのダイダラのタラについて、総領息子の太郎や藤原鎌足、足彦帯姫などの貴人の呼称に通じ、自然の地形を創造した偉大な神、もしくはその神の子を意味すると考えた。また、タタラとして鍛冶職の関与を考える説もある。この話が水に関わり、別の地から来て旅をする大神だという点も注意したい。

（梶晴美）

＊矢口貴子「大人弥五郎譚」昔話伝説研究七、一九七八
柳田國男「山島民譚集（二）」（定本二十七）

禁忌と伝説《きんきとでんせつ》

禁忌は〈何々してはならない〉という禁止事項をいい、そこに何か特別の対象を意識して、ある行為を忌むというのが一般的である。その内容は多岐にわたるが、伝説の中には、こうした禁忌の由来を説明する一群の話がある。正月に餅を搗かぬ理由として、先祖が正月飾りをして餅を搗こうとしたところ、敵が攻めてきて搗けなかったから、とか、鶏を飼わぬ理由では、昔一族の祖先が蛇に鶏卵を呑まれたのに腹を立て、蛇を切ったところ、たちまち白蛇と化して追いかけてきた。逃げきることができず腹を切ったため、以後、鶏の飼育を忌むなどと説明する。ほかにも、馬を飼わない家・胡瓜を植えない家・門松を立てない一族・鰻を食べない村など数々あって、禁忌を守る範囲も、家・一族・村に分かれる。なかでも、特定の作物を栽培しない、食べないという作物禁忌は種類も多く代表的存在である。禁忌の背景には信仰的要因が強く働いていると考えられるが、こうした禁忌と由来譚との関係は十分解明されていない。ただ、植物禁忌では、植物の景観・性質上から一、葉先が鋭い、芯が固く茎が直立するもの〈玉蜀黍・胡麻など。葉や切り株で目を突く〉、二、蔓性のもの〈瓜類など。蔓に足をとられて転ぶ〉、三、ヌルヌルしたもの〈里芋など。すべって転ぶ〉、四、臭気の強いもの〈ニンニク・葱など。金比羅様がネギの臭いを嫌う〉といった分類案が試みられている。

（常光徹）

＊村西勤美「作物禁忌」（『山古志村史・民俗』一九八三、山古志村役場）

金の茄子

きんのなす

〈漂着の妃〉と〈放屁問答〉との二つのモチーフを持つ昔話。『日本昔話名彙』では〈漂着の妃〉のモチーフを中心にして、完形昔話の〈知恵のはたらき〉に分類されている。一方、『日本昔話大成』では〈放屁問答〉のモチーフが生かされ、社会的地位の高い者に対して機智を働かせてやり込める巧智譚〈和尚と小僧〉に分類されている。

妃が放屁をして王の怒りを買い家から追い出される。生まれた男の子が成長して、父のいない理由を知る。その子が黄金がなるという茄子、あるいは瓜を自分の父である王に売る。そのとき屁をひらぬ者が植えなければならないという。王が屁をひらぬ者はいないというと、子供はどうして屁をひった母を追い出したのかと尋ねる。言い込められた王は事情を理解し、妃と子供は王のところへ帰る。子供は後に王の位をつぐ。放屁をする代わりに、あくびをするものもある。妃が夫の家から追い出されるときは、うつぼ舟などの舟に乗せられて流されるものが多い。聴き手にとって、〈漂着の妃〉の妃は悲劇の主人公のように感じるが、話の展開が、〈放屁問答〉のモチーフと結合していて悲劇性は希薄である。〈漂着の妃〉のモチーフが王位継承のモチーフをともなうと、神話的モチーフの〈流され王〉や〈箱舟漂着神話〉と類似する。

（和久津安史）

＊岩瀬博「昔話〈黄金の瓜種〉の伝承と伝播」昔話——研究と資料五、一九七六
柳田國男「瓜子織姫」（定本八）

薬売り《くすりうり》

子供の歌に〈越中富山の薬屋さん、白墨削って粉薬、馬の小便水薬……〉というのがある。このように薬売りといえば富山の薬売りが非常に有名であるが、他にも奈良県・滋賀県・岡山県・佐賀県・熊本県などの各地に売薬の地がある。富山の売薬の起源には諸説があって定かでないが、十七世紀末には富山藩の保護のもとに始められたという。この富山の薬売りの特徴は一人でたくさんの種類の薬を持って、それを得意先に置いていき、次に訪れた時に使用分の代金を貰い、その分の薬を補充するという方法をとっていることである。その行商の範囲は広く、北は南部から南は薩摩まで各地を回っていたという。これら得意先を回る薬売りは、それぞれ訪問先の村に、特定の家を持つのが普通で、そこを基点として行商を行っていた。

このような旅をしながら行商を行う薬売りは、得意先や宿などで、村人の好むような昔話や、他村の珍しい世間話なども同時に置いていったようである。実際、薬売りから昔話や世間話を聞いたという例もあり、また、昔話そのものに薬売りが出てくる話もある。「猫と南瓜」という昔話は、猫が魚を盗むところを薬売りが見つけてそこの主人に知らせる。猫は殺されて埋められるが、そこから南瓜ができる。食べようと思ったが、猫の目から生えたものだと知り、食べずに助かったという話である。その他にも「糠福米福」「産神問答」などにも登場する例がある。（薄井有三）

口裂け女

くちさけおんな

一九七九（昭和五十四）年の夏頃、突如として〈口裂け女〉が出現した。その噂話は、マスコミも手伝って小学生の間にたちまち広まっていった。

長い髪の毛で大きなマスクをかけ、夕暮れ時に現れ、子供に向かって〈私、美人？〉と尋ねる。〈美人〉と答えると〈これでも？〉といってマスクを取りはずすと、顔は整形手術の失敗により、口が耳まで裂けていたという。そして、逃げても逃げても鎌（ナイフ）を持って驚くほどのスピードで追いかけてくる。そこで、べっこう飴をあげると許してくれるという。あるいは、〈ポマード〉と三回唱えたり、掌に書いて見せたりすると恐がって逃げていくという。恐怖感はふくれあがり、実際に見たという子供までが出るに至った。恐いので、べっこう飴をたくさん買って学校の机の中に入れておいたり、自宅までの通学路にある壁にポマードと文字を書いたりした子供もいた。

これは「三枚の御札」「牛方山姥」「食わず女房」など、昔話の鬼女からの脱出、逃走の場面を思わせるし、流行後は次第に変形して、〈口裂け女〉は三人姉妹の末子になったりしている。野村純一は〈この風は今後ますます伸展、拡張し、話は年ごとになお先行して用いられていた昔話への類型化への道をたどるのではないかと予想される〉と指摘している。

（米屋陽一）

＊野村純一「話の行方――口裂け女その他――」（『口頭伝承の比較研究一』一九八四、弘文堂）
宮田登『妖怪の民俗学』一九八五、岩波書店

蜘蛛《くも》

奇怪な姿と風変わりな習性をもつクモは、昔話・伝説の構成要素として、多彩な関わりを示している。水中から現れた小さなクモが、釣り人の足に糸をまきつけ、異常な力で淵に引き入れようとする「蜘蛛淵」伝説には、クモを水界の霊もしくはその使令とする信仰が認められる。クモはすぐれた予知能力をもつといわれ、巣の掛け方から晴雨を判断したり、クモを戦わせてその年の豊凶を占ったりする伝承が各地に残っている。「食わず女房」の西日本型は、話の後半で、女がクモに化けて男の命を狙う展開が多く、最後に〈夜グモは親に似ていても殺せ〉の俗信由来と結びついている。一般に、口承文芸の中に登場するクモは、怪異性をおびていて、不気味な存在として語られている。「蜘蛛息子」では、腰から上は人間だが、下半身はクモという異様な姿が描かれている（『老媼夜譚』）。化物寺の一つである「蜘蛛の糸」では、クモの化粧した女が三味線を弾くたびに男の首に糸が巻きつく場面が語られる。ここには、クモの異様な外観や吐糸行為など、この虫の持つ特異な存在が投影している。また、「蜻蛉長者」と同型の話に、寝ている男の鼻からクモが這い出る「夢のクモ」の報告があり、世間話にも、筒に入れておいたクモが、家を留守にしている息子と時を同じくして死んだ話がある（『阿波池田町の昔話と伝説』）。こうした伝承の背景には、時として、この小動物が人の魂を象徴する存在と考えられていたことを窺わせる。（常光徹）

海月骨なし

くらげほねなし

竜宮の姫が重病になった。猿の生肝が妙薬だというので亀が使者となって猿をだまして連れてくるが、竜宮の門番、海月《くらげ》が事の真相を話してしまう。猿は亀に〈肝を木の上に干してきたので取りに戻りたい〉といったので、亀は再び猿を背に乗せて連れ帰る。猿は木の上に逃げて亀をばかにする。海月のせいだと気づいた亀が王に報告したため、海月は罰として骨を抜かれてしまった。海月は骨がなく漂うものだということは古く『古事記』天地開闢の条に〈くらげなす漂へる時……〉とある。『枕草子』第九十八段〈中納言殿参り給ひて……〉では「海月の骨」がめったにお目にかかれないものとしてとらえられている。

『今昔物語集』巻五第二十五（猿と亀）、『沙石集』巻五第八（猿と虬《みずち》）などに類話がみられるが、いずれも仏典漢籍の影響を受けたもののようである。亀・虬ともに妻が懐妊して生肝が欲しかったので猿をだます。海月は登場せず、亀・虬自らが企みを明らかにして失敗してしまう。獣の愚かさを説くのが目的の話である。したがって、〈海月骨なし〉の条が「猿の生肝」の話に付加したのはそう古いことではないといえる。

この昔話は西日本に多くみられる。諸外国では朝鮮（兎と亀）、インド、インドネシア（猿と鰐）などに分布している。柳田國男はこの話の骨子を、〈異郷訪問者の利益につながる内通〉という点に求めている。

（渡辺公一）

食わず女房

くわずにょうぼう

女に化身した鬼や蜘蛛を退治して、厄難を克服する昔話。分布は全国に及ぶが、モチーフの相違によって、東日本型と西日本型に大別される。東日本型は、ある男が飯を食べない女房を欲しがると、希望通りの女が現れて夫婦になる。女は飯を食べないが急に米が減り始める。不審を懐いた男が、外出を装って天井から覗くと、女は髪を振りほどき、頭にある口に握り飯を投げ込んでいる。驚いた男が暇を出すというと、女は桶の中に男を押し込んで連れ去る。途中、男は木に取りついて脱出し、蓬《よもぎ》と菖蒲の茂みに隠れる。気づいた女は鬼（蛇・山姥《やまんば》）となって追いかけてくるが、蓬と菖蒲のために近づくことができない。その日がちょうど五月五日だったので、以後、魔除けとしてこの日には軒や屋根に蓬と菖蒲を挿すようになったという。西日本型の場合は、前半の展開はほぼ同様だが、後半に変化がみられる。女は蜘蛛の姿になり、男の命を狙って夜間自在鉤を下りてきたところを、男は囲炉裏の火に叩き込んで殺す。〈だから夜の蜘蛛は殺せ〉という俗信と結びついて語られることが多い。東日本型が押し並べて五月節供の菖蒲・蓬の由来を説くのに対し、西日本型の結末は、夜蜘蛛の俗信の他にも種々の由来を伴っている。なかでも、蜘蛛の侵入を大歳もしくは節分の晩とする事例が各地にあるのは注意を要する。本来、西日本型の特徴は、歳の夜の囲炉裏に燃える神聖な火の由来を語る点にあったと思われる。

（常光徹）

形式譚《けいしきたん》

話の内容そのものよりも語り口調や文句の面白さに興味を置く話。『日本昔話大成』には新話型一つを含め、計十八話型が採録されている。タムスンによれば主な形式譚の種類は、累積譚（廻りもちの運命）・連鎖譚（一つ覚え）・尻切れ話（昔と話と謎・昔刀）・果なし話・からかい話などとされる。動物昔話・本格昔話・笑話とは、その機能を考える上で別に位置づけられるものである。

たとえば「鼠の入水」「池の端の木の実」「蛇がのろのろ」「天から褌」などに見られるような、果てしなく繰り返される筋のない話をすることで、聞き手をうんざりさせる。あるいは「昔刀＝むかしかたんな」や、からかい話「はなし＝歯なし」など、話を中断させて、語りを強く拒否するという、語り手が聞き手の要求をはぐらかす際に用いられる場合もある。通常、話の種が尽きて語りを持続することが困難になった時の最後に語る昔話として機能しているが、近年の報告によれば、その日の語りの最初に長い話がよいか短い話がよいかを聞き手に選択させ、短い話を選べば「尻切れ話」「からかい話」を、長い話を選べば「果なし話」を語り、そうでない話を請求されてはじめて本格的に昔話を語るという例（群馬県利根郡みなかみ町・岩手県久慈市）がある。この場合の対象は子供で、これから語る昔話にしっかり耳を傾けることのできるように作られた語りの手法といえよう。

（赤井武治）

芸能と伝説

げいのうとでんせつ

各地に伝えられている芸能には、その発生を伝説と結びつけて説くものがある。全国津津浦浦の芸能を調べあげたら数えきれないほどの芸能と伝説の関わりがあると考えられる。ここではその一部を紹介する。石川県輪島市名舟町の〈御陣乗太鼓〉は、天正年間（一五七三〜九二）この地を攻めてきた上杉謙信の軍勢を太鼓と異様な扮装をした仮面とで敗走させたのを起源とする俗説がある。福井県今立郡池田町水海に伝わる〈田楽能〉は、昔、大雪のとき北条時頼がやって来て病にかかり何年かこの地に逗留した。時頼は自分の像を彫り最明寺堂を建立し、村人には田楽能を教えた。それがはじまりだという。香川県綾歌郡綾川町滝宮には菅公ゆかりの滝宮天神があり、八月二十五日には〈念仏踊り〉が奉納される。これは菅公が国司であったときに城山《きやま》の神に祈って大雨が降った。それを農民が喜び踊りはじめたのが〈念仏踊り〉の起源だと伝える。同県仲多度郡まんのう町佐文の〈綾子踊り〉は、あるときこの村へ祈禱をする綾子という女がきた。その綾子のところへ一人の旅僧がきて村を救うための雨乞い踊りを教えた。それが現在の〈綾子踊り〉であり、この旅僧とは四国らしく弘法大師であったという。このように芸能の起源が伝説として語られているのは、共同体における意義づけであり、由緒正しさの誇りともなった。それは同時に、芸能を共有化し、持続するエネルギーにもなっていたのである。

（大島廣志）

源五郎の天昇り

げんごろうのてんのぼり

様々な機会に偶然がかさなり、常識を無視した意外な話の展開をもつ笑話。天界で雷の手伝いをするなど、雷聟入譚とも共通する。天界や竜宮など異なった空間の話も含め、多くの挿話を累積して構成されている。たとえば、ある男が豆、あるいは蕎麦・桃を蒔くと異常に成長して天までのびる。実を取りに天に登ると雷に会う。雷を手伝って雨を降らすが、雲の破れたところから落ちる。結末は、海に落ちて竜宮に行って歓迎されるが、漁師に釣り上げられて帰ってくる。または、桑の木に引っかかった男を雷がみて、桑の木の辺には落ちないようにする。それで雷のときに桑の木の枝を軒に挿すようになったとする。その他、琵琶湖に落ちて源五郎鮒《ぶな》となるもの。五重塔の上に落ちるもの。四すみをもった風呂敷の上に飛びおりると、四人が額をぶちつけて目から火が出て火事になるなど様々に展開していくが、最後は夢であった、となるものも多い。主人公の天界への行き方は、傘屋の場合は傘とともに風に吹き飛ばされ、桶屋の場合はたがねにはじかれて行く。さらにウナギを追ったり竜の尾をつかんで行くものもある。九州地方から東北地方まで全国的に報告されている。西日本では主人公が桶屋や傘屋になっているもの、東北地方では「八石山」の話と結びついているものが多い。

（和久津安史）

＊山賀七郎「雷聟入譚考」（『口承文芸の綜合研究』一九七四、三弥井書店）

現代の世間話《げんだいのせけんばなし》

柳田國男の『遠野物語拾遺』の中に〈近い昔〉という題目があり、そこに〈飛行機をはじめて見た話〉がある。このような〈近い昔〉に、柳田はいち早く注目していたようだ。

狐狸に化かされたり、狐狸が化けたりした話など、事実談や体験談、また聞き談や噂話の話群は〈世間話〉と呼ばれているが、近年まで〈昔話〉〈伝説〉研究が中心であったため、人々の間に多く語られてはいたものの記録されずにきてしまった。その〈世間話〉の中でも、近代日本が誕生しようとする幕末から現在に至るまでに生まれた話を特に〈現代の世間話〉あるいは〈現代の民話〉と呼んでいる。

一九五〇年代に、木下順二、山代巴、西郷竹彦他〈民話の会〉は〈現代の民話〉を積極的に問題にした。その後、一九七〇年代の後半からは、松谷みよ子他〈日本民話の会〉が〈現代の民話〉の収集、分類、整理を行っている。文明開化・偽汽車・密造酒・戦争・原爆・空襲・軍隊・占領下・開拓民・公害・地震・津波・火事・学校・職場・自動車・列車・船・飛行機・狐狸・天狗・河童・神かくし・夢や死の知らせ・生まれかわり・あの世へ行った話など、様々な階層、職業、分野、地域の人々が生み出す〈現代の世間話〉〈現代の民話〉は、これからの口承文芸研究の重要な位置を担っていくだろう。

（米屋陽一）

＊松谷みよ子『現代民話考』一九八五、立風書房。宮田登『妖怪の民俗学』一九八五、岩波書店

ケンムン話

けんむんばなし

鹿児島県の奄美諸島のうち大島本島と徳之島に語られる代表的妖怪譚。

ケンムンはKïnmunであるがKïの音が表記できないのでケと書いている。ムン（物の化）の一種であるが語義は未詳。ガジュマルなどに住んでいるので木（ケ）の精と解釈する人もいるが、けっして木の物としての性格が特別強いわけではない。

ケンムンは小さい子供のような体で、顔は猿（犬・猫）に似ているといわれる。身体には毛があり、裸で赤いという。髪はおかっぱで赤毛であるともいう。それで髪の毛の赤い子供をケンムンの子などという。また脛が長く、坐る時は両膝を立てて坐るという。それで両膝を立てて坐るのをケンムン坐りといってきらう。

ケンムンは神の零落した姿である。老人などの中には今でも神として畏れている人もいるが、完全に妖怪化している土地もある。ケンムンはもろもろの妖怪の特長をもっている。たとえば臭いの怪であり、木（ガジュマル・オホ木〈あこう〉）の怪・海の怪・山の怪・川の怪でもある。また、ケンムンが山から海に降りる時は爪（または頭の皿）に火をともすという。その火をケンムン火（マチ）という。また、音の怪でもある。蛸をこわがり、相撲が好きで人間によくいどむという。そのケンムンに出会った話等がケンムン話といわれる。

（田畑千秋）

＊田畑英勝「奄美の妖怪」『奄美の民俗』一九七六、法政大学出版局

甲賀三郎

こうがさぶろう

伝説上の人物で、諏訪明神の本地として知られる語り物の主人公名。『神道集』巻十の「諏訪縁起物語」の梗概を記すと、甲賀権守の三男甲賀三郎諏方（よりかた）は父亡き後、惣領となって東海道十カ国を治めることになる。ある日伊吹山で巻狩を催した際に、妻の春日姫を魔物に奪われる。三郎は姫を捜して蓼科山の人穴に入り、地底にいた姫を救出するが、姫が鏡を忘れたので三郎は再び地底に降りていく。次兄の諏任は弟を亡きものにし、姫を妻にしようとして地底に通ずる縄を切ってしまう。しかし春日姫は諏任の妻になることを拒み、危うく殺されるところを救われて三笠山の岩屋に籠る。地底に残された三郎は七十二カ国を巡歴したあげく維縵国にたどりつく。国主のもてなしを受け末娘の乙姫を娶る。十三年を経てから国主の許しを得、鹿餅を与えられ帰郷の途につく。難をきりぬけ浅間ケ獄に出る。そして甲賀の笠岡釈迦堂にきた時、自ら蛇体であることを知る。しかし老僧に蛇体を脱する法を教えられ、人間の身となって春日姫と再会し、後に二人は諏訪明神となって現れる。この話は上述の内容をもつ〈諏方系〉と兼家を主人公とする〈兼家系〉とに分けられる。内容にも多少の相違はあるが、それは伝承の途次の変化、特に諏訪神人や末裔を任ずる集団によってなされたと考えられる。蛇体変身のモチーフなど日本的な発想もみられるが、原話は世界的分布をもつ〈奪われた三人の王女〉とされる。

（花部英雄）

洪水伝説《こうずいでんせつ》

大水が土地を覆う洪水の伝説。日本の洪水伝説は二つに大別することができる。一、居住し、耕作していた土地が洪水にあったという伝説。二、かつて水がたまっていた所（湖など）が排水され、そこに居住し、耕作するようになったという伝説。一の伝説には「やろか水」や「白髭水」などが相当する。岐阜県加茂郡太田町（現・美濃加茂市）では、二～三百年以前、雨続きのとき、木曽川の上流で「やろかやろか」という声がする。村人は「いこさばいこせ」というとしばらくすると次第に増水して、太田の町の人家に浸水して大洪水になったという。また、岩手県東磐井郡松川村（現・一関市東山町松川）では、北上川が大洪水のとき、大きな仏像が流れてきた。仏像の顎のあたりが凍って白髭のようであったから白髭水という。「白髭水」は、仏像ではなく白髭の老人と伝えたり、大津波のときという伝説もある。二の伝説は、長野県南佐久郡南牧村の例では、昔、八ヶ岳がくずれて南牧村の北の端で千曲川をせき止めたので湖水ができた。その後、湖のつつみが破れ、今の小さな平地ができたという。この伝説の類話をみると排水の後、平地ができ、村となるという形が多い。蹴裂伝説ともいう。一の伝説が歴史上の事実、またはつい最近のこととして語られ、村人の追体験によって信じられ機能しているのに対して、二は、現在の居住地の起源を伝えるものである。

（財前哲也）

＊倉石忠彦「長野府における洪水説話」近畿民俗八九

高僧伝説《こうそうでんせつ》

高僧の誕生、奇跡、偉業、開基などを説く伝説。高僧伝説は大別すると記録された高僧伝と民間に流布する伝説とに分けられる。前者は宗派や教団が、祖師、高僧の威徳や事績を讃え、さまざま潤色を加えて超人的な一代記にまとめたものが多い。これを絵伝や絵解き、あるいは説教などの方法で信者や一般大衆の教化、喧伝に用いたものである。歴史上の主な高僧には、聖徳太子、役行者、行基、良弁、空海、最澄、西行、法然、親鸞、道元、日蓮、一遍、一休、蓮如などがいる。他にも多くの高僧が、師伝、行状といった形で記録されて伝わっている。一方、民間に伝わる伝説にも上述の名前が登場する。そのうち聖徳太子は大工仲間に信仰が厚く、太子講が組織され守護神として崇められる。また役行者は山伏の開祖と仰がれるように、職能、出自に関わって伝承されている。行基は寺社の開基として、親鸞、蓮如は北陸地方に伝説が多く、日蓮は佐渡や関東に多い。これなどは歴史的信仰的背景、活動基盤等によるものであろう。一方、空海のように弘法伝説として全国くまなく伝承されているものもあるが、これはそれ以前のダイシ信仰が基底にあることによる。また西行や一休のように僧伝とは違って、笑話化されて伝えられているのもある。このように民間の伝説は多彩な様相を帯びて形成されているが、これは高僧伝が下降して口承に移った過程で、民衆の生活感覚、願望などが反映して新たな展開を遂げたものと解することができる。

（花部英雄）

弘法伝説

こうぼうでんせつ

乞食僧に身をやつした弘法大師が全国を行脚して各地に様々な奇跡を残す伝説。次の五つの型に分けられる。一、樹木に関する話で、巡礼する大師が残した杖や箸が根付いて後に大樹に成長したという杖立・箸立伝説。二、清水に関する話で、清水のない村に大師が水を湧出させたり、豊かな水を涸渇させたりする弘法清水伝説。三、食物に関する話で、石芋、食わず芋、弘法栗、三度栗等と称され、大師が欲する芋や豆を与えぬところから以後食えぬ石芋や実の入らぬ大豆になったり、逆に苦労して与えたところから一年に三度なる栗等その例は多い。四、冬至の晩の大師講の由来を説く伝説で、家々を訪問する大師を饗応するための供物や道具立てを説く話が多く、そのモチーフは遠来の客（来訪神）を歓待するものとなっている。五、以上四つの話が強調され、村人の水害や火災等の危難を救済する伝説である。ここに登場する大師は、仏教上とは掛け離れた民俗的ダイシで、神の長男を意味する大子《オオイコ》であり、その神を歓待する神祭りの伝承の類型を根としていると考えられる。そして、杖立伝説がダイシを迎え祀るに必要な依代、霊木、弘法清水が神祭りの浄木や禊祓の水、弘法栗、芋が神撰として、それぞれに派生したのであろう。それが十二世紀後半から高野山に成立した弘法大師の入定復活信仰によって、高野聖等の旅僧が民衆の救世主待望の思想の中で伝えていったと思われる。

（梶晴美）

＊宮田登『ミロク信仰の研究』一九七五、未來社

黄金の鉈

こがねのなた

正直者の爺が財宝を得る昔話。昔、正直者の爺が山で木を樵っているうちに、誤って鉈を淵の中に落としてしまう。困っていると淵の中から美しい姉様が現れて、金銀の鉈を差し出すが、爺はこんな立派な鉈は自分のものではないといって受け取らない。姉様は再び淵にもぐって、爺が失くした鉈をもってくる。そして、お前は正直だといって金銀の鉈を与え、爺は裕福になる。これを知った隣の爺は、わざと鉈を落とし金銀の鉈を騙し取ろうとするが失敗する。この昔話は岩手県から大分県まで全国に広く分布している。また内容が『イソップ物語』とほぼ完全に一致することはよく知られているが、ただ、日本に分布するこの昔話が、中世後期に渡来した『イソップ物語』という文献を通して伝播したものかどうかは不明である。

鉈を淵に落とし、それを水の中の女性に返してもらうという伝説は日本各地に存在する。たとえば木樵が鉈を淵に落とし、水の中に探しに潜ると水底に立派な屋敷があって、そこで美しい娘が機を織っている。娘は、このことを他言してはならぬといって鉈を返してくれるという展開を示す。あるいは、落とした斧が水中の大蟹の爪を切ってくれたと感謝されたという伝説や、水中に鉄の鉈を落としたため淵の主の姫の怒りにふれるという伝説などもあり、水辺の女性、機織淵伝説との関係も濃厚である。

（藤田尚樹）

＊関敬吾『昔話の歴史』（著作集二）

腰掛松

こしかけまつ

歴史上著名な武将や僧侶、さらには神・天狗などが、昔ある土地を通ったときに松の木や石に腰掛けて休んだという伝説は、日本の各地にある。栃木県那須郡には、那須与一が屋島からの帰り、那須温泉大明神に参詣した後に、松に腰掛けて休息したとする腰掛松がある。そして、この松を傷つけると鮮血が出るという。また、長野県北安曇郡には、大天狗腰掛松というのがある。この木を傷つけたり枝を焚いたりすると、病むか死ぬか怪我をするという。この伝説の種類には、松以外には桜があるくらいである。これは日本の木に関する伝説に、松が非常に多いことと関連してくるものであろう。同じ伝説で、〈腰掛石〉と呼ばれるものも広く日本各地にある。香川県高松市には、源義経が源氏ヶ峰に登った時に腰を掛けて両陣を見たという、義経腰掛石がある。誤ってこの石に腰を掛けると祟があるという。このように、腰掛松や石の伝説には、何らかの禁忌を伴っているものがある。この腰掛石という名称に対して柳田國男は、祭の御旅所を、休石とか石休場などと〈休む〉ということから〈腰掛け〉という名が出たのではないかという。また〈腰掛け〉の〈コシ〉は、神輿《みこし》のことではないかともいう。いずれにせよ、これらは神霊の依代《よりしろ》として考えられていたものであろうが、これらの木や石のある場所や、形状なども問題となるであろう。

（薄井有三）

＊柳田國男「神樹篇」（定本十一）

後生と昔話《ごしょうとむかしばなし》

主人にひどいしうちを受け愛する人イワカナとの仲をさかれた家人（ヤンチュ・近世まで続いた売買可能な使用人）カンツメの伝説は有名だが、それは一連の島歌をも作り出し島人の口に語りつがれ歌いつがれている。

〽ゆぶぃがでぃあしだる／カンツメアゴくゎ／なーあちゃぬゆなたっと／ごしょうがみち／みそでふりゅり

〔訳〕夕べまで遊んだ／カンツメ姉さん／もう今夜は／後生の道で／御袖振っている。

これはカンツメの死出の旅を歌ったものだが、ここに出てくる〈後生〉が死後の世界のこと。南島ではこの後生へ行ってきた人の話がよく聞かれる。昔話「寅千代丸―後生行き型」などはそのよい例。国一番の分限者に子ができない。国中の寺に願をかけるがかなわず最後にオーシの寺に行き願をかける。赤い花が咲き男子が誕生する。名を寅千代丸とつける。一日育てると一年、一年育てると十二年育てたように大きくなり、オーシの寺で修行する。その能力を仲間にねたまれあらぬ告げ口をされる。師はもしそれが本当なら二度と戻れぬが、無実なら三年で戻れるといって寅千代丸を後生に落とす。寅千代丸は困難を克服して家に帰りつくとちょうど自分の三年忌をしているところであった。悪を企んだ仲間たちは罰を受け死んでしまう。他に後生訪問譚として、弓の術を後生で習得した兄弟譚、逃げた牛をさがしに後生に行った話などが伝承される。（田畑千秋）

瞽女《ごぜ》

三味線を弾いて唄をうたったり、門付けをして歩く盲目の女旅芸人。貴婦人の敬称である御前《ごぜん》に由来するといわれ、近世には東北地方の一部を除いて全国に存在していたようである。師匠の瞽女のもとへ養子縁組して唄や三味線を習得し、連れ立って旅巡業に出る。昼は門付けをして回り、夜には瞽女宿に村人を集めて、唄や語り物を聞かせて祝儀を得る。近年まで新潟県や長野県飯田市で稼業を続ける者がいたが、現在は途絶えてしまった。

瞽女唄と呼ばれる瞽女の芸能は、大きく祭文松坂、口説、歌謡に分類される。祭文松坂は山伏祭文に盆踊の松坂が結びついたところからの名称といい、葛の葉、小栗判官などの演目があり、遠く中世の説経の流れを汲む語り物である。口説は七七調の短い節を繰り返しうたうもので、鈴木主水口説、巡礼口説などのほか、時の心中事件を題材にしたものもある。歌謡には常盤津、清元などの俗謡のほかに、義太夫のさわり、民謡などもある。瞽女はまたすぐれた昔話の語り手の資質をそなえている。抜群の記憶力、唄や語り物で鍛えたなめらかな語りは盲人特有のものである。旅伝説、世間話の中には彼女らを主人公とした瞽女淵、瞽女石、瞽女とムジナなどの話がある。旅芸人としての薄幸の存在が人々の口に上り、また自らも世間師として伝播の役割を果たしたものである。

（花部英雄）

＊佐久間惇一『瞽女の民俗』一九八三、岩崎美術社

五大御伽噺《ごだいおとぎばなし》

「桃太郎」「猿蟹合戦」「舌切り雀」「花咲爺」「かちかち山」の五話をいう。これら五話を〈五大〉と称するならいは江戸時代後期にみられ、すごろく『新版昔咄赤本寿語録』（歌川芳幾画　一八六一～六四）にもとりあげられている。さらに明治期に入り、小学用検定教科書、小学唱歌にとり入れられ一般に定着した。全国的に知られ、長編としてのまとまりをもっている昔話は、この五大昔話以外にも数多くあるが、それらの中でこの五話がなぜに〈五大〉と称されるようになったかは、偶然といってよい。しかし明治期に入ってから教科書にとりあげられたことにより、〈五大〉が動かぬものとなった。それにともない、個々の話も、伝承文学が本来的にもつ、地域、時間による流動性を失い、全国的な画一性と、時間をこえた定型をもつにいたった。その後、児童出版文化の隆盛の中で、この五話は、絵本・読み物にさまざまな形で登場することになる。明治・大正・昭和を通じ敗戦前まで、児童向けに活字化されたかぎり、その型は一定化しており、それに伴う絵柄もほぼ定式どおりで、国民のイメージの統一に果たした役割りは底知れないものがある。残酷さをきらった〈童心主義〉が筋に手を加えたことはあったが、その全体イメージはゆるぎないものとしてあった。敗戦後の民話運動の中ではじめて五大昔話はときはなされ、現代の子供の中には、これらの話を聞かないで育つ子供もふえている。

（高山英子）

木魂聟入

こだまむこいり

木の精が人間となって訪れる、樹霊信仰を背景にした異類婚姻譚。ある女のもとに木の精が男となって通う。そのうち男は、もうこれっきりと別れを告げるので、女は理由を尋ねる。男は、自分が木の精で、船材（または寺の棟木）として伐られなければならない運命にあることを話す。木は伐られ、運ばれようとするが何人かかっても動かない。女が音頭をとって動かすと木は簡単に動き、その功によって女は富を得る、というのがこの話の標準的な型である。全国的な分布をしめすもののその数は少ない。これとは逆に、木の精が女となり男のもとに訪れる嫁入型のものも新潟県や神奈川県で採集されている。また、婚姻によって子が生まれ、その子が木を動かす例もいくつかある。木は、ヒノキ・イチョウ・ヤナギ・クスノキであることが多い。新潟県の例では、生まれた二人の子にユイヨ・ヤイヨという名がつけられ、それが木を運ぶときの掛け声になっているし、鹿児島県の例では、ヤヨイという名の子が〈ヤーヨイドッコイセー〉と音頭をとる。子が生まれる例では、その子の名と木を動かす音頭との間に深いつながりが窺える。

この話は、多くの場合、三十三間堂や善光寺の棟木など特定の木に関わる由来譚という伝説的要素の強いものになっており、昔話として伝播したか否かは十分立証することが困難だが、木地師などの参与の可能性なども含めて考察の余地が多く残されている。

（近藤雅尚）

誇張譚

こちょうたん

笑話の中で極端な誇張や法螺を内容とした話、あるいは笑話の分類の上でそうした話群を一括した名称。〈大話〉ともいう。『日本昔話大成』には「八石山」「源五郎の天昇り」「鴨取権兵衛」「炮烙売の出世」「三人聟」「隠れ蓑笠」「鼻高扇」「何が怖い」など十八話型が収録されている。貧乏な男が難儀な目をして手に入れた一粒の豆が大木となり、秋に八石もの豆を収穫したという「八石山」。桶屋がたがにはじかれ天に昇り、雷の手伝いをして雨を降らせることになるが、誤って雲から足を滑らして地上に落ちるところで夢から覚める「源五郎の天昇り」。「鴨取権兵衛」の話は、鴨撃ちに出かけた権兵衛が池に並んでいる鴨を銃身をくの字に曲げて撃ち、一発で数匹を撃ち取る。さらにその流れ弾が藪にいた猪に当たり、吃驚した猪は足で土を掻いて長芋三本掘って死ぬ。鴨を取りに池に入ると魚が股引に入るという具合に次々と幸運を手にする展開になっている。これらの話はすべて荒唐無稽な非現実的な内容に終始しており、その点純粋に空想力によってのみ話が構築されているといえる。すなわちこれらの誇張譚は、ある人生的な真実を語るものではなく、富獲得の手段などを最大限デフォルメしてみせてくれるところにその特徴があるといえる。黄表紙の『虚言《うそ》八百万八伝』（一七九〇年刊）には、誇張譚の類話が数話みられる。民間伝承や咄本の影響によるものと思われるが、誇張譚に限らず江戸小咄と口承の笑話との交渉・関係は深い。

（花部英雄）

小鳥前生譚

ことりぜんしょうたん

小鳥の前世はこのようなものであったという物語から、鳴き声や形態・習性の由来を説く一群の昔話。「時鳥《ほととぎす》と兄弟」「雀孝行」「鳶不孝」は全国的に分布し、他に「水乞鳥」「山鳩不孝」「馬追鳥」等がある。高木敏雄は童話の要件の一つに教訓性をあげ、それが小鳥前生譚にはないので、比較研究の立場に基づき童話に近いとしながらも、これらを天然伝説に分類した。しかし「雀孝行」のように説教の場で話され伝承された例もいくつかあり、必ずしも教訓性皆無ではない。また小鳥前生譚は、かつて人であったことを説くいわば人間の物語でもあるから、単なる動物由来譚とは区別される。これらには田植時や麦刈時に鳴く小鳥がよくみられ、農耕生活の節目における鳥と人との親しい交渉が窺える。古来、鳥は神の使い・化身とされ、『古今和歌集』では郭公が冥土に通う鳥として詠まれており、中世の『古事談』は白鳥や郭公が予兆を告げた話を載せる。民間でも時鳥が、しで（死出）の田長《たおさ》と呼ばれたり、「継子と鳥」においては死んだ子が小鳥に転生する。小鳥前生譚は農耕生活上の経験と霊魂観とが相まって生まれたものであろう。たとえば菅江真澄の「すすきの出湯」に筒鳥が〃つつとと〃と鳴く時分に種をまくという諺が記されているが、滋賀県伊香郡余呉町（現・長浜市）から「トトツッと鳴くわけ」として、死んだ妻が鳥になって畑に植える豆の種のありかを夫に知らせるという昔話が報告されている。

（山本則之）

瘤取り爺

こぶとりじい

瘤のある爺が山中の洞穴で雨宿りしていると鬼が来て酒盛り、踊りを始める。爺も仲間に入って面白いはやし言葉で上手に踊ったので鬼たちは喜び、明日も来させるために瘤を質として取ってしまう。瘤のなくなった爺を見てうらやんだのが隣のやはり瘤のある爺。自分も取ってもらおうと翌日真似をするが、どうにも下手な踊りだったので瘤をかえってつけられてしまう。

二人の爺が同時に登場する話もあるが、福分の備わっている者とそうでない者との対比を端的に描く「隣の爺型」の代表的な話である。多くは結末に〈ものうらやみをしてはいけない〉という教訓的なことばがある。同じ型の話は古く『宇治拾遺物語』第三話に見られるが、『宇治拾遺物語』をこの話の出発点とすることは危険である。むしろ、当時すでに〈鬼に瘤を取られた〉という奇異な話が世間に流布されていて、その話に多少の文飾が加わったものが書物に残ったと見るのが妥当のようである。一六二三（元和九）年には成立していた『醒睡笑』巻一と巻六とに前半と後半とが分離した話として載っており、趣向を異にしている。この話は世界的にも広く分布し、西洋では背中の瘤、東洋では顔の瘤となっている。踊りと共に歌詞の面白さ、巧みさ（一ぼこ二ぼこ三ぼこ四ぼこ）で取ってもらう話が多く、それによって富を得るというのが古態といわれている。

（渡辺公一）

＊五来重『鬼むかし』一九八四、角川書店

狐狸の世間話

こりのせけんばなし

狐と狸とは古くから人間との交渉が多く、その関わりの中で様々な話が生まれた。それらの話をみると、両者に共通するものとして、バケル、ダマス、ツクの三つの要素が含まれていることがわかる。ツクは「狐憑き」「狸憑き」と呼ばれる話で、狐は特定の家に憑き、その家筋のものは、狐の霊を駆使すると信じられた。それらの狐は特に東北から関東の一部でイヅナ、関東のオオサキ等土地によって違う呼び名をもつ。狸は特定の家に憑くことはなく、主に人に憑く。狸に憑かれてむやみに食物を請求するような話が多く、その分布も狭い。バケルとダマスは関連が深く、バケルことによってダマス話が最も多い。両者に共通する話は、人に化けて、夜道を歩く人間の御馳走の包みを取ったり、山じゅうを引き回したり、肥溜のなかに入れたりする点である。狐は他にも美しい女性に化けて男に会い、一夜をともにし翌朝姿を消す話等がある。狸は狐に比べるとユーモラスで、大きな音をたてる、火をともす、細かな砂をまく、小石を投げるといった行動を伴う話が多い。化け方にしても、狐が次から次に違う姿になっていくのに対し、狸は一回きりが多く、時にはその姿さえ人間に見破られ痛い目をみる。人間とは関わらずに、この両者が化け比べを行い勝負を競う話も全国に残されている。特に佐渡ではこの化け比べに負けた狐が島を出たため、今でも佐渡には狐がいないと語りつがれている。

（近藤雅尚）

御霊と伝説《ごりょうとでんせつ》

非業の死を遂げた人の霊が祟りをなすという考えと、それに伴って展開した伝説との関わり。

日本人の信仰は霊魂信仰を中核にして展開してきた。人や物などすべてに霊魂が宿っており、この霊魂が遊離すると人や物は衰弱したり死滅したりするという考え方である。そうした霊魂信仰から派生し発達した祖霊信仰では、人は死後三十三年忌などの弔い上げを経て、霊魂は祖霊という融合体に帰結し、近くの山などから子孫の生活を見守るとした。

しかし、実際には横死したり非業の死を遂げる人もいる。こうした人の霊魂は空中を浮遊し、ぬけがらの肉体を求めてさまようとして人々は恐れたのである。これらを古くは物の怪とか怨霊、そして御霊という。

尋常でない死にざまをした人の霊ほどはげしく祟るという考えから、歴史上大きな政争に敗れた人が伝説化されやすい。菅原道真の一代記でもある天神縁起はその集大成とでもいえるものである。菅公が大宰府に流される話に付随する天神松は西日本に多く散在し、飛梅の伝説は人口に膾炙している。そのほか、巨人伝説として伝承される安倍貞任、首塚伝説の代表格たる平将門、虎が雨伝説をはじめ多くの伝説の主役として登場する曽我兄弟などはよく知られている。怨念の強さに比例して霊威あらたかと信じられる御霊は、神霊として祀られ、新たにその霊験譚が生じることにもなった。

（佐々木勝）

衣掛松

ころもかけまつ

貴人や高僧が衣をかけたという伝説。愛知県知多郡三和村（現・常滑市）の衣掛松は、昔、この村の青海山の城主佐治与九郎が信長と戦って敗れ、姫は同村の小倉に逃れ、蓮台寺に隠れようとして、門前の松に衣を掛けておいて、門内に入った。その門が開かないようにして、奥の方へ隠れたところからこの松を衣掛松というと伝えられている。

福岡市博多区古門戸町の対馬小路の沖濱稲荷の境内には弘法大師の衣掛けの松があった。このあたりはいにしえの冷泉の津に近く、唐から帰朝した弘法大師が上陸ののち、しばらく修行された地であるという。

同じく福岡県の太宰府市の衣掛天満宮にも衣掛松があった。ここでは菅原道真が旅衣を脱いで松に掛けたと伝えられている。このような伝説は、衣を掛けた人物を変えて、全国に伝承されている。また、衣ではなく、袈裟掛松、笈掛松などもあるが同型の伝説である。松ではなくて、杉や柳などの樹木のほか、石に掛けたという、衣掛石の伝説も同型であろう。長野県南佐久郡の衣掛石は九尺に六尺くらいの石で、むかし、この付近が池であったころ、里仁親王がその池で水を浴びるため、衣を掛けた、という。松などの樹木に衣を掛ける場合、旅の途中、休息の時というパターンが多いが、衣掛石の方は、沐浴の時というパターンが多く伝承されているようである。

（財前哲也）

西行《さいぎょう》

　中世の歌人。昔話・伝説の中の西行は多く旅僧としてのイメージが強調されている。事実、彼は二度の東国旅行、一度の西国旅行をした他、近畿周辺を旅している。このような事実を踏まえた上で、旅僧としての西行伝説を確立したのは『西行物語』によってである。この物語は広く享受され、後世の文芸にも大きな影響を与えた。また、『西行物語』によって確立された旅僧としてのイメージは、西行の名を冠した昔話や伝説にも少なからず影響を及ぼしたものと思われる。昔話としては、西行が、蕨を採っている子供に〈子供らよ蕨をとりて手を焼くな〉とからかうと〈法師さん檜笠きて頭をやくな〉と逆に言いこめられる話や、西行が旅をしている時に糞をすると、その糞が動き出したので〈西行はながの修行するけれど、生糞ひったはこれがはじめて〉と詠むと、糞をかけられた亀が〈千年万年生きる亀が、駄賃とらずに重荷を負うたはこれがはじめて〉と詠んで西行が負けてしまう話などがある。あるいは、このような話を基に西行戻りの松・西行戻りの岩・西行戻りの橋などがあり、これらはいずれも歌問答に負けた西行が、そこから戻ったと言い伝えられている。この伝説の残っている場所は、もともとは言葉を掛けて占いをした場所だったのであろう。そこに、西行の歌詠みとして、また旅僧としてのイメージが重なったものと思われる。

（藤田尚樹）

＊稲田浩二「とりの話」（『昔話の時代』一九八五、筑摩書房）

最後に語る昔話

さいごにかたるむかしばなし

昔語りをするにあたって必ず最初に語った話が東北や九州地方から報告されている。「河童火やろう」「話の三番叟」がその例で、〈最初に語る昔話〉と位置づけられている。これに対応するのが〈最後に語る昔話〉なのだが、儀礼的要素の強い〈最初に語る昔話〉に対し、〈最後に語る昔話〉は昔語りを終結させるという機能を持つ。

京都府船井郡京丹波町では、「西行狂歌話」が〈最後に語る昔話〉であったという。西行が旅の途中で亀の上に糞をする。亀が動き出すと西行が「西行もいくらの旅をしてみれど糞の四つ這い今日が見はじめ」と歌を詠んだ。これが「西行狂歌話」の一例である。近畿・中国地方では、「糞の話でとりい」「下へさがると話はしまい」「うんこの話で話はしまい」という地域もあり、「西行狂歌話」にかぎらず、下がかった話が〈最後に語る昔話〉の機能をはたしている。

右は大人たちの語りの場での〈最後に語る昔話〉の例であって、聞き手が子どもたちの場合には、「形式譚」に属する「果てなし話」や「短い話」が〈最後に語る昔話〉となる。同じ言葉を何度も繰り返す「果てなし話」や極端に短い「短い話」を語ると、聞いている子どもたちが昔話はもういいということになり、結果的に昔語りの場は閉じられ、〈最後に語る昔話〉になるのである。

（大島廣志）

＊稲田浩二『昔話の時代』一九八五、筑摩書房

最初に語る昔話

さいしょにかたるむかしばなし

ハレの日に昔話が語られるに際し日常の空間から語りの場を明確に区切るために〈語りの序章〉ともいうべき性格をもって、まず最初に語られたものがこの種の昔話である。現在その機能を確認できる例は稀であるが、判明している話に「河童火やろう」（「話の三番叟」）が熊本県飽託郡城山村（現・熊本市）・新潟県栃尾市（現・長岡市）および中魚沼郡津南町・秋田県由利郡東由利町（現・由利本荘市）などから、「むかしの王」が山形県最上郡金山町、「庚申のむかし」が最上郡真室川町から報告されている。特に「河童火やろう」には烏帽子や太鼓・笛の音が登場し昔話と芸能との近接が窺える。後の二つには庚申信仰が看取され、節日と昔話との緊密性を証左するものといえよう。ほかに、富山県東礪波郡利賀村（現・南砺市）からは「牡丹餅三つ」（「無言較べ」）が最初に語る話として報告されている。また話の伝承形態は一人の語り手による一方的な語りのみならず、複数で語り合う場面もあった。新潟県栃尾市の事例の中には、「豆こ話」前半のあとに蜂が登場して爺婆を刺す話がある。これは哄笑のうちに語り手の所作によって次の語り手が指名されていたものと推察される。鹿児島県大島郡徳之島町では「婆の鳥料理」の昔話が行われている。各々語りの場に応じながら、最初に語る昔話はその場に晴れ舞台の心意を付与する儀礼として存在した。これらは鹿児島県の黒島などにおける〈語りの宣言〉に対応し、昔話の本質を考える上で看過し得ない。

（山本則之）

逆さ杉

さかさすぎ

枝が下を向いて伸びているいる杉についてそのいわれを説明した伝説。『日本伝説名彙』所収五十三話を調べると杉（十四話）ばかりでなく竹（八話）、藤（四話）、桜・銀杏・椿（三話）、松・栗・梅・柳・うつぎ（二話）、その他七種の木々が登場している。特異な樹木は神降臨のための大切なものとして崇められるとともに〈境界〉の目印にもなる。選ばれる条件として、一、目立つこと、二、実をつけないこと、三、生命力があふれていること、などがあげられる。一の中で大きさもさることながら、枝が〈逆さ〉に向いているといった形状の異常さも重要で、だれの心にも疑問を抱かせる。それを合理的に説明する際、時代・地域・宗教（唱導者の都合）などの要素がからみ合って種々の伝説が残ったのである。特に杉が多いのは上記のほか、常緑樹で成長が早く、見た目が美しいといったことも原因であろう。話型として一番多いのは弘法大師がさした杖が「逆さ〜」になったと伝えるものである。前記五十三話を何をだれがさしたかで分類をすると次のようになる。数字は話数。

杖〔二十六〕―弘法大師（七）、親鸞（二）、日蓮・頼朝他。
鞭〔九〕―頼朝（五）、義経・足利忠綱・田村麻呂、ある城主。
箸〔六〕―義貞（二）、後醍醐天皇・頼朝・蓮如上人・比丘尼。
枝〔五〕―行基・源空・山伏他。
樹〔三〕―農夫・山鬼・山崩れ。

（渡辺公一）＊柳田國男「神樹篇」（定本十一）

桜《さくら》

桜は日本の花の中でも春を象徴するものであり、同時にそれは秋の稔りの吉凶を占う花でもあった。こうした信仰的背景により、桜に関する話は数多くある。昔話では、東日本の「猿聟入」結びで、里帰り途中の妻から満開の桜を所望され、土産の餅をついた臼を背負っていた猿は、その重さで深い淵へと落ち死んでしまう。この展開の際、重要な役目を果たすのが桜または藤の花である。伝説でも、安国寺の桜・東林坊の桜・桜石・杖桜・乳母桜・桜ヶ淵・子持桜・桜井戸・桜塚の由来を説く話がみられる。この中で「桜塚」（埼玉県）のみ、子守が子を背負ったまま淵で死んで、毎夜子守唄が聞こえてくるので村人は地蔵を祀った。その地蔵は子供の夜泣きを止めてくれるという。なぜ桜淵なのか判然とせぬ、ねんねん淵を思わせる話である。長野県北安曇郡の佐野の子安神社前の「子持桜」は、その桜の葉や皮を煎じて飲めば乳の出がよくなり、妊婦は安産になると効験を説く話である。

『日本伝説名彙』では杖桜が伝説として多い。長野県千曲市の〈西行法師の杖突の桜〉が示すように、良覚僧正をはじめとした高僧や高貴な人が桜の杖をついたと語る話が多い。兵庫県明石市の「盲杖桜」は、一人の盲人が筑紫より人丸神社の境内にある人麿の塚に詣で〈ほのぼのとまことあかしの神ならば、我にも見せよ人丸の塚〉と詠むと、もっていた桜の杖をつきさした木であるとする話も同系統の伝説である。

（矢口裕康）

鮭の大助

さけのおおすけ

猛禽にさらわれた男が、鮭の王・大助に助けられ孤島から無事帰るという内容をもつ昔話。報告例が寡少のため従来昔話として認められなかったが、『日本昔話大成』において新話型として認定された。現在、山形県・岩手県で数話採集されている。山形県最上郡の例を紹介すると、簗掛げ八右衛門の飼っていた牛が大鷲にさらわれる。怒った八右衛門は熊の皮を被り大鷲にさらわれる。鷲が地上に降りたところで、もってきた山刀で斬り殺してしまう。しかしそこは島のため帰ることができず困っていると、魚が寄ってきてここは佐渡ヶ島で、十月になれば眷族の王である鮭の大助が最上川に上るから頼むといいと教えてくれる。十月二十日に鮭の大助が現れたので、今後一切魚を獲らない約束をして背中に乗せてもらう。最上川を上るとき〈鮭の大助、今のぼる〉と叫ぶ。八右衛門は無事村に帰り、以後簗掛けをやめたという。最上地方では〈鮭の大助、今のぼる〉の声を聞くと不吉な目に遭うといって、この日は酒盛をして騒いだり、耳塞ぎ餅をしたりして聞かないようにするという。岩手県の例では、この鮭と縁のある子孫は鮭を食べないと伝えている。魚に危難を救われる話は他にもあるが、この昔話の場合、最後に行事や禁忌に結びつくのが特徴的であり、そこには鮭に寄せる深い信仰心が表出されているといえる。

（花部英雄）

＊野村純一「『鮭の大助』の来る日」（『昔話伝承の研究』一九八四、同朋舎出版）

ザシキワラシ

柳田國男『遠野物語』、佐々木喜善『奥州のザシキワラシの話』などの刊行によって世に知られるようになった東北地方（主に岩手県が中心）に顕著な〈座敷または蔵に住む神〉である。別名ザシキボッコ、クラボッコなど。三〜十三歳くらいの童形で顔色が赤（黒・白とも）で男児（女児・娘とも）である。由緒ある旧家にいて家を富ませるが、ある日突然出ていってしまうと家が没落するという。ザシキワラシがいるとわかった家では喜び、丁重に扱い、他の人々からはうらやましがられることもある。しかし、いたずら好きで、特定の部屋（奥座敷など）で寝ている者の枕を返したり抱き起こしたりして眠らせない。押さえようとすると相撲が強くて歯が立たない。物音をたてるが姿が見えず足跡を残したり、子供の目には見えて一緒に遊んだりもする。柳田はこの神は、子供を家屋等の守護者とする習俗に関係があるとみて、神意を人間に伝えるため、より新しい〈若葉の魂〉を珍重・利用したものと説いた。折口信夫はオクナイサマ、静岡の座敷坊主、徳島のアカシャグマ、沖縄のキジムナー、壱岐のガアタロなどの例を引いて、外の土地のある家のために働きに来る忠実な精霊がいて、いなくなると家が衰えるという型の話とみた。そして座敷童子が庭に降りない点に注目し、かつての芸能が庭・座敷・舞台とに分けられていたことと関連づけて考えている。

（渡辺公一）

＊佐々木喜善『遠野のザシキワラシとオシラサマ』一九七四、宝文館

座頭《ざとう》

剃髪した盲人で、琵琶や三味線を弾いて唄をうたったり語り物を語ったり、あるいは按摩、鍼灸を業とした者の総称。座頭の坊ともいう。中世の当道座の四官（検校・別当・勾当・座頭）の最後に位し、一般遊芸人と演奏することが許され、その場合席が上座に置かれたことから座頭と名づけられた。もともと琵琶を鳴らしながら地神経を唱える祈禱を業としていたが、後に平家を語るようになった。近世に入り幕府などの保護を受けるようになって箏や三弦を弾く者も現れ、また高利貸し、按摩、鍼灸を職とするようにもなった。座頭の民間文芸に及ぼした影響は大きい。琵琶法師による『平家物語』や『義経記』などの語り物の伝承、九州地方にみられる盲僧による琵琶軍談、近世東北地方で盛んだった奥浄瑠璃など、語り物の世界を一手に担ってきた感がある。盲僧としての職掌柄、さまよえる怨霊を慰撫、鎮送するために語ったものであろうし、また関係する寺社の縁起等をも説き広めたのであろう。同時に、民間に娯楽としての文芸を供給した役割も見逃せない。平家の合間に早物語を語ったり、浄瑠璃の後で昔話を語ったことが文献にみえる。特に昔話においては「座頭と餅」「座頭の喧嘩」など、座頭を主人公とした一連の笑話がある。口舌の徒として自らを笑われる側に貶しめて人々に笑いを振舞ったのである。また旅の遊芸者として、伝説、世間話などの伝播にも深く関わってきた。

（花部英雄）

猿

さる

猿を構成要素とする昔話は多く、「猿蟹合戦」「尻尾の釣」「猿と蟇の餅競争」「猿聟入」「猿地蔵」「猿神退治」「山姥と糸車」「猿長者」「長命比べ」などがあり、その性格も多彩である。たとえば「尻尾の釣」や「猿と蟇の餅競争」などの動物昔話では、猿の赤い顔や短い尻尾の由来を説いているが、ここには熊や蟇を欺くトリックスター的な性格が表れていて興味深い。

また、「猿聟入」「猿神退治」といった昔話には、水の神や山の神との関係がうかがえ、信仰的な色彩が強い。猿は神話の中にも登場し、また日吉の使者として信じられたり、厩の守護神として祀られるといった具合に、深く信仰と結びついている。他方、猿芝居・猿知恵・猿真似などの言葉もあるように、滑稽・悪賢い・愚かなどといった意味合いもある。それゆえに、「餅争い」の話に「猿まずい」という諺が、用いられる事例がみられる。

猿を用いた昔話の結末句には「昔まっこう猿まっこう」（高知）「昔まっこ猿まっこまっこ猿の尻はまっかいしょ」（大分）といった報告もある。これから考えてみると、猿はおどけ者・狡猾者の役割を果たしていることが多い。実際に山で生活する人でなくとも、大道芸の猿回しなどから猿の畏怖する面や滑稽な面を知ることができた。昔話の中の猿の性格は多彩であり、登場する話によって信仰的な面が強くなったり、滑稽な面が強くなったりしているといえる。

（伊藤清和）

猿蟹合戦

さるかにがっせん

柿をめぐって猿と蟹が争い、騙された蟹が栗や蜂等の援助により仇を討つという筋が一般的である。構成は食物の葛藤をめぐる前半部と仇討をテーマとする後半部とからなる複合型の昔話である。前半部の独立した話は「猿蟹餅競争」「猿と蟇の餅泥棒」等で動物由来のつくものもある。複合型は「猿の夜盗」「蟹の仇討」「馬子の仇討」等であるが、なかには後半部のみの伝承もみられる。柳田國男は早くから後半部の類似話が中国やモンゴル、韓国にあることに注目し、猿蟹譚の国内の分布状況と成木責めの文句から、話の前半はもと餅争いで主眼もここにあったのが、後に柿となり新しく流入した後半部と接続されたらしいと推測した。アールネの研究によれば「猿蟹合戦」の後半のモチーフは国際的に分布し、彼はそれをヨーロッパ型とアジア型とに分類した。前者はグリムの「ブレーメンの音楽隊」系の昔話で、後者は卵・針・糞・臼等が旅で知合い、老婆の家に侵入して狼藉を働くという筋を基本型に定める。関敬吾は比較研究の立場から話の興味はこの後半にあるとし、またインドネシアのセラム島等に我国の猿蟹譚とほぼ同形式の話があることから日本における猿蟹譚が本来のものか否か疑問を提出した。本話の成立に関しては、日本固有の要素を弁別しつつ、「かちかち山」なども含めた比較研究が要求される。受容に関しては現行の民間資料とともに、江戸期に盛行した赤本類も考慮する必要があろう。

（山本則之）

猿神退治

さるがみたいじ

和尚がある村を通りかかると、ひっそりとして泣く声しか聞こえぬ家があった。わけを尋ねると娘を山の神に人身御供として差し出すのだという。不審に思った和尚は山に登り、堂のそばで夜を迎えると、何者かが大勢やってきて歌ったり話したりした。その中で〈近江のしっぺい太郎〉を彼らが恐がっていると知り、和尚は下山して探しに行く。それは人間ではなく犬で、連れ帰った和尚は、娘を入れるはずの長持の中に犬とともに入り、社の前に持って行かせる。夜、何者かが長持を開けようとしたとき、犬が飛び出して化物たちを退治した。化物は猿だった。この型とは別に比較的西日本に多くみられる、犬の援助を説かずに侍自身の力で化物退治をする英雄譚的な話もある（岩見重太郎の伝説と結び付いているものがある）。古く『今昔物語集』巻二十六第七、『宇治拾遺物語』第百十九（狩人が犬の助けを借りて、大猿に生贄をやめる約束を取る話）などに同型話がみられる。話の基盤に猿神（山神）信仰、犬神信仰などがあるようで、山中生活者にとっても里人にとっても神の祟りは恐しいものだが、人身御供も困ったものである。いつか何らかの方法で克服しなければならないが、化物を退治する人間が地元の者ではない話が多いことは注目できる。人身御供を止めさせる点もさることながら犬の奮戦ぶり、犬供養を説くところにも話の重点があったと考えられ、この話の管理者が予想できるかと思う。

（渡辺公一）

猿丸太夫《さるまるだゆう》

猿丸太夫は三十六歌仙の一人にも数えられている平安時代の歌よみとして知られている。百人一首に〈奥山に紅葉踏み分け鳴く鹿の声聞く時ぞ秋は悲しき〉がとられ、また、『猿丸太夫集』が現存するが、これらの歌の多くは『古今和歌集』などで、〈詠み人知らず〉となっていたりして、確実に猿丸太夫が詠んだ、といわれるものは一首もない。歌がはっきりしないのと同じく、その人物に関しても、実在した人物かどうかは不明である。しかし伝説では、各地にその屋敷跡があったり和歌を詠んだりしたことが伝えられている。

この猿丸像を伝説からまとめてみると、大きく二つの姿が浮かびあがってくる。一つは歌人としての猿丸太夫で、阿波の鳴門を歌で鎮めに行くという伝説があるし、鴨長明の『無名抄』によると、田上川を渡り猿丸太夫の墓をたずねたことが記されているが、『無名抄』が歌学書であることから、長明がたずねたという墓も歌人猿丸太夫の墓だろう。もう一つは神を助けた猟師小野猿丸である。宮城、山形、福島、栃木、新潟などの小野という地に小野猿丸という弓の名人がいて、日光の神を助けて、赤城の神を退治したと伝えられている。これは林羅山の『本朝神社考』の中の「二荒山神伝」や『新編会津風土記』の「日光山縁起」に記載されているが、はやく、『神道集』の日光山の縁起に「唵佐羅麼」という名が見えるが、この小野猿丸にあたるものと考えられている。

（財前哲也）

猿聟入《さるむこいり》

異類婚姻譚。全国に広く分布している。内容から大きく東日本型と西日本型に分類できる。

爺が田に水を見に行くと、水が少しも入っていない。困った爺が〈田に水をかける者がいれば、娘をくれるのだが〉と独り言をいうと、それを猿が聞いて田に水を入れる。爺は独り言したことを後悔し寝こんでしまう。娘に相談すると、長女と次女は一も二もなく断るが三番娘が承諾する。約束の日、猿が迎えに来て三番娘を山へ連れて行く。翌年、三月節供に里帰りするとき、土産に餅を搗き、娘は猿に餅を臼ごと背負わせる。途中で桜の花が川辺に咲いているのを見つけ、猿に採らせるが、猿は臼を背負っているため枝が折れて川に転落し流される。そのとき猿は〈猿沢に……〉の歌を詠む。娘は無事に戻る。以上が東日本の猿聟譚である。

これが西日本になると、山へ嫁入りする途中で、猿を水に落とす語り方が支配的である。猿殺しの状況設定が東日本では〈里帰り〉、西日本では〈嫁入り〉の時になっているのは単なる状況の相違ではなく、主題の相違である。つまり、この昔話は東日本では婚姻譚としてなっているのに対して西日本では厄難克服の話として語られているのである。このような東西の相違が生じる背景としては、その地域内での猿や婚姻に対する観念の相違があることが指摘できる。（藤田尚樹）

＊福田晃「猿聟入の地域的類型」昔話――研究と資料――八、一九七九

山神と童子

さんじんとどうじ

主人公の若者が山の神から難問の解答得て富を得る話。若者が山へ行くと、老人が来て弁当を食べてしまう。けれども、若者は咎めない。老人は若者に福を援けるから、山の頂上あるいは天竺へ行くようにという。若者は行く途中で、〈独り娘の長患いがどうしたら治るか〉〈木の花がどうしたら咲くようになるか〉〈川を守る怪物・醜女・大蛇からどうしたら天に登れるか〉と、それぞれ尋ねてきてくれと頼まれる。若者は、山の老人（仙人）に会う。老人は、娘の病気は、近所の若者と盃をささせ、受けとった相手を聟とすること。木の問題は、根の下に埋っている金の壺、または千両箱を取り除くこと。川を守るものは、その持っている宝物を分けてやればよいと教える。若者は質問者に解答を与え、それが縁で娘と結婚、あるいは二軒の家から養子の申し入れがあり、十五日ずつ生活することにする。関敬吾によると「山神と童子」は童児漂流譚である「炭焼の児」「金の茄子」「生鞭死鞭」とともに、〈運命の童児〉という話群である。神の解答をモチーフにする「山神の童子」と運命の予言をモチーフにする「炭焼の児」の複合した形が「太陽の三本の毛」になる。そして『グリム童話集』の「金髪の毛三本ある鬼」と同系統のものであるとしている。鹿児島県から沖縄県にかけての琉球列島を中心に報告が多いが、徳島県や新潟県などからも報告されている。

（和久津安史）

＊関敬吾「童児漂流譚」（著作集四）

三人兄弟《さんにんきょうだい》

三人の兄弟の優劣、協力を主題とした昔話。我国の兄弟譚の中では「二人兄弟」より「三人兄弟」の昔話の方が分布が広く、本格的な昔話を中心に、いくつかのタイプが認められる。

たとえば、三人が修業の旅に出て仕事を修めて帰るが、末子（長兄）は盗みの名人となり、その能力によって難題を解決し相続者となる「三人兄弟・盗人型」。望みの物が出る宝物を持ち帰り相続者となる「三人兄弟・宝物型」。一見愚人にみえた長兄がほらを吹く弟たちや父を見返し、見直されて相続者となる「馬鹿でも総領」。親の病気を治すため果物を取りに行き、末子が山姥の助言に従って取ってくる「なら梨取り」。末子が化物を退治する「三人兄弟・化物退治型」。全国的に分布しているのは「三人兄弟・盗人型」で、その他は東北日本が中心である。

「三人兄弟」の叙述は他の兄弟譚に比べ特徴がある。たとえば、三人兄弟を一定期間旅に出すというように、発端において三人が同じ条件になっており兄弟の差別がない。そして話の展開は一人目が失敗し、二人目も失敗、三人目でやっと成功するまでには、同じような動作・行動を繰返して語り、話の関心を盛り上げていく。話としては高度に発達したものになっている。また兄弟譚では末子成功譚が多いとされているが、「三人兄弟」では相続者選定をモチーフに含む話は、東北日本を中心に長子成功譚となっている場合が少なくない。

（佐野正樹）

三枚の御札

さんまいのおふだ

代表的な逃竄譚の一つ。「山姥と小僧」「三枚の護府」とも呼ばれる。

小僧が山の中で婆に会い、その家に泊る。婆の正体を見た小僧は便所に行くと偽って逃げる。後から山姥が追いかけて来る。小僧は和尚からもらった三枚の札をそれぞれ投げ、川・山・火を出して寺へ逃げ帰る。追ってきた山姥は焼け死ぬ、あるいは和尚と術比べをして食べられてしまう話。

小僧が山姥に投げる呪物は三枚の札が多いが、玉・鏡・櫛・針・桃の種・手拭などもある。この呪物を投げるモチーフは古く『古事記』に見える。イザナギノミコトが黄泉国から逃げるときに投げる呪物はクルミカヅラ・ユツツマゲシ・モモノミである。

呪物が山・川・火などの障害に変わる、あるいは桃などの食物になり相手を油断させるモチーフは『ギリシア神話』などにもあり、世界的な広がりをもつ。

これら呪物である衣料や装身具は、山や坂、峠、川など境の神に旅の安全を祈って供えられた供物と考えられ、昔話の世界にかつての信仰の古俗が残ったといえる。また、話に小僧、和尚、経本など、随所に仏教の影響がみられる。その一方で、便所が重要な位置を占めている点は、子供の厄難を除くという厠神への古い信仰も残していて興味深い。

（梶晴美）

塩吹き臼《しおふきうす》

呪的な力をもつ臼を兄が盗んで失敗するという昔話。呪宝譚の一つで、結びでなぜ海の水は塩辛いかを説明する。貧乏な弟が正月準備の費用を兄に借りにいくが断られる。その帰り道で白髪の老人に会い、思いのものが出るという臼を授かる。それで正月の御馳走を出し近所にも分け与える。強欲な兄はその臼を盗み舟で逃げる。海の上で塩を出すが止め方を知らず、舟は塩で一杯になり沈む。海の水が塩辛いのは今もその臼が回っているからだという。全国的に分布しているが、太平洋側に比較的多く、現在五十例ほどが報告されている。貧乏で親切な弟に福運が授かり、強欲で冷淡な兄が真似て失敗するという構成は、遠く〈蘇民将来説話〉と脈絡を通じるものである。この昔話の場合、隣の爺型のパターンでなく兄弟型である点に古型を思わせる。年の暮に白髪の老人が現れ呪宝を授けるというのは、まれ人来訪のモチーフである。その呪的な宝物に、瓢簞・金の槌・糸車といった例もみえる。臼から塩を引き出すのは、臼で粉を挽くことからの連想であろうか。打出の小槌から米倉の代わりに小盲を出してしまうのと同様に、後半部は誇張した笑いを引き出す役割を果たしている。この昔話はAT五六五「魔法の石臼」として世界的に分布している。アールネはこの昔話の原郷土を北欧としたが、根拠が薄い。日本には大陸経由で、古くに伝わったものとされる。

（花部英雄）

＊関敬吾「昔話の分析」（著作集三）

鹿《しか》

鹿は、野獣の総称であるシシと呼ぶほか、猪などと区別するためにカノシシともいう。全国に多く生息していて、狩りの重要な対象であった。鹿を構成要素とする伝説に、鳳来寺の光明皇后や浄瑠璃御前・和泉式部らが鹿の胎内より生まれたとする話がある。彼女らは足の指が二つに割れていたので、それを隠すために足袋という物ができたと説く。また、奈良県山辺郡の春日明神が乗ってきた鹿の足跡がついた石の話や、鹿の肚ごもりを食べると乳が出ると聞いた狩人が射た鹿が、権現であり乳が出るようにしてくれた話（旧・愛知県東春日井郡）などがあり、鹿を神の使いとして神聖視するものも少なくない。さらに、長野県下伊那郡の甲賀三郎が猟で得た鹿の皮を干したという鹿岩の話、鹿を埋めたという鹿塚の話、傷ついた鹿を追って発見した鹿の湯の話といった、土地に結びつき狩人たちの手によってもたらされたと考えられる伝説が多くある。しかしながら、昔話の方にはほとんど見当らず、わずかに『宇治拾遺物語』所収「五色鹿の事」と同じ話型が栃木県や富山県・鹿児島県などで数例報告されている程度である。この話は、説教僧の手によって伝えられたのではないかといわれている。伝説のほか、説話集や和歌などに盛んに登場する鹿が、一体いかなる理由で昔話の構成要素として他の動物のように登場しないのかは、我国の動物昔話を考えていく上でも興味深い点であろう。

（伊藤清和）

＊早川孝太郎「猪・鹿・狸」（全集四、未來社）

地蔵伝説《じぞうでんせつ》

釈迦入滅から弥勒菩薩が現れるまでに五十六億七千万年かかる。その空白期間中、慈悲をもって六道の衆生の苦しみを救ってくれるのが地蔵菩薩である。平安時代後期に末法思想が広まったとき、阿弥陀信仰・浄土信仰などと結びつき地蔵信仰が盛んになった。当時は地獄に落ちるのが当り前という時代。功徳を施し、拝めば地獄に落ちないようにしてくれるという極楽に住む阿弥陀が貴族階級に受け入れられたのに比べ、現実界と冥界との境界に立って地獄に落ちた者を救う、またその身代りとなって責め苦を受けてくれるという地蔵に対し、功徳を積みにくかった庶民は親しみを持った。さらに十一世紀末頃から天台浄土教僧らが山を下りて庶民に直接、教化するようになったことも盛行する要因になった。

中国でも信仰を受けた菩薩だが、日本独自の発達をした面が多分にある。サヘノカミ（道祖神）信仰と結びつき、村境・峠・辻・橋の袂などに祀られたり、道祖神は子供が司祭することが原因ともなって子供好きの面が強調されもした。地獄の責め苦を代わって受けてくれることから〈身代り〉も重要な要素で、残虐な仕打ちを甘受したり、種々の援助をもしてくれる。さらに傷病治療や予兆にも効験著しい。そこで人々から〈言成り、子安、鼻欠き、田植え、泥掛け〉などと様々に呼ばれ、二十四日を縁日として祀られている。昔話にも「地蔵浄土」「笠地蔵」等で登場する。

（渡辺公一）

始祖伝説《しそでんせつ》

一族の始祖の出現や、人類の発祥を語る伝承。世界の諸民族の間に広くみられる。三品彰英は、アジアに広く分布する始祖神話を、一、卵生型（始祖が卵から生まれたと説くもの）、二、箱舟漂流型（女性が箱舟に乗って漂着し、結婚後始祖を生む）、三、獣祖型（狼・犬などと契って始祖を生む）、四、感精型（女性が太陽などの光に感じて神の子を生む）の四型に類型化している。

我が国でもいくつかの始祖伝承が確認できる。うつぼ舟と称する女性の入った箱舟が海の彼方から流れ着き、始祖を生んだとする伝説は、九州の原田一族や伊予の河野氏の家筋の由来と結びついて伝えられている。越後の五十嵐小文治の伝説は、男に化けた蛇が毎夜娘のもとに通ってきて子を宿す。蛇は殺されるが生まれた子は代々腋の下に三枚の鱗が生えたという。いわゆる三輪山型神話の流れを汲むもので、大蛇の神裔と伝える緒方三郎の伝説ともつながっている。日光感精説話は、豊臣秀吉の出生にまつわる話としてよく知られているが、現在奄美諸島に分布している。また奄美では、漂着や降臨によって島にたどりついた兄妹が始祖となる話が報告されており、これは津波で生き残った男女二人が子孫をつくったという伊豆諸島の伝承と類似している。

（常光徹）

＊三品彰英「神話と文化境域」（著作集三、一九七一、平凡社）
山下欣一『奄美説話の研究』一九七九、法政大学出版局

舌切り雀

したきりすずめ

爺がかわいがっていた雀が婆の作った糊を食べたというので、婆は雀の舌を切って追い出してしまう。爺が雀を呼ぶ歌を歌いながら捜していると馬洗いや血取りに出会う。馬の小便や血などを飲んだら雀の居場所を教えてやると言われたので次々と飲んで、ようやく雀を見つける。雀は爺を歓待し、宝物をみやげとして持たせる。家に戻ると婆がうらやましがって真似をするが、もらったみやげの中身は蛇や化物で、驚いた婆は死んでしまう。

江戸時代の赤本や明治時代の巌谷小波によって広く知られている昔話だが、それらの影響を受けていないものも、現在、各地で報告されている。特に爺に対する試練、歌、雀を得た経緯、爺と婆との関係などに関心が集まっている。『宇治拾遺物語』にある「腰折雀」（腰の折れた雀を助けた婆は瓢の種をもらう。実がなると中から白米や金銀が出てくる。羨んだ隣の婆はわざと雀の腰を折って真似をする。瓢から出たのは蛇や蜂で、刺されて死ぬ。朝鮮に同型話がある）は報恩譚として捉えられるが、「舌切り雀」は試練を経て異郷を訪問するところに話の重心を求められるので、「舌切り雀」と「腰折雀」はその源が違うと考えられている。また、これらを含めて雀の登場する話（「雀孝行」「雀の粗忽」「雀の仇討」「雀酒屋」など）において米・穀物の招来・管理に雀が関わっていることは興味深い。

（渡辺公一）

＊「特集・舌切雀」民話と文学十三、一九八三、民話と文学の会

尻尾の釣

しっぽのつり

「尻尾の釣」は四型に大別できる。一、「魚泥棒」狐が魚を盗む。熊がどうやって魚を獲ったかと聞く。狐は氷穴に尻尾をたらして獲ったといって欺く。熊は尻尾を凍りつけられる。報告例はきわめて少ない。二、「尻尾の釣」川獺《かわうそ》が魚を食っている。猿がどうやって魚を獲ったかと聞く。以下一に同じ。全国に分布する。三、「尻尾の釣――人間と狐――」人間が魚を釣っている。狐が魚を欲しがる。人間は尻尾で釣れという。狐の尻尾は凍りつけられる。全国的に分布するが報告例は多くない。四、「川獺と狐」川獺が狐に魚を御馳走する。狐は川獺に魚の獲り方を聞く。川獺は尻尾で釣ったという。狐はいわれたとおりにして尻尾を凍りつけられて切る。日本海側の各県に数多く分布している。氷の穴に尻尾を入れ魚を釣る「尻尾の釣」型は、川の凍結が物語の主要な展開となっていることから、北部ヨーロッパがその原郷土であろうといわれている。これは三十五の民族に伝わっていて、世界的な分布をもつ。温暖地域では、尻尾に籠が結びつけられて尾が切れる結末となっている。これを〈籠曳型〉といい、川の凍結する話を〈凍結型〉という。ヨーロッパでは正直な熊が狐をだます話だが、日本では「川獺と猿」の話もあり、猿が凍りつけられた尻尾を抜こうとして尾がちぎれ短くなったと説明している。

（大島廣志）

＊高橋静男「昔話群と比較昔話研究――『尻尾の釣』をめぐって――」昔話――研究と資料――三、一九七四

島建てシンゴ
しまだてしんご

ユタの唱える呪詞。対語対句で連続進行的に叙事を進める南島に普遍的な神歌の形式をもつ。国土創造、人類の起源、農耕の起源を次々と叙してゆく。東方の嶽芭蕉群の滝に石の王金の君の子として生まれた御子は、その名がないので名をもらいに天上にあがりシマクブダクミクブダという名をもらう。シマクブダクミクブダは国の創造をはじめるが土がぐらつきおもうようにならない。そこで神に相談すると島の西に白石を三つのせよ、島の東には黒石をのせよと教えられ国土創造に成功する。だが人間がいないのでまた相談すると兄妹で作れといわれる。男が風上に女が風下にたつと子ができた。今度は食べるものを相談するとニルヤジマハナヤジマ（ニライカナイ）に行って初穂祭をした後の稲をもらって来いといわれる。シマクブダクミクブダは初穂祭が終るのを待ちきれず、稲穂を盗み取ってきてしまう。ニシントーバルアミントーバルというところまできたら神に追いつかれ打ち倒されて死んでしまった。生きる水冷めたい水をかけると〈朝寝をしていた、昼寝をしていた〉といって起きあがる。そこで今度は初穂祭のすんだ稲種をもらってそれを植えひろめる。沖永良部島のユタが唱えるもっとも基本的な呪詞であるといい、その昔話化した話は「島建国建」として『沖永良部島昔話』にもおさめられている。

（田畑千秋）

＊田畑英勝・亀井勝信・外間守善編『南島歌謡大成Ⅴ奄美編』一九七九、角川書店

島の伝説

しまのでんせつ

島は海によって隔絶されている。そのため地続きの所と違った伝承の様相をみせる。徐福伝説という話がある。『史記』秦始皇帝紀他にも記されている話で、徐福または徐市《じょふつ》という中国人が秦の帝の命で、東海中の三山に不死の神薬を求め、多くの童男童女をつれ航海に出、ついに目的を果たせず日本へ漂着したとする伝説である。室町期には紀州熊野の海岸に徐福の墓が作られたとされ、現に和歌山県新宮市には徐福の墓が実在している。墓とともに徐福漂着の伝説もみられる。東京都八丈島中之郷でも〈七人の坊様と言うとネ、支那のなに皇帝の時かネ、八丈島へ長命の薬があるというわけで来たらしい。秦の始皇帝の時に、それがその難破者という形で来て、ここへあがろうとしても、あげないですよ島の人が〉と伝える。徐福とは表現しないが同種のものであろう。八丈島には「為朝の樋」をはじめとした、この種の他から流入したものを語る伝説と、島そのものを語る伝説が存在する。島を語る伝説としては、青ケ島が男ケ島で八丈島が女ケ島だとする「女護ケ島」の話や、津波がきて男女二人が残り、それが八丈の人種となったとする「モトオヤの話」も伝わっている。また、公家が漂着し、その内の七軒が草分けとなったとする「七軒在家」等の伝説も伝承されている。島ゆえに地域の独自性を把握しやすいともいえる。また徐福伝説にみられるように黒潮文化圏と八丈島という視点も、島の伝説を考える上で必要である。

（矢口裕康）

十三塚《じゅうさんづか》

普通十三個の塚をもち十三人の戦死者や横死者を葬ったと伝えられている。埼玉県入間市の愛宕神社のうしろにあるものは、矢口の渡しで戦死した新田義興主従十三人の首を、石川県鹿島郡のものは、畠山氏十三将を、香川県三豊市のものは、長曽我部氏十三士を、それぞれ葬ったものと伝えられ、各地を支配した武将にまつわるものが多数みられる。十三個の塚の配列は一定でなく、大きな塚を中心に十二の塚がそれを取り囲んでいるもの、左右に六個ずつ横に並んでいるものなどがある。大将を中心として塚が並び、その中心の塚を大将塚、将軍塚と呼ぶところから、これらには境の神の名としての意味合いが強い。他に、長野県須坂市のものは、都に上って公卿の邸に仕えた商家の息子をその家の姫が恋い慕い帰国する若者を追ったが、家に入れられず自害し、侍女十三人も殉死した。その祟りを恐れて姫を祀り侍女の墓を建て十三塚としたと伝えている。これと似たもので、ある婦人が怨あって淵に身を投げ、侍女十二人が殉死したというものもある。これらからは、日本の御霊信仰が基礎となっていることが窺える。十三の数については不明な点が多いが、真言宗の行法で十二天と聖天との座を設けて悪霊を払う呪法に基づくというのが一般的である。これと比較して考えるなら中心に大きな塚を置きそのまわりに十二の小さな塚を配列した十三塚は、この姿によく似ており、かつて真言僧が呪法を行った跡と考えることができる。

（近藤雅尚）

十二支由来《じゅうにしゆらい》

十二支の由来を説く話で、全国的に分布する。『日本昔話大成』では、動物昔話の中の〈動物競争〉に分類される。関敬吾は、話は形式によって二つに分けられるとした。第一は鼠と猫の仲の悪くなった理由としての黄道帯の説明であり、第二は牛と鼠との競争譚で弱者がトリックによって強者を制する付着型である。

この昔話は十二支の最初の鼠と牛との順序争い、猫が入らなかった理由を述べるのが一般的である。神様が動物たちに元旦の朝あいさつに来いと言い、一番早く来たものから十二番までは一年間動物の大将にするとお触れを出した。猫は神様の所に行く日を忘れ、鼠に聞くが、鼠はわざと一日遅れの期日を教える。牛は足が遅いので早く出かけたが、鼠は牛の背中に乗って行き、神様の前に最初に飛び出したために、子・丑の順になった。猫は一日遅れていったために十二支に入れず、それをうらんで鼠と猫の仲が悪いという（福島県）。山形県最上郡では、話の最後に燕は化粧に手間取って間に合わなかったと語り、「雀孝行」のモチーフとの関連がみられる。

神様が動物たちを召集する発端に関して、お釈迦さまが動物に説法を聞かせる日となっている伝承や、お釈迦さまが亡くなったというものがあり、「涅槃図」の絵解きなどの知識が根底にあったのではないかと考えられる。中国共同種の話があり、内容は猫と鼠が仲が悪い理由を述べている。

（赤井武治）

炭と藁しべと豆《すみとわらしべとまめ》

豆に黒い筋のある由来を説く話。婆が豆を煮ようとすると、豆が一粒転げ落ちる。そこに藁と炭がいたのでみんなで旅に出る。途中で川に行きあたり、藁が橋になる。炭が先に渡ると藁が燃えてしまい川へ落ちる。それをみた豆は笑いすぎて腹が破れる。そこへお針娘が通りかかり、黒い糸で腹を縫う。豆の黒い筋はその縫目だという。十数県で採集されてはいるが類話は少なく、そのほぼ半数は新潟県のものである。婆が豆を煮る部分が省略され、旅に出るところからはじまる話も多い。行先には伊勢参り・京参り・上方参り・善光寺参り・京見物・町見物などである。動物や植物が旅に出て、川に遭遇するモチーフはしばしばみられる。三重県熊野市の伝承者は、この川を〈大井川〉といい、「蛙と蛇」「蜂のまじない」の二話と併わせ「大井川の話」としてその由来を説いている。また、裂けた豆の腹を縫うのは、多くの場合お針娘であるが、新潟県の例では富山の薬売り・旅の商人であり、この話の伝播者と考えられている。いずれにしても、この話には旅が重要な要素であり、村々を旅する者によってもたらされたものと思われる。結末には、豆も一緒に川へ落ちて医者にいく話や、火傷をして黒い筋ができたという話もある。また黒い筋の由来をいわず、〈豆炊りのときに火をみると豆のふ（帯）がきれる〉という結末の話もある。なお、これと同型の話は『グリム童話集』にもみられる。

（梶晴美）

炭焼長者

すみやきちょうじゃ

炭焼長者は『日本昔話名彙』では完形昔話の〈財宝発見〉、『日本昔話大成』では本格昔話五〈運命と致富〉炭焼長者初婚型（一四九A）再婚譚（一四九B）と分類している。

初婚型は身分のよい娘が神託により夫を定め、炭焼の男のもとに嫁ぐ。男には福分があり妻に教えられて気づき長者になる。再婚型は、妻は夫に離縁されるが再婚する。別れた夫はその後おちぶれ箕（笊・篩・竹細工）売りとなり、妻のもとを訪ねてくる。妻は箕を高く買い取り、米・味噌・握り飯の中に小判を入れてやるが、夫は気づかずに捨てる。前夫には本来福分がついておらず、妻に福分がある話である。

また炭焼長者譚は、大分県豊後大野市三重町内山観音の縁起、伝説としても伝わっている。伝説としては『日本伝説名彙』に七話収録されているが、大分県の「真名野長者」では、女を顔全体に黒痣のある京の玉津姫、「炭焼き藤太」では醜く縁のない京都のある中納言の女（福島）といい、醜い都の姫君と表現するものが目立つ。これらの主人公は、いずれも豊後三重の炭焼小五郎、道奥国信夫郡平沢に住む藤太で、女はその伝説の伝承されている土地の者に嫁ぐと語るところは共通している。他に都人であった五郎次が国の女と結婚し、炭焼きを渡世として働いている中で黄金を発見し長者になったとする「炭焼五郎治」（鹿児島）の話もある。以上いずれも初婚型である。

（矢口裕康）

生業と伝説《せいぎょうとでんせつ》

諸職として総括される大工や鍛冶屋、マタギ、タタラ師などの職業集団の中には、その出自などに関する伝説を保持している場合が多い。ことに漂泊を余儀なくされる職業ほど顕著で、伝播上大きな役割を果たしたと考えられている。

木地屋は轆轤を主たる工具として椀や盆などを製作するが、木地の原料を求めて山野に仮泊していた。近江の小椋谷にはこの谷に流寓した惟喬親王を職祖とする由緒書が伝えられ、それをもとに木地屋の近江根元説が喧伝された。惟喬親王伝説は、定住地を持たぬ漂泊職人の根元地概念を形成する信仰にまで高められたといえよう。

また、砂鉄を精錬するタタラ師のあいだでは、金屋子神が守護神として信仰されている。「金屋子神祭文」によると、金屋子神はまず播磨国に降臨し、その後白鷺に乗り出雲国に渡って鉄を吹く技術を教示した女性神であるという。そして犬と赤不浄（血忌）を嫌い、黒不浄（死忌）はいとわないとされているが、これらにもそれぞれ由来譚が伴っている。古い時代の鉱山業はその燃料として大量の木炭を必要としており、「炭焼小五郎」などの伝説は出自を伝える伝説とは別に、こうした人々によって保持あるいは伝播されたものといわれている。そのほか、諸職に携わる人々が主人公となっている昔話も数多く、なんらかの脈絡があったと予想されている。（佐々木勝）

＊谷川健一『鍛冶屋の母』一九七九、思索社

世間話

せけんばなし

日常、世間にとりざたされる話。噂話や巷談の類を指していう。昔話・伝説とともに、口承文芸の主要な分野を占める。その研究対象領域や概念については必ずしも明確にされていないが、今日次のような見解が示されている。野村純一は世間話について〈もともと一時期、世の中にとりざたされた話、いうなれば集中して人々の興味と関心を呼びながら、やがては消えていく話。結局はうわさ話〉と捉え、そこに口承文芸の対象としてみた場合、何が人々の注意と関心を集めるのかという条件に注目し、現象的にはまず〈衝撃的、刺激的な事件や行為、怪異、不可思議なできごと、奇異、珍談〉の類が取り上げられやすいことを指摘している。また、こうした話は、その内容の大小・軽重よりも卑近な事件、つまり身近に発生した話題が優先されやすい特性を有する点を認めている。一方、大島建彦は〈さまざまな民間説話の中で、何らかの地名や人名を伴って、あたかも経験が事実のように、広い世間の見聞について話すもの〉との見解を示し、それらは伝説と同じように事実として受け入れられるが、ただ、伝説とは違って、はるかな過去の出来事ではなく、身近な現在に属することと認められている点を強調している。また、世間話の特質の一つを、それぞれの場にふさわしく、聞き手の心に迎えられるように自由なものいいをする点に求めている。

（常光徹）

＊『大百科事典』一九八五、平凡社

曽我伝説《そがでんせつ》

曽我兄弟の敵討ちにまつわる伝説。曽我兄弟の敵討ちのあと、その苦心譚は比較的早い時期から語り伝えられたらしい。それが『曽我物語』の祖型になり、関東地方からしだいに全国各地へと広まっていった。その伝承を支えたのは曽我兄弟の怨霊を恐れた農民の信仰で、非業の最期を遂げた曽我兄弟、わけても曽我五郎のゴロウの音は、ゴリョウとの近さから御霊信仰とも容易に結びつきやすかった。さらに農村生活と曽我の御霊信仰とが結びついた背景には、敵討ちが五月二十八日に行われたとする伝承があった。五月には、農村は田植えに関するいろいろな行事があったことと関係があろう。また、この曽我兄弟にまつわる事跡は関東を中心に数多くあり、曽我兄弟の墓所も一カ所にとどまらない。たとえば小田原市下曽我城前寺・小田原市箱根町正眼寺・小田原市二十五菩薩の東傍・富士市鷹岡町曽我寺・富士宮市曽我八幡宮などである。これらは墓とはいいながら、曽我兄弟の霊を鎮めるための供養塔として建てられたものだと思われる。また、城前寺には兄弟の用いた旗が二流、曽我寺には二人が使用した木椀・茶釜、曽我八幡宮には五郎の遺書など、各地に兄弟の遺品があるが、これらは兄弟の敵討ちの話を唱導するために用いられたのであろう。曽我伝説を地方へ伝播する役割をトラという巫女集団が担っていたことも指摘されている。

（藤田尚樹）

＊角川源義『語り物文芸の発生』一九七五、東京堂出版

大工と鬼六《だいくとおにろく》

「大工と鬼六」は『日本昔話大成』の〈愚かな動物〉に分類されているが、きわめて珍しい話である。これまでに、岩手県胆沢郡、山形県最上郡、上山市の三話が報告されていたが、岩手県紫波郡紫波町出身者と、福島県信夫郡水保村（現・福島市）出身者（二種類）、および、岡山県新見市から報告があり七話となった。

川に何度も橋をかけるのだが流されてしまう。腕のいい大工が困っていると川の中から鬼が出てきて、目玉をくれればかけてやる、名前をあてたらいらないという。大工は目玉をとられてしまうと思い山に逃げる。すると、「鬼六、早く目ん玉持ってくればいいなあ」と子供たちの歌が聞こえる。大工は川に行くと鬼が出てくる。大工はわざと違う名前をいう。そして、鬼六というと鬼は川底にごぼごぼと沈んでいってしまう。この話に登場する鬼は、河童と同じように川（水）を支配する水の神の化身が妖怪化したものであろう。その鬼の要求する目玉は人身御供あるいは人柱を思わせる。また、人間と鬼とが問答するが、これは一連の〈化物問答〉の形式である。この問答は言霊のように言葉の力によって人間側に勝利をもたらすのだが、同時に鬼の愚かさも語られている。子供が歌う歌の中に謎が秘められていることも注目したい。なお、この話は、近代以降に西洋の話の翻案が語られたのではないか、ともいわれている。

（米屋陽一）

＊桜井美紀「『大工と鬼六』の周辺」民話の手帖三十三、一九八七

平将門《たいらのまさかど》

平将門をめぐる伝説は、関東地方を中心に、主に東北地方・中部地方に伝承され、内容も多岐にわたっている。福田晃は、将門伝説をヒジリ系統のものと、ビクニ系統のものに大別できるとし、前者をさらに分類すると、山岳信仰の徒が伝承したもの、念仏聖の間で伝承されてきたものに分けられるだろうとした。

将門伝説の中でも、首にまつわる話はよく知られている。『平治物語』の中に、〈天慶三年二月に、藤原秀郷にうたれし首、四月の末に東着し、五月三日にわらひしぞかし〉という記述がある。首にまつわる話題は早くから知られていたらしい。岐阜県大垣市の御首神社は将門の首を祀ったところであると伝え、ここでは京都から東国へ飛び帰ろうとした首を美濃南宮神社(現・南宮大社)の隼人が神矢で射落して祀ったものだという。その矢が通ったところを矢通村と呼ぶようになった。東京都台東区浅草の鳥越神社は将門の首が飛び越えた山だといい、その霊を祀ったとしている。鎌倉権五郎景政と同様に、将門も双瞳の左眼を射られ、かため明神として祀られたとされている。これは御霊信仰と深い関わりをもつと考えられる。

また、将門が妙見大菩薩の加護により、戦いに勝ったという伝承もみられ、この伝説が、妙見信仰に付会して伝えられていた節も窺える。

(赤井武治)

＊梶原正昭・矢代和夫『将門伝説』一九六六、新読書社

タクシーの幽霊

たくしーのゆうれい

幽霊が乗物に乗る。その料金を請求すると、私は幽霊だからオアシがない、と答えたという笑話を耳にするが、もし幽霊が乗物に乗っていたら笑ってはいられない。

かご屋が辻に立っている女を乗せて家まで運んだ。いつまでたっても家からは銭を持ってこない。かご屋が家の中に入ると、娘がたった今息を引きとったところだという。江戸時代の話だ。明治時代になって、かご屋がすたれて人力車がはやり出すと、今度はくるま屋が幽霊を乗せて走ることになる。それがすたれると、今度は自動車（タクシー）である。

円タク（大正末期から昭和初期、市内一円均一の料金で走った一円タクシーの略）に女が乗る。ぐるぐる回ったあげく車を止めて降りる。そして、料金を払わずに消えてしまう。その女を追っていくと葬式の最中であったという。あるいは雨の夜、確かに乗せたはずの客が座席をぐっしょりぬらして消えてしまったり、バックミラーにうつっていなかったりする。

このような話は、現在でもタクシー運転手仲間で語られているという。新幹線やジェット機に幽霊が出たという話もわずかに聞くことができる。時代がかわれば、幽霊の乗物もかわる。いずれ、人工衛星にも幽霊は乗るかも知れない。近代的な乗物に伝統的な幽霊が結びついて語られているのだが、話例はきわめて少ない。

（米屋陽一）

＊池田弥三郎『日本の幽霊』一九六二、中央公論社

竹《たけ》

竹は茎が空洞であることや成長の急激さにより神聖視され、説話の重要な構成要素の一つとなっている。その属性を顕著に示す話の一つが『竹取物語』で、同系列の昔話に「竹姫」「竹の子童子」がある。ただ竹中誕生譚は他の異常誕生譚に比べると事例が稀で、国内よりはむしろ中国や東南アジアに多い。「花咲爺」「大歳の亀」では埋葬地に生えた竹が富をもたらすが、やはり中国の「狗耕田」が同一のモチーフを有する。「継子と笛」も継子の霊が竹になり、それで作った笛を父親が吹くと霊が自分の消息を伝える。これらの日本の昔話では竹中の精霊は人間界に留まれないものが多い。竹は神の依代であると同時に呪力をもつとされていた。長野県では七夕の竹を畑に立てて虫除けにし、大分県では耳病に火吹竹をあてる。「隠れ簑笠」の竹筒や篩も同様である。竹は至る所に自生して入手しやすく、生活用具に多用される。そのためかえって自生しない土地にその理由を説く伝説を招来する場合もあり、福島県の三春町では、鎌倉権五郎が竹の箭《や》で目を射られたので竹が育たないという。また聖人の杖が根づいたり、呪言とともに逆さにした竹が成長したという伝説も多い。神聖視する心意の一方で竹は普段の生活に密着しており、その点においても、説話の生成・伝播を促した。「山姥と桶屋」では竹が山父を追い払うが、「竹伐爺」と同様に、竹細工を行う人々がその伝播に関与していたと考えられる。

（山本則之）

田螺長者

たにしちょうじゃ

タニシの姿で生まれた主人公が、異常な力を発揮し、嫁を貰って栄える昔話。子供のない夫婦が神仏に祈願してタニシを授かる場合が多いが、他にも、タニシの方から呼びかける例、子とすべき特別のタニシを野外で偶然発見する例などがある。タニシの他にもカタツムリ（新潟・群馬）・カエル（九州）・サザエ（鳥取・岡山）・ナメクジ（島根）などが登場するが、分布範囲は限られており、報告例も少ない。本来、水神的性格をもつタニシを中心に語られてきた昔話であろう。婚約者を獲得する手段としては、寝ている長者の娘の口許に米を塗りつけ、翌朝、米が盗まれたといって騒ぎたてる方法がよく知られている。この趣向は早く『御伽草子』の「一寸法師」にもみえている。娘は盗み食いの濡れ衣を着せられ、タニシに預けられるが、その背後には、求婚者の携えてきた特定の食物を口にすれば、その男の意思を受け入れる行為と見なす観念が働いていよう。求婚者を得たタニシは次に人間への転化を図ることによって結婚の条件が整う。一、殻の破壊による転化、二、湯または水による転化、三、参詣による転化があげられるが、いずれの場合も娘の援助があって成功する。結婚後は、長者となって幸せに暮らしたと伝え、爺婆への孝行を語る。話の冒頭から結末に至る過程には、常に貧しさを克服し、富への所属を希求するテーマが貫かれている。

（常光徹）

＊大島建彦「昔話の伝承」（『日本の民俗』一九七四、朝日新聞社）

田螺と狐《たにしときつね》

田螺と狐が競走するが、田螺は狐の尻尾にくっついて行き、狐が後ろを振り返った拍子に、田螺は尻尾から離れて狐の前におり、田螺の勝ちとなる話。動物競争譚の一種で、全国的に分布している。登場する動物は土地によって多少異なる。たとえば、川貝とケンムン（妖怪）・川貝と兎・蛙と犬・蟹とマヤシ（猫）・蚕と虎・田螺と虎・田螺と狸などだが、いずれも足の遅い者と速い者という、対照的な存在である。話の発端もいろいろに変化している。二匹が伊勢参り・上方参りをしながら競走をするという例が、和歌山・大阪・埼玉・青森などにみられる。これは「蚕と虱」「蚕と虱の駆け足・睡眠型」「猿と蛙の旅行」「百足《むかで》と蛞蝓《なめくじ》の競争」など、他の動物昔話にもみられる要素である。

また、田螺と狐がお互いの姿を見て、相手の悪口をいいあうという歌問答が発端となっている例が、岩手県北上市をはじめ山形県東根市などにみられる。歌問答形式の要素は「田螺と烏の歌問答」という、独立した昔話としても語られているし、わらべ唄としても、古く菅江真澄の『かすむこまかた』の記録にもみえる。また、岩手県北上市の話では、最後に〈これも天保（とんま）の物語だと。どんどはれェ〉という語り収めがついている。この〈これも天保の物語だと〉という語は、早物語に多くみられる形式である。このように「田螺と狐」には、いろいろな要素の影響が考えられる。

（薄井有三）

狸　たぬき

狸は狐と並んで、人を化かす動物の代表とされているが、昔話に登場する頻度は狐に比べて少なく、その方法にも違いがみられる。一般に狐は陰性で狡智に富んだ性格として描かれるが、狸は反対に陽性で突飛なことをしでかすひょうきん者として描かれることが多い。たとえば「文福茶釜」では、狸が化けた釜を小僧が磨くと、〈小僧、小僧痛いでそっと磨け〉といい、火にかけられると、〈小僧、熱いぞ〉と弱音を吐き、最後には釜から尾を出して逃げていく。狐は化け方が上手で、ある程度完全なのに対し、狸のそれは下手であり、不用意極まるものである。「ずいとん坊」の話では、和尚を化かしにいった狸が逆に問答の競争の末、負けてしまう。「畳の八畳敷」では、広げた睾丸に針をさされたり、焼石を投げられたりしてひどいめにあう。人間の知恵が狸の化ける力を上回って、狸の敗北を示す例である。有名な「かちかち山」では、爺に捕えられた狸が、婆を欺いて殺してしまうという昔話における狸の行動としては例外的な残虐さを見せるが、最後には兎の知恵に敗北する。昔話における狸の化け方やいたずらは、狐と違って、およそ不完全な形に終始し、自ら墓穴を掘る。しかし、そのユーモラスで無邪気な行動は、聞き手にとっても決して憎めないものである。これは、狸が、狐のような特定の信仰に支えられた霊力を持たず、人里近くに住むいたずらものとして人間と交流してきたことによるのかも知れない。

（近藤雅尚）

煙草の起源

たばこのきげん

煙草の由来譚で南西諸島に広く分布する。煙草は「忘れ草」とも呼ばれ、その呼称の連想から墓に起源するという話がほとんどである。南西諸島からは遠く離れているが、福島県でも妻の墓に煙草が生える話がある。『今昔物語集』に兄弟が父の墓前に忘れ草（萱草）と忘れな草（紫苑）を植える話があるが、それとの関連もあろう。

徳之島の昔話では「産神問答（炭焼き長者・再婚型）」と結びついている。昔二人の男が漁に出たが潮工合が合わないので浜で寝ていた。すると二人の神様が話をしている。聞くと自分の家に生まれた男子は乞食の位、隣で寝ている男の女子は七倉の主という位である、と話している。男は自分の男子を隣の男の女子と結婚させるよう約束させる。子供たちは成長し親の約束通り結婚する。家は栄え、七倉ももつ分限者になる。ある日夫は妻が粟飯を炊いたのに腹を立て妻を追い出す。それ以来その家は没落する。妻は奥山に入り炭焼きの妻となる。炭焼きはみるみる分限者になる。そこに前の夫が乞食となってやってきて妻をみて驚きのあまり死んでしまう。女は男を高倉の下に埋め、倉祭りといって拝んでいた。そこから一本のきれいな草が生えた。炊いても飲んでも苦くて飲めない、乾して煙にして飲んだらいい気持ちであった。これが煙草であるという話である。島によっては娘の墓に起源したとも語る。

（田畑千秋）

＊田畑英勝『奄美諸島の昔話』一九七四、日本放送出版協会

旅学問《たびがくもん》

愚か者話の一話型。怪我人を助けるために旅先でとり違えて覚えてきた言葉を使って、失敗する話。新潟県佐渡の話では、ある男が都見物に行き、都の言葉を覚えて帰ろうとする。店先に赤い膳椀があるのを朱膳朱椀と教えられ書きとめる。花が散るを落花と言っていたので落ちるは落花、石引きがエンヤラヤンと石を引くので石はエンヤラヤン、伊勢の札配りが神明（しんめ）のお初穂というと家の人が金をくれるので、くれるは神明のお初穂と覚えて国に帰る。あるとき隣の子供が柿の木から落ちたのを見て、男は医者の元へ行き、〈隣の子供が柿の木から落花してエンヤラヤンに頭をぶって、朱膳朱椀がカッカと流れて、薬一服、神明のお初穂〉といったという内容である。言い換えの言葉には他にも、血を緋縮緬《ひぢりめん》、上る下るを上洛下洛、石を砥石・石塔、くれるを熊野建立などともいう。こうした用語はほとんどが漢語であり、すなわちそうした書き言葉を話し言葉に転用しようとしたところの失敗を笑いに仕立てたものである。これには文字が一般に浸透しはじめた社会的基盤が背景にあるだろう。『醒睡笑』巻の三には、文盲者の失敗談が多数載せてある。

柳亭種彦の『柳亭記』にこの昔話が「昔の軽口話」として紹介され、もとは血を朱椀朱折敷といっただけなのに、今は〈木より落馬いたし天窓（あたま）が破損などともいへり〉と述べており、話の成長を窺わせる。

（花部英雄）

旅人馬

たびびとうま

旅先で馬にされるが、無事その危難を逃れるという内容をもつ昔話。逃竄譚の一つ。坊主が二人、山の一軒屋に泊る。夜、家の主人が竈の灰に早稲を植え、急成長したのを刈り取っている様子を、年上の坊主は起きて見ている。翌朝、その米で朝飯を炊くが、何も知らない若い坊主は食べて馬に化してしまう。主人に使われる馬をそのままにして、年上の坊主は旅を続けていくと、寺の前で小僧が〈二人の坊主が賊の家に泊まり、そのうち一人がちゅうじんの早稲を食べて馬になった。うらばんの草を食べさせれば元の人間に戻る〉と語っていた。坊主はその草を求め、食べさせて無事人間に戻すという内容の話である（鹿児島県沖永良部島）。この昔話は北は青森県まで一応全国にわたっているが、報告例は多くない。新潟県、東北地方の例では、泊った家で金品を奪って逃げようとして馬屋を通ると、馬が〈自分も盗みをして神仏の怒りに触れてこのような身になったのだ〉と話すのを聞いて、改悛する。内容は教訓性を帯びており、その点この話は素材のもつ奇異性よりも神仏の霊威を説くところに中心があったように思われる。昔話の登場人物に、僧・和尚・六部・尼などといった宗教者が登場することと考えあわせて話の伝承に関与していたと推測される。文献では早く『今昔物語集』『宝物集』などに仏教説話として載せられている。遡れば中国の『幻異志』、インドの『出曜経』に出典を見つけることができる。

（花部英雄）

田村麻呂　たむらまろ

延暦・大同年間（七八二〜八一〇）に、父刈田麻呂とともに嵯峨天皇に仕え、大将軍として関東・東北地方へ遠征したことは『続日本紀』『日本後紀』などに記されているが、この地方には田村麻呂が戦勝を祈願して堂社を建立した、ということを縁起とする伝承が非常に多い（文献では『今昔物語集』巻十一・三十二に見える）。ところが歴史上、田村麻呂の遠征とは関係のない秋田県にも多くの伝説が存在している。そして伝説の特徴としては、寺社縁起・地名由来よりも米木嶽の夜叉鬼・大瀧丸退治・悪路王・黒鷲丸討伐という怪物退治譚が多いことがあげられる。

田村麻呂の怪物退治譚は、室町時代物語『田村草子』にも主要なモチーフとなっている。これには清水観音と鞍馬毘沙門の両信仰が記され、これは『鞍馬蓋寺縁起』の藤原利仁伝と『清水寺縁起』の田村麻呂伝の習合とみられるが、地方の伝承もこれらの信仰に在地の山岳信仰を加えて広がったものとも考えられる。つまりこれらの伝播には遊行の宗教者の活動が大きく関係していよう。山形県下に「田村三代将軍」と題する昔話が伝承されており、田村麻呂の蛇体出生、悪路王退治のモチーフは奥浄瑠璃「田村三代記」に共通点がみられ語り物との関係も興味深い。

（幸野典子）

＊堀一郎『我が国民間信仰史の研究（一）』一九五五、東京創元社
『日本伝説大系』第二巻、一九八五、みずうみ書房

俵藤太《たわらのとうた》

藤原秀郷《ひでさと》のこと。藤原鎌足の後裔で、戦国武将蒲生氏郷の先祖である。俵藤太こと藤原秀郷は、平将門を討伐したことで有名で、その史実に基づいた伝説も多い。彼にまつわる伝説は大きく二つに分類できる。一つは百足退治・竜宮入りの伝説。もう一つが平将門討伐に関わる伝説である。これらの伝説が統合されて『俵藤太絵巻』や『俵藤太物語』などの室町時代物語がつくられている。

あるとき、瀬田の唐橋に横たわる大蛇をものともせずに渡った俵藤太は、その器量を竜女に見込まれ、百足退治を依頼される。藤太は苦心の末百足を射とめ竜宮で様々な土産品をもらう。また後に、平将門討伐の命を受けた藤太は将門の弱点がわからず攻めあぐむが、桔梗姫《ききようひめ》に、将門の急所がこめかみであることを教えられ倒すことができたという伝説である。この百足退治・将門討伐伝説は、英雄の怪物退治譚の型をもっている。すなわち、怪物退治の際、苦戦を強いられるが何らかの方法で弱点を知り怪物を打倒できたという伝説の型である。また、この伝説は他の伝説との関連の中で数々の問題を含んでいる。竜宮入り伝説では橋姫・竜宮土産の鐘・竜宮童子・米の尽きぬ俵・神戦譚など、将門討伐伝説では桔梗姫伝説・将門の鉄身伝説・影武者伝説などとの関連、他にこの伝説の管理者に関わる蒲生氏郷の存在も看過できない。

（藤田尚樹）

＊荒木博之「伝承のダイナミズム」（『説話・伝承学八十四』一九八五）

俵薬師

たわらやくし

笑話の狡猾者譚の一話型。怠け者の下男が木を伐る仕事をいいつかる。仕事はせずに松の木に鷹の巣があるといって、主人を欺く。主人がそれを捕ろうとして木から落ちて気絶する。家に戻ると主人は死んだといって、女房を尼にさせてしまう。帰ってきた主人は怒り、下男を俵詰めにして海に捨てさせる。運ばれる途中、下男は金の隠し場所を教えて運搬者に取りにやらせる。そこに眼の悪い魚売りが通りかかると、〈俵薬師目の養生〉と唱えて眼が治ったといって入れ替わる。騙された運搬者は魚売りを海に捨てる。下男は魚売りの魚を持ち帰り、海の中から獲ってきたという。主人も獲りたいというので俵に入れて海に投げる。戻ってきた下男は主人の遺言だといい、女房と財産を手に入れる。粗暴な振舞いによるブラックユーモアである。この笑話は『日本昔話大成』が指摘しているように、前半と後半とに分けることができる。前半の女房を尼にするというモチーフは落語の「大山詣り」にあり、事実譚としては『耳袋』巻の一にもみえている。そのもとになったのは狂言「六人僧」であると思われるが、昔話「仇討ち競争」をも含めて、書承・咄の衆・民間伝承との関係が注目される。後半の狡猾者が海に投げられるというモチーフは世界的に分布しているが、日本では尾崎紅葉が明治二十四年にアンデルセン童話を翻案した「二人椋助」を発表しており、これと民間の資料の中で酷似しているものがある。

（花部英雄）

団子聟《だんごむこ》

「団子聟」は、全国的によく知られている話で、『日本昔話大成』では〈愚人譚〉の項に入っている。馬鹿な聟（息子）の失敗を笑う話の一つで、愚か村話としても伝承されている。

馬鹿聟が、嫁の里で出された団子がとてもおいしかったので、団子、団子といいながら帰る。途中、川を越えるときに、どっこいしょといって跳び越えたので、団子の名を忘れて、どっこいしょといいながら帰る。女房にどっこいしょ作ってくれと頼むと知らないという。けんかになりこぶができると、団子のようなこぶができたといい、団子の名を思い出す。

子供から大人まで楽しめる話で、川を跳び越すときのまちがいがおもしろい。柳田國男は、この話を〈いくら馬鹿聟でも今なら暗記にも苦しむまいし、又、自宅では食ったことが無いとはいえまい。大よそ、この名称が、新奇としてもてはやされた時代の、作り話だと察せられる〉といっている。

この話は団子だけではなく、ぼた餅になったり、まんじゅうになったりする。同系の話には「買物の名」「酢あえ」がある。いずれも物忘れが笑いの種になっている。こういった物忘れに似たことは現実にも起こりそうなことで、同じような笑いの要素を持つ世間話が語られている。笑話を完形昔話の派生とみた柳田國男は「団子聟」と「団子浄土」とのつながりも想定している。（米屋陽一）

＊柳田國男「団子と昔話」「木綿以前のこと」（定本十四）

誕生譚《たんじょうたん》

多くは神仏への祈願によって、異常なものから異常な状態で生まれた（得た）子が難題・試練を経て、富を獲得したり幸福な結婚をしたりして結ぶ昔話の一群を表す。「力太郎」の例を示そう。子のない無精な爺と婆が体の垢（こんび）で人形を作って〈こんび太郎〉と名づけた。この子が大食いで爺婆が困っていると、太郎は百貫目の金棒を作ってもらい旅に出る。道中、力自慢と力較べをして、すべて勝ち、次々と家来にしていく。ある所で人身御供になる長者の娘に出会い、化物退治を買って出る。家来たちは化物に負けて呑まれてしまうが、太郎は勝ち、娘の聟になって幸福に暮らす。他にも「田螺長者」「一寸法師」「拇指太郎」「桃の子太郎」「瓜子織姫」などといった同群の話を調べると、生まれたときの特徴として、動植物または身体の一部から生まれ、極端に小さく、あるいは川上から流れてくるとかいった点が浮かびあがる。そして、大力、特殊な才能、美しさを説いている。話の源流は神の〈申し子〉としての資格を持つ〈小さ子〉譚に求めることができる。古く『古事記』『日本書紀』における少彦名命《すくなびこなのみこと》、『日本霊異記』の小子部栖《ちいさこべのす》軽《がる》などにもその流れがみられる。小さ子は常世国《とこよのくに》から訪れた神であるので常人とは違った形、能力を持っている。さらに水との関係が深いため、基盤に水神信仰が考えられる。「子育て幽霊」「鶯の育て子」などでは仏教の影響をも考えていかなければならない。

（渡辺公一）

力太郎《ちからたろう》

『日本昔話大成』では、本格昔話〈誕生〉に位置づけられている。子供のいない無精な爺と婆が、自分の身体の垢《あか》で人形を作るとそれが子供となる。この子供は異常な成長を遂げ、大力者となり、力わざの修業のため旅に出る。道中、他の力持ちが現れ、それらとの力くらべに勝って家来にしていく。ある町で、長者の娘を食おうとする化物の話を聞き、家来の援助によってその化物を退治し、娘の聟となり安楽に暮らすという筋をもつ。異常な誕生をするところが主人公の特徴で、主人公の名もそれに由来してつけられている。垢から生まれたこんび太郎、婆の脛から生まれた脛こたんぱこ、かまどから生まれた火太郎など様々な名を有しているが、それらには一様に、力持ちという性格が与えられている。また、道中、家来になる者たちにも、御堂こ太郎、石こ太郎、岩こ太郎のような大力者を表す名が多い。この話の分布はそのほとんどが東北地方に限られる。石川、島根にもみられるが、この二例は純粋な形とはいえない。ただ『グリム童話集』の七十一番「六人組世界歩き」百三十四番「六人の家来」と同型であり、朝鮮にも類話がみられることから、世界的には広い分布をもつものと考えられる。

関敬吾は、「桃太郎」の話型に「力太郎」型のものがあることを重視し、両者の歴史的関係を推定し、「桃太郎」の鬼が島征伐の冒険的行為に「力太郎」説話の亜型をみるという考えを提示している。

（近藤雅尚）

力持ちの話

ちからもちのはなし

普通の人には想像もできないような怪力の持ち主の話。力持ちの話は古くから記録されており、たとえば『今昔物語集』巻二十三には大力の話が六話ほどまとめて載っている。いずれも、見た目には普通の人と変りがない、あるいは普通よりも小さい人物や女性が大力を発揮するのである。そこに、この話を聞く人の驚きと興味があった。

昔話の中の大力の話としては、「力太郎」や「力くらべ」などがあり、ありそうにない話として聞く者の笑いを誘うが、世間話では実在の人物の怪力譚として現実的なリアリティーを持って話される。その多くは話者の実見譚であるか、つい最近の実在の人物の噂話になっている。その内容は、たとえば、大力の男が護岸工事のときにセメント袋を五つかさねて軽々と持ち上げて運んだとか、釣り鐘を一人で引きずって歩いた。あるいは、大石を海から引き上げた等々、さまざまなエピソードが大力一人の話として語られる。そして普段は物静かであったとか、優しい人だったといわれる。また、女性の力持ちの話では、大力の嫁が、聟が外で風呂に入っていると夕立ちがきたので慌てて風呂桶ごと軒下にかつぎこんだなどの話が事実譚として伝えられ、各地に類例がある。

これらの話は、期待をされていない人物が、想像を超える大力を発揮するところに伝承の主眼のあった話であろうと思われる。

（藤田尚樹）

地名伝説《ちめいでんせつ》

伝説を目的からの視点で分類したとき地名の由来を説明するもの。伝説と結びついて存在する具体的な事物である対象物がどのようなものかは一般に問題にしない。すでに対象物が消滅していることも少なくない。このため、柳田國男が伝説を対象物によって分類している『日本伝説名彙』にはこの項目がない。地名の説明としては、過去の事件の舞台となり、その事件を表す語や象徴的な事柄をその土地の名称とするもの。過去の出来事に拠るとしながらも、それ以前に地名があり後から説明を付けたと思えるものも多い。宮城県気仙沼市の鍋越山は、八幡太郎が安倍貞任を討ったとき、射った矢が鍋のふちをこすったので、鍋越山と呼ばれるようになったという。あるいは、むかし大津波のとき、前浜の海岸に大きな鱈《たら》がうち上げられた。その鱈を五つに切って、五頭の馬に積んで運んだから五駄鱈《ごんだら》という（気仙沼市）など、偶然に起こった珍しい出来事に求めている例もある。歴史的な出来事の場合は、歴史上有名な人物の行動に関係したとする話が多い。事件による説明の他には、むかし金が取れたから金成沢という（気仙沼市）など、その土地の地形や産物などの特徴を地名としたと説明するものもある。早くに、このような説明を収集した文献として『風土記』がある。地名は日常生活と密着していることが多く、このため、地名伝説は伝承されやすい。

（和久津安史）

＊福田晃「伝説の分類と定義」歴史公論八―七、一九八二

茶栗柿

ちゃくりかき

愚か者が物売りに出て、失敗する愚人譚の一話型。岡山県の報告例では、ばか息子が、茶と栗と柿と麩《ふ》を売りに行き、〈ちゃっくりかきふ、ちゃっくりかきふ〉と叫んで歩いたが一つも売れない。親に〈いっしょに言うから売れない。茶は茶で別々、栗は栗で別々、柿は柿で別々、麩は麩で別々に言え〉と教えられ、ばか息子は〈茶は茶で別々、栗は栗で別々、柿は柿で別々、麩は麩で別々〉といって売り歩いたが、買う人はなかったという話。

この話は、全国的に分布し、主人公には馬鹿息子の他に、八百屋の小僧（石川県）田舎息子（長野県）馬鹿聟（長崎県）ごくどうの百姓（高知県）などが登場するが、いずれも愚かな面が強調されている。売り物は、茶・栗・柿・麩の他に、蠟（島根県）酢（奈良県）鯵・鯖（栃木県・福島県）下駄の鼻緒・橙・傘（福島県）黒牛蒡（山形県）などがみられる。二度目の売り声は、〈茶は茶で別々〉が一般的であるが、〈すぼ、すぼ〉〈お茶はお茶でぶんぶんに、柿は柿でぶんぶんに、栗は栗でぶんぶんに、麩は麩でぶんぶんに〉などと語り、話のおかしさはこの売り声の部分にあると考えられる。結末は、売れなかったとするものがほとんどである。また、地域によっては、おどけ者の吉四六《きっちょむ》と結びつけられたり、佐治《さじ》谷話《たにばなし》として語られる事例も報告されている。関敬吾は、この話は〈一つ覚え物売型〉から派生し独立したものであろうとの見解を示している。

（赤井武治）

茶の実

ちゃのみ

物知らずの村人を笑いの対象とする愚か村話の一つ。ある山奥の村に代官が見回りにやってくる。そこでたいそううまい茶を飲んだ代官は〈村で一番のちゃのみを出せ〉という。村人たちは茶の実と茶飲みを間違えて、村一番の茶飲み婆さんを代官の前に連れて行く。代官は怒って〈これが生えるか〉というと、婆さんは〈年は取っても這えます。這えます〉といって辺りを這い回ったという話。物知らずの村人が笑われているが、茶畑のあるような土地の者が茶の実を知らないはずがなく、結局、馬鹿にされているのは代官となる。村人は茶の実が惜しくて茶飲み婆さんを連れて行ったのである。今日の茶栽培は主に挿木法によるが、かつては種子による栽培であった。したがって、良種の茶の種子は喫茶の習慣が定着してくると、だれでもが手に入れたいものであった。代官が茶の実を求めたのにも理由があった。愚か村といわれている福岡県築上郡寒田も銘茶の産地であったという。この地にも「茶の実」の話が伝わっている。そして、村人はわざと言葉を取り違えて代官をだましたのだと誇らしげに語っている。

つまり、愚か村話の中でも「茶の実」は、「葱《ねぎ》を持て」「手水《ちょうず》を回せ」と同様に権力者をやゆする一群に位置づけることができる。茶の実をめぐる話だけに、その分布も、茶の穫れる西日本に多い。

（大島廣志）

＊稲田浩二『昔話の時代』一九八五、筑摩書房

中将姫

ちゅうじょうひめ

中将姫の伝説は文献では『当麻寺縁起』『古今著聞集』『元亨釈書』『中将姫本地』等に、謡曲でも『当麻』『雲雀山』にみられる。お伽草子の『中将姫本地』では、横佩《よこはぎ》右大臣豊成の娘中将姫が三歳の時に母を失う。七歳の時、父豊成は後妻を迎えたが中将姫につらくあたる。帝は姫のこのうえない美しさを聞き、入内《じゅだい》を命ずるが、継母はそれを快く思わず、姫が男と密通していると豊成にうそを告げる。豊成は怒り、武士に命じて姫を紀州有田郷の雲雀山に連れ出して斬らせようとするが、その武士は情ある者で、彼女を助けて山中で大事に育てた。のち豊成はここに狩をして姫に再会し、妻のいったことがうそであることを知り、姫を家に連れ帰る。帝は姫に入内をすすめたが、姫は世の無常を感じ出家して当麻寺《たいまでら》にこもる。弥陀、観音が尼となって現れ、姫を助けて蓮の糸で一丈五尺の曼荼羅を織り、諸仏の来迎をうけて極楽往生をした、という内容である。

話の前半が継子譚になっているが、後半の阿弥陀が姫を助けて曼荼羅を織る部分は、ほとんどの伝承で共通しており、女性唱導者がこの話の伝播に深く関わっていたことを窺わせる。各地には、姫の墓、屋敷跡、化粧井戸、化粧石などが残され、浄瑠璃や歌舞伎にとりいれられたことも手伝って、広い伝承分布の実態をよく表している。またこの伝説をもつ寺には、中将姫の作ったといわれる仏像や曼荼羅が残されているところもいくつかある。

（近藤雅尚）

長者伝説

ちょうじゃでんせつ

全国各地に何々長者の跡というのが残っていたり、それにまつわる話も多い。ここでいう長者とは分限者、金持ちと同義的に用いられているといってよい。長者伝説は、一、貧しい若者が長者になっていく過程と、二、長者が没落していく過程を語るものとに大別できる。一は伝説より昔話に多く、伝説でも昔話の「炭焼長者」と同型の真野長者や酒泉発見のモチーフをもつ泉長者などがそれにあたる。熊本県菊池市の米原《よなばる》長者は、都のある公卿の娘が清水の観音の夢のお告げに〈夫は肥後の国菊池郡四丁分の薦編《こもあみ》小三郎〉と聞き、小三郎を訪ねる。娘は金二両を渡すが小三郎は川の鷺《さぎ》をとろうとして、それを投げつける。そして家には同じような金がたくさんあるというので掘ってみると、多くの金が出て、二人は裕福になる。二は、長者が末期に近づいて黄金を埋めたとか、長者が子のないことを悲しみ、神仏に祈ったところ、珠のような姫を授かるとか、西日を招きかえして罰を受けるなど、多くの長者伝説に共通している。鳥取市湖山《こやま》町の湖山池にまつわる伝説を紹介する。昔、湖山長者と呼ばれる長者が、多くの人を使って田植えをしたが、一日のうちに仕事が終りそうもないので、金の団扇で沈む太陽に向かい三度招いたところ、沈みかけていた太陽が三度ほど昇った。そのため日没までに田植えは終った。しかし、次の朝みると、田が池になっていた。その後、長者の家は衰え、ついには絶えてしまったという。

（財前哲也）

沈鐘伝説

ちんしょうでんせつ

淵や池の中から鐘の音が聞こえてくるという伝説で、全国に広く分布している。この伝説のまつわる淵や池を〈鐘ケ淵〉などの名で呼ぶ土地もあり、鐘のうなる音が水中から聞こえてくる理由を様々に説いている。大分県の鐘ケ淵伝説では、昔、盗賊が、ある寺から鐘を盗み出したが捕手に追われ、川端の松の木に鐘を釣ったまま逃げた。後に鐘は川の中に落ち込み、その辺が急に深くなって淵となった。あるいは奈良県の鐘ケ淵では、昔、淵に臨んだ山腹にあった某寺の鐘楼が壊れて、鐘がこの淵に落ちた。いまも最も深い所に沈んでいて、時々うなるが、その時には必ずこの地方に凶変が起るといわれている、というような内容となっている。

この伝説は各々少しずつ相違が認められるが、何らかの理由で鐘を水中に沈めたという点で共通しており、いずれも水底から音がするという怪異を説いている。一見、水と鐘とは関連がないように見えるが、現在の雨乞い行事の中には寺の梵鐘を水に沈めるという行事があり、また、三井寺の鐘は俵藤太が竜神からもらった土産であるとする伝説があるなど、水の神と鐘との関係は深い。実際、熊本県八代市の鐘ケ淵伝説は旱魃の際に鐘を淵につける雨乞い行事の由来として、竜神が欲しがった鐘を旱魃の時に淵に沈めて祈ると洪水になり、鐘は異音を発して流れたという伝説を伴っている。この伝説のある場所は水の神祭りとも関係の深い場所であろう。

（藤田尚樹）

鶴女房

つるにょうぼう

異類婚姻譚に属する昔話。傷ついた鶴を助けた若者の家に、後日、美女が訪れ、若者と結婚する。女は機屋《はたや》に入って布を織り、完成した布が高価に売れる。再び布を織らせているとき、男は禁止されていた機屋を覗き、女の正体が鶴であることを知る。女は見られたことを悲しみ鶴となって男のもとから飛び去る。これが全国に分布している「鶴女房」の一般型である。他にも「竜宮女房」「天人女房」にみられるような、殿様の難題を解くモチーフをもった難題求婚型や、鶴が男に謎を残して去る謎型などがある。前者は文献の『鶴草子』にもみられる。また後者では、重要な、離別の原因となる機屋の禁忌が欠落しており、「播磨糸長」「謎解き聟」「山田白滝」における難題モチーフが「鶴女房」譚と結びつき主題を形成している。ただ、謎の解決には座頭の関与が多く認められ、話の伝播者を考える上で重要である。また、柳田國男は、「瓜子姫」や「機織淵」伝説や「鶴女房」にみえる機織モチーフに、神の御衣の布を織る神聖な女性の姿を見て、巫女信仰との関わりを重視している。それに対し、関敬吾は機織モチーフを信仰によって統一的に解釈することに疑問を投げかけ、機織を単なる女性の嫁入資格とし、日常の生活様式を背景として成立した昔話の姿をみている。また、佐竹昭広は夫である男が、欲をかいて機を織ることを要求する姿に、「隣の爺」への主人公の変心をみ、隣の爺型鶴女房譚の存在を示唆している。

（近藤雅尚）

天狗
てんぐ

山中に住む妖怪。一般的な天狗像は、髪白く赤ら顔に高い鼻で羽団扇《はうちわ》を持ち、山伏風のいでたち。また他方では口は嘴、鼻穴が両脇にある所謂烏天狗もよく知られているが、時代により地域により様々に言い伝えられている。空中を自由自在に飛ぶことができ、清浄を好み俗衆を極端に嫌う気難しくて意地の悪い性質であるという。各地で、狗賓《ぐひん》・山人・大人・山の神などとも呼ばれる。天狗という語は中国から我国へもたらされたもので、平安時代には流星やトビのように考えられ、物の怪のように人に憑いたり、未来を予言したりもした。鎌倉時代頃から山伏がしばしば天狗にたとえられるようになった。昔話に登場する天狗は「宝物交換」「何が一番怖い」など、人間にだまされる役割で登場している。一方、伝説・世間話の天狗は、畏怖をもって語られている。天狗が松に腰を掛けたとか、天狗が住んでいたとかいわれている「天狗松」のある所では、その木を伐ろうとしたところ、鋸がすべって伐れなかったとか、天狗松がときどきうなり声を発するという。山中で高笑いする声が聞こえる「天狗笑い」とか、深夜カンカンと斧で木を伐る音がして、次に地響きをたてて木の倒れる音がするが、夜が明けて確かめてみると、倒れた木はない「天狗倒し」といった話もある。また、天狗にさらわれて行方不明になる「神隠し」の伝承は、「狐狸の世間話」などとの類型性が認められる。

（財前哲也）

＊柳田國男「山の人生」（定本四）

伝説の合理化《でんせつのごうりか》

伝説の特徴の一つに、伝説が信じられているということがあげられる。真実であるという意識のもとで語ろうとするから、たえず辻褄を合わせるための合理化がなされる。

たとえば福島市山口の信夫文知摺《しのぶもじずり》石は、昔ある百姓が都の勤めにのぼったが、帰国しなかった。妻は夫を心配して、もじずり石の石紋を紙にうつして送ろうと、麦の葉で紙面が青くなるまで心をこめて石に摺りつけた。やがて夫のもとに届けられた石紋摺りは、不思議にも文字となって妻の思いを言い尽してくれた。それによって、この石の表を麦の葉で摺りつければ、恋人の面影が写るといわれるようになった、という。ところが同じ信夫文知摺石が、源融《みなもとのとおる》という歴史上の人物を登場させて伝承されてもいる。かつては、百姓の夫婦というように、伝承されている土地にだけ通用する伝説であったのが、源融という歴史上の貴人が信夫文知摺を歌にしたことから源融を主人公にすることによって、歴史としてより信じられるものにしようとする力が働いたのであろう。

今一つ、埼玉県志木市の「長勝院由来」によると、在原業平《ありわらのなりひら》が東下りをして逗留したのが、土地の長者、郡司長勝の館だという。そこで、その土地を館というようになったという。土地の長者伝説に業平の東下りを結びつけたのである。このように、より〈信じられる〉ように伝説は辻褄を合わせ、合理化が行われているのである。

（財前哲也）

伝説の伝播

でんせつのでんぱ

伝説の伝播とは、ある伝説がなんらかの要因により各地に運ばれ定着することである。一つの職業集団が特定の伝説と関わりをもち、職業集団の分化・移動により、管理している伝説が伝播する場合がある。たとえば鍛冶屋だが、ある地域の鍛冶屋は、「鬼の刀鍛冶」の伝説と不可分に結びついている。この伝説は青森県弘前市、新潟県糸魚川市、富山県中新川郡、石川県輪島市、白山市、徳島県海部郡などに伝わるが、どの土地でも大同小異で、短時間に刀を作る鬼や蛇は、あと少しのところで目的を達成できず人間の知恵に敗れてしまう。鍛冶屋の跡が実際にあるところからも、この伝説と鍛冶屋の深い関連を指摘できる。このような職業集団と伝説の関係は、マタギと磐司磐三郎伝説、木地師と椀貸し伝説、タタラ師と炭焼き長者伝説、大工と飛驒の工匠伝説にも見受けられる。

各地を回国する宗教者も伝説の伝播者と位置づけられる。青森県から長崎県まで全国四十三カ所に点在する最明寺入道時頼の伝説にしても、共通しているのは時頼が旅僧に身をやつして僻村を訪ねるというパターンである。この点からも時頼回国伝説を伝播させたのは旅の宗教者といえるのである。全国に広範に伝播している六部殺しの伝説は、旅の六部たちが広めていったものであった。また、琵琶池系の伝説は、座頭たちの管理していた伝説であった。

（大島廣志）

＊大島廣志「伝説の伝播」歴史公論八十一七、一九八二

伝説の発生と成長

でんせつのはっせいとせいちょう

伝説の発生の仕方を一口で説明することはできない。それぞれの伝説は、様々な要因の組み合わせによって発生したはずである。ただし、そこには何か伝説発生の核となるものがあったに違いない。伝説発生の過程の一例を、自然説明伝説で示せば次のようになる。

ある村の近辺に村の生活と深い関わりを持つ淵や沼などがある。その淵や沼から村の田などに水を引き、生活用水としても恩恵を受けている。また、時にはその水が氾濫し村人に被害を与えることもある。そのような村の生活と深い関係を持つ事柄、事象に村人は自然の驚異を感じ、また畏怖の念を持つに至る。その体験の繰り返しから、その淵や沼は、特定の淵・沼として区別されるようになり、聖地とされ、祭祀を行う特定の場所となったりもする。そして、特定の聖地であるとの意識から、この淵や沼の底の音を聞き、怪異を見たりもする。また、人々はこの場所で行われる祭祀の由来を説こうとするようになる。これが伝説発生過程の一例である。そして、このようにして発生した伝説が、また新たな発生、つまり成長を遂げるのは、伝説は言葉で伝承されるからである。その場所が特定の聖地であること、またそこで行われる祭祀の由来を説くうちに、その内容は整理され、説得力を持たせるために、史実などが加味され成長してゆくのである。

（藤田尚樹）

＊岩瀬博「伝説」（『講座日本の民俗九』一九七八、有精堂）

伝説の分類

でんせつのぶんるい

日本の伝説の分類を最初に試みたのは高木敏雄である。高木は『日本伝説集』（大正二）において、伝説を〈説明神話的伝説〉〈巨人伝説及両岳背競伝説〉〈九十九伝説〉〈樹木伝説〉など二十三項目に分類した。高木の分類案は分類基準に統一性は欠けるが、伝説をテーマ、モチーフによって分類を試みたものである。こうした視点は、伝説が信仰的側面を有し事物に即して語られる性格のため、一定の叙述形式をもちえないことから、伝説全般にわたって適応できない難点がある。これと対照的な柳田國男監修の『日本伝説名彙』は、内容をまず大きく〈木の部〉〈石・岩の部〉〈水の部〉〈塚の部〉〈坂・峠・山の部〉〈祠堂の部〉の六つに分け、その下にいくつかの項目を設け、さらに項目を細分化して具体的な事物による伝説名のもとに配列している。この分類は事物の説明を第一義に説く伝説の特性にかなうものであり、それはまた伝説における事物が〈霊界の恩寵〉の具体的表出であって、それを探ることにより固有の民族信仰に近づけるとする柳田の伝説観に基づいている。しかしここでは伝説の叙述は二の次に置かれ、テーマ・型といった点が看過される。この点をいかに補正していくかが新たな分類案の課題となるが、その一つの試みが『日本伝説大系』全十五巻である。ここでは伝説を叙事性の希薄な〈自然説明伝説〉と叙事性の濃い〈文化叙事伝説〉とに大別し、その調和を目ざしている。

（花部英雄）

天道さん金の綱

てんとうさんかねのつな

「ソバの茎の赤いわけ」「兄弟星」の由来譚がついた逃竄譚《とうざんたん》の一つ。
母親の留守に（または殺された）母親に化けた山姥が来る。子供は騙されて家の中に入れるが山姥だと気づき逃げる。追いかけられた兄弟は池の端の柿の木に登る。山姥が木の登り方を聞くと〈なたで切れ目を入れて〉と教える。山姥が登ってくると兄弟は天道さんに金の綱を降してもらい天上の星になる。山姥はソバ畑に落ちて死ぬ。山姥の血でソバの茎が赤くなったという植物の形態説明譚。前半の山姥が母親に化けて家に入ろうとする部分にはグリムの「狼と七匹の子山羊」と共通するモチーフもある。しかし、これは主人公が動物である点、狼の腹の中から必ず蘇生する点など後半が異なる。日本の昔話はほとんどの話が兄弟星、あるいはソバの茎の赤い由来で結ばれる。山姥に追われた兄弟は逃げて池のそばの木に登るが、この木を柿とする例が非常に多く、他には松、梨、梅等がある。これは〈柿〉が境をあらわす〈垣〉に通じ、異空間との接点と考えられる。山姥が木の上の兄弟を見つける部分では山姥の愚かな行動や、三人兄弟の優劣を強調する話もある。このような妖怪への畏怖を表す怪談が、妖怪の愚かな行動を強調することによって笑話化していく傾向は、逃竄譚において顕著である。なお、この話は中国、朝鮮に類似した話があり、比較研究を要する。

（梶晴美）

天人女房

てんにんにょうぼう

飛び衣を奪われた天女が、それを取り返し天に戻る異類婚姻譚。このタイプ（型）は世界的に分布する。若者が水浴び中の天女の飛び衣を隠す。天女は天へ戻れない。若者は天女を家へ連れ帰り結婚する。子供が生まれる。夫が子供に飛び衣の隠し場所を教えるのを聞いた天女は、飛び衣を発見する。そして飛び衣を着て子供を連れ天へ戻る（離別型）。天女は去るとき天に上る方法を夫に教える。夫は天女にいわれた通りにして天へ行く。天女の父親が三つの難題を出す。夫はタブーを破り天女と訣別する（難題求婚型）。二人は年に一度七月七日だけ会うことになる（七夕結合型）。大別すると、離別型、難題求婚型、七夕結合型となるが、『近江国風土記』逸文の伊香刀美の話のように始祖伝説となることもある。今日の問題は「天人女房」がどのような文化を反映しているかという点にある。男の職業が非農耕民であり、天上の課題が農耕に関するものであることから、農耕民と非農耕民との接触通婚の反映があるという見方。また、飛び衣を隠す場所が南西諸島等で稲束の中となっていることから、穀霊信仰の存在を認める見方。さらに、天上での生活が焼畑農耕社会であり、天人女房譚が焼畑地帯に濃厚に分布するところから、焼畑民的農耕文化と稲作民的農耕文化の接触が異民族間の結婚という形をとって成立したという見方もある。

（大島廣志）

＊関敬吾「昔話の歴史」（著作集二）

てんぽ物語

てんぽものがたり

滑稽な早物語の一種。〈てんぽ語り〉〈逆（かっちゃ）ま物語〉などともいう。てんぽは嘘の意味。逆さな内容のものと大げさな内容のものに分けられる。

逆さな内容のてんぽ物語とは、〈夫てんぽうがたりかたり候、富士の山に火がついて、めくらが見つけ、きんかが聞え付、足なしがとびこみ、手なしがもみけしたりのものがったり〉（『北越月令』）のような伝承をさす。刺さった蚯蚓《みみず》の骨をありえない傷薬を塗って治すと続く伝承も多い。岩手県から岡山県に分布するが、岩手・宮城・山形・福島・新潟・福井の各県には座頭を語り手とする伝承がある。座頭は、ありえないという意味の諺を連ねた滑稽語りを得意とした。また、傷薬の語りは舞々の歌謡にもあるが、狂言「膏薬煉」まで遡れるものである。

大げさな内容のてんぽ物語とは、〈ソーレ物語り語り候や。今日はいい天気、天気がよくて、のどが渇いてしょうがない。西の海をすっからげて、ガンブゴンブと飲んだれば、千石船の七、八艘ものどふっかかった物語り〉（『飽海郡昔話集』）のような伝承をさす。山形・新潟・鹿児島の各県に分布するが、『ひなのひとふし』や新潟県には座頭を語り手とするものがある。どちらのてんぽ物語の場合も、昔話や歌謡、囃子舞などと深い交渉があることが注意される。

（石井正己）

＊石井正己「てんぽ物語論」物語研究一、一九八六、新時代社
同「嘘をめぐる伝承」学芸国語国文学二十一、一九八六

逃竄譚《とうざんたん》

関敬吾は『日本昔話大成』の本格昔話で逃竄譚として、「三枚の御礼」「鬼を一口」「耳切団一」「牛方山姥」「食わず女房」「天道さん金の綱」「姉弟と山姥」「鬼の子小綱」「鬼と賭」「妹は鬼」「旅人馬」「脂取り」の十二の話型を取り上げている。これらの話型に共通する構造は、何らかの理由で知らずに鬼や山姥のすみかにきてしまった主人公が、とっさの知恵や他の援助によって危機をまぬがれ逃亡し、追い掛けてくる妖怪を退けてしまうというものである。主人公の切迫した遁走を主題とみなすところに逃竄譚の名の由来がある。しかしこれらの話の後半は遁走と同時に妖怪の追走を克服していく要素も強調される。たとえば「三枚の御札」では、小僧の投げる護符が山を作り川を作り遁走を助ける。「牛方山姥」では、主人公のとっさの知恵と判断が山姥を退治することになる。「食わず女房」では、主人公が菖蒲や蓬に隠れ、その植物の力が鬼を退治することになる。柳田國男は『日本昔話名彙』でこれらの話を厄難克服譚とし、鬼や妖怪に積極的に立ち向かい自らの厄難を克服していく主人公の姿に英雄としての神の残像をみている。

これらの話は、前半の平穏な展開が、鬼や妖怪の激しい追跡と主人公の必死の遁走で一転緊迫した場面に変わるが、厄難克服ののちは再び安堵感が漂う。また同時に鬼や妖怪の哀れさも伝わってくる。これらの変化が話に面白味をもたせ聞き手をひきつけるのであろう。

（近藤雅尚）

動物昔話

どうぶつむかしばなし

昔話のなかには、動物が様々な形で登場するが、動物自身を主人公とする昔話の一群を、動物昔話といい、ほとんどの話が単一形式である。この話は、もともとは英語のanimal talesの訳語として使用されたものである。柳田國男は『日本昔話名彙』の中で、鳥獣草木譚という語をあてている。動物昔話の特徴の一つは、本格昔話に語られる動物と、動物昔話に語られる動物との性格や機能の面での大きな相違である。前者における動物は、超自然的な存在として語られる。それは、人間の動物に対する信仰的な面と深く関わっている。それに対して動物昔話は、自然的な存在として語られる。たとえば本格昔話の「蛇聟入」では、蛇は、人間の娘を得るために、人間に転化することをいとも簡単に行うが、動物昔話における蛇は、他のものに転化することはない。また、動物自体は自然的存在ではあるが、その語るところの内容は、人間社会の反映を主題にした話が多く見られる。関敬吾は動物昔話の種類を次の四つに分けている。一、動物寓話、二、動物叙事詩、三、動物伝説、四、動物笑話。この中で、動物の形態・習性などの由来を語る動物伝説は、小鳥前生譚や動物由来などをはじめとして、日本の昔話には数多くみられると同時に動物昔話自体に、動物伝説的要素の結びつく傾向が強いようである。このことは、日本の昔話が伝説的だといわれる特徴の一つであろう。

（薄井有三）

＊関敬吾「日本の昔話——比較研究序説」（著作集六）

都市の世間話

としのせけんばなし

都市は多様な人々の集合体であり、流動的で人の出入りが激しい。見知らぬ者によって構成された社会であるため絶えず他の情報を収集しようとする傾向がある。奇事異聞を求める姿勢はムラの人のそれよりもむしろ強く、流行に敏感である。人々は共通の基盤が希薄なので話をもって人とのコミュニケーションを保ち、それによって生活のための情報を収集した。その情報交換の場は以前は風呂屋・床屋などであった。ムラの重厚な物知りに対して都市では世間に通じた機転のきく、口達者な年寄を〈御隠居さん〉などと呼ぶ。一方ムラとの交流も盛んで行動範囲が広いことから様々な種類の話が集まり他へ流出される。都市の世間話は人の移動とともに巷談として言い捨てられ伝承が定着しにくい。ムラのように特定のイエ、あるいは人に関わる話は少なく、見知らぬ者の特異な行動や事件が中心であり、家屋などの建造物が話の拠り所となる。たとえば幽霊屋敷の話はそこに移り住む人の奇妙な体験談であり、家屋にまつわる神秘的な因縁話になっている。題材は動物や幽冥界に関わる話が多く、その舞台になる所は寺社や墓地、橋、学校、公園、盛り場など人の出入りの多い場所である。都市に小祠が多いのは特徴の一つだが、これらは一種の非日常的空間を作り、話のもつ神秘性を人々に共感させる。大衆は没個性的な社会にあって自己回復の場を非日常的な空間に求め、また日常の喜怒哀楽を「世間話」という形で発散させるのである。

（梶晴美）

都市の伝説

としのでんせつ

都市（マチ）の景観は、山や川などの土地が整備され宅地化して建造物が著しく多い。そこには出自の異なる人々が集まり、多種多様の職業を営んでいる。伝説とはその地域の人々の私的な歴史であるから、都市の成立過程等が反映される。中世以来の歴史の古い都市もあれば、近代化によってムラから変じたものもある。都市の伝説は自然物に比べ小祠や寺社などの建造物に関わる話が多い。たとえば安産、眼病、風邪、商売繁盛など個人の現世利益的な霊験を説くものである。また、都市で生活する人々の基盤は（職業を営む）家屋であり、火事によるその消失を最も恐れることから、火除の霊験ある寺社も多い。これらは近世に流行してその伝説は多くの参詣者によって流布せられ、また文芸的に脚色された。名所図会などの伝説が民間に逆に流入することもある。近年、産業化や宅地化に伴って人口が流入し、ムラだった地域が都市化している。伝説を担う人々の地縁的な結合が薄くなる一方、その機能は著しく崩壊した。山や川などの土地が整備され、伝説が信じられる根拠となる事物が移転・消失して話の実感が薄れてきた。たとえば禁じられていた木を伐っても何事もなく消失し、その伝承の核になる信仰が迷信として放棄されていく。その中で残る話は霊的に実証された話で、都市には信仰的な非日常的空間がなお存在している。

（梶晴美）

＊宮田登『都市民俗論の課題』一九八二、未來社

隣の爺

となりのじい

主人公である善良で無欲な爺が幸福を得、真似た隣家の爺が見事に失敗するという構成をなす一連の昔話の総称。隣の爺に代わる人物として、その妻である婆を配す「舌切り雀」もこの類である。話型には「地蔵浄土」「鼠浄土」「雁取爺」「花咲爺」「鳥呑爺」「竹伐爺」「瘤取爺」「腰折雀」「天福地福」「取付く引付く」「笠地蔵（西日本型）」など、動物の援助により財宝を得る話が多くみられる。これらの昔話の構成は、正直、親切、勤勉など美徳を備えた主人公に対して、副主人公ともいえる隣の爺は対照的な性質を担い、それにみあった教訓が導き出される。教訓には〈だから人真似をするな〉と戒めることが多い。この類の話は元来、一生懸命に真似てみようとしても、生まれつき神に愛される福分を持つ者、心掛けがよく神に愛される者にはかなわないということを述べようとしたもので、隣の爺の登場はそうした福分のある人をいたずらに真似ることの無意味さを強調するためといえよう。また話の構成上からも人の対照的な関係を示すのに、隣人関係が語り手にも聞き手にも手近でわかりやすく、なじみ深い人間関係であった。日本人にとって隣への関心がいかに強く重要であったかを知ることができるであろう。

（佐野正樹）

＊伊藤清司「昔話——花咲爺——の祖型」（『日本民族と南方文化』一九六八、平凡社）。小澤俊夫「昔話に見られる隣モチーフ——日本」（『口頭伝承の比較研究一』一九八四、弘文堂）

隣の寝太郎

となりのねたろう

怠け者で貧しい男が知恵を働かせて長者の聟になる話で、青森から沖縄まで全国的に分布している。『日本昔話名彙』では〈幸福なる結婚〉の「隣の寝太郎」の項にあり『日本昔話大成』では〈婚姻・難題聟〉の「鳩提灯」「博徒聟入」「蕪焼長者」「蛸長者」の項にある。

「鳩提灯」は、怠け者で寝てばかりいる寝太郎が長者の聟になるために、木に登って、隣の寝太郎を聟にせよといい、足に提灯をつけた鳩を飛ばす。長者はそれを見て、神のお告げだと思い寝太郎を聟にする。「蕪焼長者」は、蕪ばかり食っている男が仲間の知恵で長者の娘を嫁にする。打出の小槌を得て長者になる。この話には、嫁の援助が語られる。『宇治拾遺物語』の「博打聟入」の話や『御伽草子』の「物草太郎」の話もこれらの系統に属する。伝説では英雄になっていることが多い。山口県厚狭の寝太郎荒神の由来譚は、働くのが嫌で三年三カ月寝ていた寝太郎がある日起き、堰を作り広い田を拓いたという。新潟県でも砂金と治水事業に結びついて伝承されているし、怠け者が農作の功労を成し、神として敬われている話もある。柳田國男は、神意を受けた者は人から軽んじられる姿をとっているが、隠れた約束のもと、難事業を成し遂げ幸せな結婚に至るという話が変化したものとみている。

（米屋陽一）

＊佐竹昭宏『民話の思想』一九七三、平凡社。益田勝実「民話・その伝統」（『日本の民衆文芸』一九七五、東大出版会）

虎が石《とらがいし》

虎石・寅子石などとも呼ばれる虎斑の石。多く、曽我十郎の愛人・大磯の虎にまつわる伝説を有する。全国に広く分布する。たとえば、静岡県駿東郡の足柄峠にある虎子石には、曽我の十郎四郎が敵討ちをするとき、大磯の虎御前は心配でたまらず、この地まできて富士の裾野の方を眺め暮らしているうちに石に化してしまったという伝説がある。静岡県富士市の虎が石は小川の中流にあり、洗えば病気が治ると伝えられ、また長野県上水内郡の虎御前石は、雨が降る前には十倍の重さになるとも伝えられる。このような虎が石と呼ばれる石には古い石占の信仰、つまり石を持ちあげ、その軽重によって神意をはかろうとする信仰の名残りを見出すことができる。また〈虎〉と〈石〉との関係は深く、直接「虎が石」という名で呼ばれていない石の伝説にもそれが示されている。たとえば、福島市山口にある文知摺《もじずり》石には、大磯の虎が、石の表面を麦の葉で撫でれば愛する人の顔が見えると聞き伝えてやってきたという伝説がある。このような伝説は虎御前の回国と関連させて伝承されているが、もともと曽我兄弟の伝説とは関係なく、石の傍で修法をした巫女であるトラから発した伝説であろう。この巫女集団であるトラが、『曽我物語』の地方流布にも関わりをもち、諸国を歩いたところから、全国各地に大磯の虎御前と結びついた伝説が分布することになったのである。

（藤田尚樹）

＊柳田國男「老女化石譚」（定本九）

鳥呑爺《とりのみじい》

隣の爺型の昔話。「屁こき爺」あるいは「屁っぴり爺」などの名称でも親しまれ、全国に広く分布している。昔、良い爺が山へ仕事に行って昼食の団子を木にかけておくと、その団子に美しい小鳥が一羽とまる。爺はその鳥をどうしようか迷ったあげく丸呑みにする。家に帰ると夜になって爺の臍から羽根が生えてくる。その羽根を引っ張ると〈あやちゅうちゅう、にしきさらさらごよのまつをもってまいれ〉と鳴く。これはおもしろいと、次の日、殿様のお通りの時、爺は松の木の上で臍の羽根をそっと引っ張り、良い音を出して殿様から褒美をもらう。悪い爺がそれを真似て失敗し手打ちとなる。この昔話の中で特徴的なのは、爺が羽根を引っ張った時の音であるが、地方によって相違がある。たとえば、〈ちちんぷいぷん黄金のまんじゅ、すととんとんすりゃどどんがぶーん〉(熊本)、〈ちちん千代鳥、五葉の盃、ちちんぴーぴー〉(愛媛)、〈ちんちんからから、ぷりぷり。こがねの玉からとっちんぱい〉(岐阜)、〈つんつんからりのつちのじょう、うたん鼓の鳴る鼓、すぽぽんぽんぽん〉(福島)など数々の表現がある。この昔話は、話の内容もさることながら、音の表現の面白さに重点のおかれた昔話で芸能的要素の濃厚な昔話である。伝播者としても、それら芸能を携えた人々が想定できる。また室町時代の『福富長者物語』との関連も見逃せない。

(藤田尚樹)

＊臼田甚五郎『屁ひり爺その他』一九七一、桜楓社

長い名の子

ながいなのこ

語り手の暗記力が披露される話。『日本昔話大成』では形式譚に分類されている。『日本昔話名彙』には形式譚という分類はなく、笑話に分類されている。短い名前をつけた子供が早死してしまったのは、名前が短かったためだと考えた夫婦が、次の子供にいくつかの句を連ねた名を考え、〈じゅげむじゅげむ御光のすりきり、かいざりすいぎょうばつ、食う寝るところに住むところ、やぶらこうじにぶらこうじ、ぱいぽぱいぽのゆうりんがいのぐうりんざい、ぽんぽこぴいのぽんぽこな、げえーげえーちょう助〉（埼玉県入間郡）などという長い名前をつけた。その子が井戸に落ちたとき、友だちが長い名前を呼んで助けを求めているうちに、時間がかかり死んでしまう。全国的に報告されている。長い名前を構成する句は、〈いっちょうぎりかちょうぎりか〉〈とくとくりんぼうそうりんぼう〉〈そうたか入道播磨の別当茶碗のこーすけ〉〈じゅげむじゅげむ〉〈ごこうのすりきれ〉〈ぱいぽぱいぽ〉〈てきてきてきする〉〈へえとこへえとこへえがーのこ〉などいくつかの系統があるが、連なり方の種類も多く、はっきりした分布は認め難い。早物語にも同様の伝承があり、本来、昔話であったのか早物語であったのかは定かでない。祭文語りなどによっても流布したものと見られる。落語「寿限無《じゅげむ》」の種にもなっている。

（和久津安史）

＊矢口裕康「名と唱え言」（『日本民俗研究大系』七、一九八七、国学院大学）

七つ星由来《ななつぼしゆらい》

天から女が降りてきて人間の女房となる天人女房型の昔話。沖縄県と鹿児島県の奄美諸島に分布する。北斗七星の一つのし星が馬に喰まれることになっている孝行息子を助けるため天から降りてくる。馬はし星も孝行息子も喰まない。数年間二人は夫婦として暮らしている。そのうち女房は自分は天女であなたがあまりに孝行するので助けにきたのだと告白する。そして人間を助けたので親に怒られ天に照りかがやくことができない。もし自分を思い出し見たい時は〈天に響《とよ》む七つ星し星、下界に響むうめがはな〉と言って下さい。そうすればあなたにも見えますので、と言い残し天へ帰っていく。だから八月の踊りにはいつもこの歌を歌って踊るのですよ、という内容である。これは奄美大島の話であるが、八重山諸島ではさらに話がふくらんで、親の葬式で借金をかかえ嫁のきてのない孝行息子に北斗七星（昴）の長女が降臨し妻となる。妻は機を織りその家は裕福になり子供もできる。ある日王（夫）が星が消えているのに気づく。妻は天に帰らねばならなくなる。夫が飛衣を隠すが子供の子守唄でそのありかがわかる。妻は子供を抱いて昇天する。身体がよごれたので次女星と位置をかわる、と語られる。宮古諸島では七つ星が降り来たり水浴をしているとなって、「天人女房」と同じ話型になっている。組踊り「銘苅子」あるいは『球陽』の「森川」の話と類似し、現に宮古諸島ではこの話を「メカルシーの話」とも呼称している。

（田畑千秋）

なら梨取り《ならなしとり》

三人兄弟の末子による厄難克服譚。母親が病気になり、梨を食べたいという。息子たちは、次々に梨をとりに山に行くが、長男と次男は途中で出会った老婆の助言に従わず、化物に呑まれる。三男は助言に従って行動し、化物を退治して兄を救い出す。母親は、三男が持ち帰った梨を食べて病気が癒る。

鹿児島県、中国地方からも少数報告されているが、東北地方に多く分布する。なら梨の他、山梨・ならぬ梨・帰らじ沢・不戻（もどら）山の梨などと語られ、その名称は獲得の難しさを表象している。

山中では、老婆の助言の他に笹の葉音、滝の音などが危険や行くべき道を教示する。たとえば、山形県最上郡の伝承では、滝が〈行けやどんどん〉あるいは、〈帰れやどんどん〉と流れる。また、赤岩の形が赤鬼に見えた時は危険な兆しとか、太い藤づるが切れた時が安全であるなどのモチーフもある。

化物を退治して梨を獲得するには、自然の声や予兆を察知する能力・体力・勇気・胆力をもたねばならない。現実のムラ社会でも男子が一人前と、認められるには、一定の能力が求められた。狩猟をする社会では、危険に冷静に対処して獣を獲得すること、農耕社会では、田打ち、田植え、草取りなどの農作業で一定の労働能力を示すことである。本話は、こうした若者入りの試練を反映していると考えることもできる。

（粂智子）

南島の妖怪《なんとうのようかい》

妖怪のことを一般に物（ムン）という。物の怪（もののけ）の物である。
ヤマヲゥル——山に住み子供の姿をしている。ヤマンボ——山彦のことであるが山中で人の真似をするおそろしい妖怪である。ウバ——山ウバのことで髪をふりみだして人々をこわがらせる。ジルムン——軒下に埋めた子供の霊の妖怪。ヒーヌムン——木の怪、ケンムン、キジムナーとよく似た性格をしている。イシャトゥ——ケンムンと似た性格の妖怪。ネィーブイ——海岸の岩の上でよく寝ている妖怪。ミンドン——むずかる子の耳を切りにくる妖怪。ハタパギ——与論島によく出る片足の妖怪等々いろいろな妖怪がいる。また南島には家畜の妖怪も多い。「豚の物」「首のない子豚」「耳なし豚」「山羊の物」「首のない山羊」「首のない馬」「牛の物」等々である。たとえば「耳なし豚」に股間をくぐられるとたちまち死に至るという。人々はくぐられないように出没する場所では足を×印に交叉して歩かなければならなかった。また家畜が化けて人間と交わる話も多い。一、男（女）の元へ美女（美男子）が出入りする。二、傍で見ていた人に異臭によって正体をあばかれる。三、奪った草履が豚の爪になっている。四、老豚の爪がなくなっている。五、豚は長く飼うものではない、等々である。しかし南島の妖怪の代表はやはりケンムン・キジムナーであろう。

（田畑千秋）

＊田畑英勝「奄美の妖怪」（『奄美の民俗』一九七六、法政大学出版局）

肉付き面

にくづきめん

嫁と姑の葛藤を語る昔話。広く全国に分布する。

嫁が毎晩姑に隠れて寺参りに行く。姑は嫁の信心を嫌って夜なべ仕事を言いつけるが、それでも嫁は寺へ行くことをやめない。そこで姑は鬼の面をかぶって嫁が参る途中で待ち伏せし嫁をおどすが、嫁は恐れず〈なんまいだぶつ〉と念仏を唱えて寺へお参りする。姑は帰って面をはずそうとするが、面が顔に貼り付いてはずれない。姑は嫁に何もかも話し許しを請う。嫁は姑を連れて寺へ行きお経をあげてもらうと面がとれる。それから嫁姑は仲良くなる。

鹿児島県から青森県まで全国に広く分布しているが、特に中部・北陸地方で勢力のある話型である。この話のほとんどが寺詣りに関連して語られており、仏教色の強い話である。また、浄土真宗の盛んな地域では、吉崎御坊の蓮如上人にまつわる話として伝えられ、「吉崎の鬼面」で知られている。そして、これらの地域では嫁姑の確執よりも仏教の功徳を強調して語られる。たとえば、鬼面を見た嫁が〈はまばはめ、くらはばくらえ、金剛の他力の信は嫁は食えまじ〉と詠んだり、蓮如上人によって鬼面が取れたと語られるなどがそれである。このような内容からも、この昔話は説教の場でよく語られた話であることが想像され、またその伝播者として説教師の姿が浮かびあがってくる。これらのことが、その勢力分布にも大きく影響を与えていよう。（藤田尚樹）

偽汽車《にせきしゃ》

明治時代になってから生まれた話を〈現代民話〉という。「偽汽車」は、この現代民話の中でも代表的な話である。ある夕暮れのこと、汽車の機関士は、反対方向から汽車がくるのを見て、あわててブレーキをかけた。汽車は衝突寸前で停ったが、向こうの汽車は消えていた。次の日も同じことが起きた。急ブレーキをかけて停ると、向こうの汽車は消えてしまう。三日目のこと、機関士はブレーキをかけずに突っこんだ。何事もなかった。翌朝、その場所には狐（狸）が死んでいた。狐が汽車に化けていたのである。青森県から福岡県まで全国で三十話近くが記録されている。一八七二（明治五）年の最初の鉄道開業以後、どこかで生まれた「偽汽車」の話は、新しく山野に鉄道が敷設されるとともに人々の間に広がっていった。どの話も実際の出来事として話されている。事実、汽車に轢き殺された狐狸も多かったに違いない。東京都葛飾区には、化けて遊んでいるとき汽車に轢かれた貉《むじな》を祀る貉塚があり、神奈川県足柄上郡には、牛に化けて汽車に轢かれた狐を祀る線守稲荷大明神がある。こうした人間の狐狸への思いが、「偽汽車」成立の基盤であったろう。同時に、鉄の塊に果敢に体当りするドン・キホーテの姿は、自然が文明により葬られる姿でもあった。それを意識しないまでも、感じられる人々によって、この話は保持されてきたのである。

（大島廣志）

＊松谷みよ子『現代民話考II』一九八五、立風書房

女房の首

にょうぼうのくび

殺された女房の身体の一部が夫にとりついて苦しめる話。報告数は少ないが、分布は東北地方を中心に、北は青森県から南は鹿児島県に及ぶ広い範囲に点々と広がっている。野村純一はこの話のモチーフ構成を次のように示した。一、鬼（山姥）が留守居の女房を惨殺し、その肉体の一部を残して去る。二、亭主が帰ってくる。残された女房の肉体の一部がくっつく。三、亭主はそのままの格好で世間に出る。四、宿を乞うと、くっついている女房のそれが邪魔立てをする。五、宿を得た後、亭主は相手を置き去りにしようとする。六、取り残された女房のそれが追い掛けてくる。はぐらかされて、他のものに転生する。

類話は早く佐々木喜善の『江刺郡昔話』に収められたが、話型としては孤立状態に置かれたままであった。その後、野村純一・瀬川拓男らの調査研究によって新資料の発掘がすすみ、独立した話型として認められるに至った。鬼（山姥）が食い残した女房の身体の一部は、陰部または首で、前者は最後に川や海に入って鰍や鮑になったと語る例が多い。一方後者の場合は、女房の首から逃げ去った夫は菖蒲・蓬の中に隠れて難を逃れたと説く例が顕著で、五月節供の魔除けの由来と結びつく場合もあり「食わず女房」の東日本型の結末との交渉が指摘されている。

（常光徹）

＊瀬川拓男『民話＝変身と抵抗の世界』一九七六、一声社。野村純一「甦える昔話」（『昔話伝承の研究』一九八四、同朋舎出版）

女人伝説

にょにんでんせつ

女性に関わる伝説は豊富にみられ、そこには様々な女性が登場する。小野小町・和泉式部・静御前・虎御前などの、歴史上名の知られた女性に関する伝説はことに有名である。旅の途中で死んだ小野小町を葬ったと伝える小町塚などは各地に残っている。また、その土地土地において名の知られた女性の伝説などの他に、女性の固有名詞をもって語られない伝説も数多い。たとえば、旅の瞽女《ごぜ》が誤って淵に落ちたと伝える瞽女淵や、比丘尼《びくに》が女人禁制の山に登ったため石となったと伝える比丘尼石などである。これらの伝説が一部の地域にのみ伝承されているのではなく、各地にその類型が認められるのは、口承文芸の特徴の一つであるが、そこには旅する瞽女や比丘尼が伝播者として果たした深い役割が考えられる。また、女人伝説には、鬼女伝説などをも含めて考えてみる必要があるであろう。信州戸隠の鬼女紅葉や、奥州安達ヶ原の鬼婆などの伝説がそれである。謡曲「紅葉狩」や「黒塚」として有名だが、宮田登は紅葉伝説について、女性宗教者に対し、男性宗教者の優位な社会的背景が考えられるという。また、黒塚の伝説は出産と関わり、鬼女はもともとは乳母であったともいう。このように女人伝説は、女性のもつ宗教性と社会的背景との関係から考察することもできる。

（薄井有三）

＊柳田國男『妹の力』（定本九）。宮田登『女の霊力と家の神』一九八三、人文書院

ニライカナイ

南島では海の彼方に聖地があると考えられており、ニライカナイ・ニレー（沖縄）、ネリヤカナヤ・ニラ・ネインヤ（奄美）、ニッザ（宮古）、ニーラ（八重山）等々と呼ばれている。そこから神々がやってきて祝福を与えるとか、五穀の種子もそこからもたらされたとか伝承される。海の底なのか海の彼方にあるのか、オボツカグラ（天上）との関係はどうなのか等々、また来世観、世界観ともあわせてこれからさらに検討を加えていかなければならない。

奄美大島の秋名では現在も稲霊を海の彼方から呼び寄せる「平瀬マンカイ」という神祭りを行っている。また奄美のノロの神謡に稲の起源を説く「米のながれ（クミヌナガネ）」があり、

〽ねごほねごらんだねや／ねりやすうむりなんじ／かなやすうむりなんじ／ちんぬとぅり／さんぬとぅり／わきばねなんじ／くぅむぃてむしち／そばばねなんじ／くぅむぃてむしち（後略）

〔訳〕稲穂・稲穂の種子は／ネリヤ底杜に／カナヤ底杜に／鶴の鳥が／鷺の鳥が／脇羽に／こめて持ってきて／袖羽に／こめて持ってきて

等々と対語対句を駆使して、ネリヤカナヤからの稲の由来を説く。またニライカナイはリュウグウとも呼ばれ、昔話では「竜宮のみやげ」「竜宮女房」として濃い伝承をもつ。（田畑千秋）

＊田畑英勝・亀井勝信・外間守善編『南島歌謡大成Ⅴ・奄美篇』一九七九、角川書店

猫《ねこ》

猫は古く中国から輸入され、一部で愛玩動物として飼われていたらしい。記録上の初見は『日本霊異記』の説話で、死後猫に生まれ変わった人の話がみえている。人間の身近に生活しながらも、犬のように馴致されず、野性的で不可思議な習性を多くもっているため、油断のおけない魔性のものと考えられた。民間では、死人の上を猫がまたぐと生き返る、猫に道を切られると縁起が悪い、猫を殺すと祟るなどと猫を恐れる心意は強い。昔話に登場する猫も、一般にこうした魔もの的な性質を帯びている。「猫檀家」は、世話になった猫が、野辺送りの棺を空に上げて、飼い主だった和尚に手柄を立てさせる話だが、背景には、猫が死体を奪うという葬制の民俗が反映している。

「猫と南瓜」は、盗みを見つけられて殺された猫が、死骸から毒南瓜を生じて怨みを果たそうとする内容で、猫の執念深い一面が語られている。ほかにも、狩人の飼猫が山中で主人の命を狙う「猫と茶釜の蓋」や、猫が歌うとか、人語を発する、踊るといった怪猫譚も多い。猫の重要性は、養蚕の普及と深い関係があるとみられる。猫が手に入らない土地では、猫絵をもって鼠駆除の呪いに用いた場合も多く、江戸期には養蚕農家に猫絵を画いて売り歩く者もいた。飼い猫、あるいは絵に画いた猫が、古寺の大鼠を退治して主人の命を救う「猫寺」などの話は、猫の効用を説く、猫絵師などが関わって流布した昔話ではなかったかと推察される。

（常光徹）

猫檀家《ねこだんか》

寺の飼猫が、世話になった恩返しに呪力を用いて寺を富ませる話。貧乏寺の和尚が食べる物に困り、可愛がっていた猫に暇を出す。猫は〈まもなく長者の娘の葬式がある。そのときに棺を空中に上げるから経をあげろ、《ナムトラヤー》と唱えれば棺を下ろす〉と教えて去る。葬式の野辺送りで棺が舞い上がり、大勢の和尚が来て経を読むが下りない。最後に貧乏和尚が招かれて〈ナムトラヤー〉と唱えて下ろす。和尚の名声は広まり、檀家がふえて裕福な寺になる。猫に暇を出すきっかけは、寺の貧困をいう他に、猫の踊るのを見て追い出すなど、その怪異性による場合もある。この話は、昔話に限らず、寺院の由来を説く伝説として、時には、猫の妖怪性に重きをおいた世間話として語られることもあり、複雑な伝承状況を呈している。一般に、棺が宙に舞い上がるモチーフは、東北地方に色濃く分布し、西に移るに従って、暴風雨のために葬式が出せなくなったところを和尚がおさめたとする語り方が多い。前者は昔話的性格が強く、後者の暴風雨鎮定の場合は、しばしば特定の寺院と結びつき和尚のすぐれた能力を強調する傾向が窺える。また、話によっては猫の恩返しを離れ、怪猫の引き起こした暴風雨を和尚の力で鎮めたという名僧譚となっている。こうした話の背景には、葬式に関わって猫が死体を盗むといった民俗が横たわっていると考えられる。

（常光徹）

＊福田晃「猫檀家の伝承・伝播」（『昔話の伝播』一九七六、弘文堂）

猫と南瓜

ねことかぼちゃ

殺された猫が毒南瓜に変じて怨みを遂げようとする話。分布は全国的。ある船宿でしばしば魚が紛失し下女が疑われる。宿に泊っていた船乗りが、飼い猫の仕業であることを見抜き主人に告げる。猫は船乗りに襲いかかるが反対に殺されて庭に埋められる。翌年、再び宿を訪れた船乗りに主人が南瓜を振舞う。不審に思った船乗りの指示で南瓜の根元を掘ると、殺した猫の死骸（眼・口）から蔓が生えていた。主人公は船乗りの他に、薬売り・六部・商人などが登場し、こうした旅の者が好んで本話を持ち歩いた形跡が認められる。とりわけ、船乗り・船宿の要素を持つ話が海岸部に沿って分布しているのは、船宿を中継点に船乗りたちによって運ばれていったルートが想定でき興味深い。話の結末は、来訪者の機転によって毒南瓜の正体を見破り難を逃れる場合と、知らずに食して苦しむ（または死ぬ）場合に分かれる。全体の構成は、猫が殺されて埋められるまでの前半部と、その死骸から南瓜を生じる後半部に大別できる。後半部の展開が比較的単調であるのに対して、前半部は変化が多く、例話のような「魚盗み型」のほか「鶏報恩型」と「猫の踊り型」の展開が存在する。本来前半部と後半部はそれぞれ独立した話であったと予想される。

この話は、昔話として語られるかと思えば、時として、近年事実あったことのように取沙汰されるなど、昔話にも世間話にも姿を変えうる性格を帯びている。

（常光徹）

鼠浄土《ねずみじょうど》

地中訪問によって財宝を得る昔話で、全国に広く分布する隣の爺型に属す。爺が山や畑に行き、弁当の団子を食べようとして落とす。拾おうとするが、団子はコロコロ転って穴の中へ落ちる。あとを追いかけた爺は鼠の世界へ入りこむ。そこでは鼠が〈猫さえござらにゃ鼠の世ざかり〉あるいは〈鼠百になっても二百になっても猫の声聞きたぐねぇ〉などと歌いながら餅を搗いている。それを聞いた爺は猫の鳴き真似をして、鼠が逃げた隙に宝物を得て家へ戻る。隣の爺も真似をするが失敗する。地中には、地上とはまた別の世界があり、そこは豊かな浄土であるという古い信仰に支えられた昔話である。また、この話には鼠を神の使い、あるいは富をもたらすものとする民間の観念が反映している。

この昔話のような、鼠の世界が地中にあるという観念は古くからあり、室町時代物語の『鼠の草子』や『かくれ里』にも克明に描写されている。また、この昔話の中で歌われる鼠の餅搗き歌は地方によって変化があり、土地によっては〈鼠とこびきは引かねば食んね、十七八なるども、猫の声は聞かないしちょはちょちょ〉（新潟県）のように実際の民謡が取りこまれている例もあり、昔話と歌謡の関わりを考察する上での重要な資料ともなる。そして、これは内容とともにその歌が喜ばれ享受されてきた昔話である。

（藤田尚樹）

＊大島建彦『お伽草子と民間文芸』一九七五、岩崎美術社

年中行事と伝説《ねんちゅうぎょうじとでんせつ》

　年中行事とは毎年時を同じくして繰り返される伝承的な営みをいう。伝説が年中行事に関わりを持つ場合、行事の由来や儀礼の意味を説くといった役割を担っていることが多いが、必ずしも昔話と一線を画しているわけではない。大師講は旧暦十一月二十三日から翌二十四日にかけて家ごとに小豆粥や団子をダイシ様に供えるもので、東北地方から山陰地方まで広く分布する行事である。南九州の大隅地方ではこの夜ダイシ様がひそかに訪れるというので、見知らぬ旅人を強いて家に入れて小豆粥を振舞うということがあった。こうした大師講の由来譚として登場するのが「跡隠しの雪」という話である。

　この夜、貧しい老婆の家にダイシ様が訪れて一夜の宿を乞うた。何も食べ物がないので、老婆は仕方なく隣家の畑から大根を盗んで御馳走した。ところが老婆の片足には指がなく、盗んだことがわかってしまう。そこでダイシ様はその足跡を隠すために雪を降らせたとして、この夜の風習を説明するのである。

「大歳の火」や「大歳の客」のように、年越の行事を説明する昔話も多く、その他、五月節供の菖蒲の意味を説く「蛇聟入」や「食わず女房」、七夕の由来をいう「天人女房」など多数にのぼる。

　伝説や昔話には、生活上の折り目となるハレの日の由来や意義を伝えるという重要な役割があったのであろう。

（佐々木勝）

化物寺《ばけものでら》

『日本昔話大成』には本格昔話の中の〈愚かな動物〉の中に分類されている。古い物（道具類など）の霊が化物となって人を脅かすという話で、青森県から鹿児島県にかけて全国的に分布している。

旅僧が古寺に泊まると、化け物が〈ふるみにふろしきふるだいこ〉と呼びかけながら踊る。旅僧も水屋から味噌笊を持ってきてかぶり、〈ちゃん笊《ざる》こ水屋の隅こ味噌笊こ〉と踊るとそれらがついてくる。翌朝縁の下を見ると、古箕・風呂敷・古太鼓がある（秋田県）。結末に家人が道具類を大事にしなかったからだという教訓めいた事項が加えられることもある。

化物の正体は、杵・すりこ木・臼（宮崎県）、小皿・椀・鍋（大分県）、日傘・槍の柄・盆・古下駄・箸（新潟県）など多彩であるが、なかには蜘蛛（福島県・岩手県）の出てくる特異な例もある。また東北地方では、古下駄・古蓑・古太鼓がセットになって語られることが多く、伝承に一定の傾向がみられる。なかには財宝発見の結末をもつ話も多い。岡山県の採集例では、僧が化物に正体を尋ねると、一番最初は六部《ろくぶ》で一朱銀の精、次に花嫁で小判の精、小僧は穴あきのほんの小遣銭と答え、翌朝掘ると銭がたくさん出てくる。これには昔話「宝化物」の影響が考えられる。主人公はこのほか「猿神退治」や「化物問答」と同様、旅の僧が一般的であり、この話の伝播を考える上で、重要な要素を暗示している。

（赤井武治）

羽衣伝説《はごろもでんせつ》

天人女房譚と密接な関わりを持つ伝説。天人女房譚は白鳥処女説話として世界的に広く分布するが、日本では『近江国風土記』逸文のみ、天女が白鳥の姿となっている。すなわち、余呉湖に白鳥として降り立った天女、その羽衣を隠した土地の男と夫婦になり子をなす。その子が伊香連の祖となったという。説話の基本構造の一つである異類婚姻譚でありながら、同時に始祖伝説となっているのである。同様のパターンは房総の千葉氏、出雲の尼子氏などに見られ、ことに千葉氏の場合には羽衣と伝える布きれが残されている。鹿児島県の喜界島では、天女が昇天する際に三人の子どものうち兄にはトキ（占者）、姉にはノロ（祝女）、妹にはユタ（巫女）の職を授けたと伝承されている。いわば職祖伝説ともいうべきものになっている。

こうしたある一族や職業の出自を語るものとは別に、天女が羽衣を掛けたなどと伝える羽衣松や羽衣石が全国に散在する。よく知られている静岡県の三保の松原の羽衣伝説は、天女が隠された羽衣を発見したときはすでに身がけがれて飛ぶことができなくなってしまった。そこで後に天女を土神として祀ったというのである。

一般的に異類婚姻は破局に終わる。天人女房譚もその範疇に位置するのだが、羽衣伝説の場合は婚姻後に重点が移り、ある一族の出自や特定の職祖と結びつけられて、新たな展開を見ることが顕著である。

（佐々木勝）

橋姫

はしひめ

橋を守る神をいう。全国にあるがその中でも宇治の橋姫・長柄《ながら》の橋姫・瀬田の橋姫などが有名で、古く文芸の素材にもなっている。宇治の橋姫は『古今和歌集』の巻第十四に〈さむしろに衣かたしきこよひもや我をまつらむ宇治の橋姫〉などと詠まれており、その注釈である『奥儀抄』や『袖中抄』などに宇治の橋姫の伝説が記されている。また、長柄の橋姫は『神道集』巻七の三十九「橋姫明神の事」に記載されている。これは『日本昔話大成』本格新四十六番に分類されているのと同じ型で、人柱になった男の妻が橋姫として祀られているとする。瀬田の橋姫は俵藤太伝説に出てくる竜女がそれであると『近江輿地志略』などにある。これら全国の橋のたもとに祀られる橋姫には、境界の神・塞の神の性格と水神としての性格の両面が具備されている。それは、橋に求められた観念の類型によって橋姫に与えられた性格である。橋は隣村、つまり他の共同体との境界地点に位置している。それは単なる境界ではなく、他の共同体との接触点でもあった。その観念から、そこに外部からの悪霊が侵入するのを防ぐ橋姫が祀られた。また、橋は地上と水界との接点でもあるため、瀬田の橋姫にみられるような水神としての性格も有するに至るのである。つまり、橋姫は、橋そのものの置かれた位置が霊界との交換地点であるところから発した神なのである。

（藤田尚樹）

＊柳田國男「日本の伝説」（定本二十六）

機織淵《はたおりぶち》

淵や池など水底から機を織る音が聞こえる、あるいは機を織る女がいるという伝説。この伝説には大きく三つの類型が認められる。第一は、水の底から機を織る音が聞こえてくるという最も基本的な型。第二は、第一の型に入水の理由などの説明がついたもので、女が落城や姑にいじめられてなどの理由で入水し、その後、水底から機を織る音が聞こえるようになったという型。第三は、男が水の中に鉈などを落し、それを拾うために水に潜ると水底で女が機を織っていたという型である。

これらの伝説は、ほぼ全国に分布しているが、数でいえば第二の型として分類した機織淵伝説がもっとも多い。また、分布上からみると大きく二つの地域的な集中を認めることができる。その一つが阿武隈山地を中心とする地域であり、もう一つが長野県付近を中心とする地域である。折口信夫はこの伝説を、水辺で機を織りながら来臨する神を待つ女性〈たなばたつめ〉の名残りであると説くが、現在のこの伝説の分布などからみていくと、折口のいう〈たなばたつめ〉の信仰を心意においた上での別の契機がこの伝説の発生・伝播に影響を与えていると考えられる。この伝説の成立には機織技術・養蚕技術の伝播が関係し、時代的にも新しいものが多いと思われる。いずれにせよ、淵や池など神聖な場所に付着しやすい傾向が認められる。

（藤田尚樹）

＊折口信夫「水の女」（全集二）

花咲爺

はなさかじい

五大御伽噺の一つとして江戸時代の赤本に載せられ、広く民間に普及した昔話。爺の飼う犬が、爺に富をもたらし、最後に、爺のまく灰が枯木に花を咲かせ殿様から褒美をもらう筋が、正直な爺の成功とそれを真似る欲の深い爺の失敗との繰り返しで展開されていくもので、隣の爺型と呼ばれている。成功者と失敗者が、正直と欲ばりで対比されるが、殺された犬を埋めたところに一本の木を植えたり、その木が倒されると臼にしたり、その臼が焼かれてもその灰を集めて肥料にしようとしたりする正直爺の行動は、模倣によって非生産的な利己的欲望を満たそうとする欲ばり爺に対し、生産的農民の創造的欲望の表れと見なすことができる。この話の枯木に花を咲かせるというモチーフは、中世末以降、千手観音の信仰を背景として民間に普及した〈枯木に花〉のたとえの形象化であると考えられる。それ以前の型は、灰をまいて雁を取る「雁取爺」に認められる。「雁取爺」は東北で「犬コムカシ」と呼ばれ、川上から流れてきた木の根っこから生まれた犬が、狩猟で獲物をもたらすという異常誕生の小さ子モチーフを有し、柳田國男は、「花咲爺」の祖型としている。また、伊藤清司は中国の「狗耕回故事」等の犬が畠を耕す話との比較の上から〈昔話「花咲爺」の背後に、犬と農耕の関係が重要な要素として横たわっている〉という考えを打ち出している。

（近藤雅尚）

＊伊藤清司『〈花咲爺〉の源流』一九七八、ジャパン・パブリッシャーズ

話千両《はなしせんりょう》

諺の威力で危難を逃れるという世界的な分布をもつ昔話。

故郷に妻を残して、夫は出かせぎに行く。かせいだ金をふところに帰路を急ぐ途中、〈柱のない家に宿とるな〉〈うまい物食って油断するな〉〈短気は損気〉等の三つの諺を持ち金をはたいて買ってしまう。途中、雨宿りをするが、岩穴は避ける。岩穴は崩れて命拾いする。また盗人の家に宿をとるが、油断せず、難を逃れる。家にやっとたどり着くと妻が間男と一緒にいる。殺そうと思うが、途中で買った〈短気は損気〉という教訓を思い出しよく見るとそれは人形（母とも語る）であった、という昔話。

買う諺はほとんどが三つである。〈短気は損気〉という諺はほとんどの場合についているが、他の二つは地域により違う場合がある。たとえば〈急がばまわれ〉〈大木より小木の下〉〈恩のない人にあずかるな〉等々である。沖縄では「白銀堂の由来」として伝説化している。また、十八世紀の『遺老説伝』『神国愚童随筆』にも現れている。朝鮮半島でも類似の話が伝承されているし、欧米の話も我国の話と近似している。欧米では〈近道より遠道〉〈関係のないことを尋ねるな〉〈短気は損気〉などの教訓を買っている。国際的な伝播経路が考えられる昔話である。

（田畑千秋）

＊池田弘子「話千両」民間伝承八―四。三原幸久「三つの教え（話千両）」（『スペイン民族の昔話』一九七二、岩崎美術社）

播磨糸長《はりまいとなが》

娘の残した謎を第三者の援助によって解き、長者の聟となる昔話。難題聟譚。

ある男が美しい娘を見そめる。住所をたずねると、三つの謎、または象徴的なものの名を教えて去る。男は第三者（座頭・僧）にその謎を解いてもらってたずねて行く。娘に会おうとすると、さらに三つの謎を出す。これも第三者に解いてもらって会う。話によって三つの謎を要求する場合もあるが、これも第三者の援助によって解決する。男はその娘と結婚する。

本話の報告例の多くが、男を援助して謎を解くものを座頭としていることから、伝播者として座頭が関与したといわれている。謎が和歌によって出される場合もある。〈恋しくば尋ね来てみよいつも十七、腐らぬ保たぬつち皿屋、店ののれんにかけの姫〉など。〈恋しくば……〉の歌は、本来託宣歌の形式に発している。和歌や物品の謎を解くことによって妻を獲得するというパターンは、中世の「物くさ太郎」などの文献にも数多くみられる。男女の歌の掛け合いや謎を解くことによって婚姻が成立するというのは、古い民俗の影響があるといわれている。

また、和歌や謎をともなう昔話では、話のパターンは大きく変化しないのに、和歌や謎の部分は様々に変化している。これは、語りの場での語り手の芸的資質や聞き手の関与などから、絶えず話が創造され続けるという即興性を示すものである。

（財前哲也）

磐司磐三郎

ばんじばんざぶろう

万次万三郎・磐次磐三郎などとも書く。マタギの祖。東北地方のマタギが秘蔵する狩文書『山立根本之巻』に、清和天皇の頃、日光山麓に万三郎という弓の達人がいた。日光二荒《ふたらさん》山権現と赤城明神との神戦に、二荒山権現に加勢して勝った功により、山々岳々を知行する特権を与えられた、とある。この由緒書があるため、山立(マタギ)はどこの山にも自由に行くことができたという。

また、山形市山寺の宝珠山立石寺の小窟に磐司磐三郎の木像が祀られている。昔、磐司、磐三郎という兄弟が当山に住み、狩猟をして暮らしていたが慈覚大師の教化を受け、大いに大師に力を添えた。大師が当山を開き、このあたり一帯を殺生禁断にしたとき、動物どもが喜び、大師に礼にきた。大師は磐司に感謝せよといったので、旧暦七月七日の祭には磐司の祠の前で鹿子踊りが奉納されるという。

前者は日光山縁起の猿丸の伝説との関係が考えられ、後者は二人の兄弟の話となっている。岩手県でも磐司と万治の二人の猟師の話で、うち一人は山の神の産を助け一方は助けなかった。それで助けなかった方は猟がなくなった、という猟師の間で全国的な分布をみせる山の神の産を助けた話にも登場している。柳田國男は岩神として「磐司岩」「万事岩」の名があり、磐次は磐神であろうとしている。

(財前哲也)

＊柳田國男「神を助けた話」(定本十二)

被差別と世間話

ひさべつとせけんばなし

柳田國男は、自身の民俗学のなかで、意識的にいくつかの点を除外した。その一つに被差別部落のことがある。

小林初枝は、〈柳田國男が捨てた主題を、私たち被差別部落民の手で補う必要があるのではないかと思った〉と述べている。そして、その成果として『被差別部落の世間ばなし』を刊行した。被差別部落には、ムラの成立に関する神話的な伝承をはじめ、伝説・昔話・世間話など、口頭伝承が豊富に生きている。なかでも世間話には、〈部落と昔から切り離せない貧乏と宗教、素朴な人間性と、逆境と向かいあった生活が浮き彫りにされている〉から、身近な話として生き生きとしている。

被差別部落の人々の日常生活の話題は、すべてが部落差別に関する話ばかりではなく、〈部落外の話題から、身近な仲間たちの生活におよぶ広い範囲の内容〉であることはいうまでもない。

近年になって、民俗学や口承文芸学などの立場からも、被差別部落の伝承文化の価値が認識されはじめ、日本文化の重要な担い手として位置づけようとする動きが出てきた。しかし、まだ試みの段階にすぎない。〈部落外と部落の話の対比から、部落の人びとの生活や心情を読みとり、本気で部落解放を考え〉ることから出発せねばならないだろう。

（米屋陽一）

＊小林初枝『被差別部落の世間ばなし』一九七九、筑摩書房
大橋忠雄『民話の中の被差別部落像』一九八〇、明石書店

左甚五郎《ひだりじんごろう》

江戸時代初期の名工で、播州明石の生まれと伝える。左甚五郎作と伝える彫刻や建築物は、いろいろな伝説と結びつきながら各地に存在する。千葉県鴨川市にある清澄寺には、左甚五郎作と伝える〈火鎮の牛〉という彫刻がある。この牛は真夜中になると抜け出して農作物を荒すというので鉄の鎖につなげているという。また、左甚五郎が建てたと伝える建物も各地にあるが、熊本県天草郡の伝承は興味深い。大名に邸宅の建築を頼まれるが、期日が迫っていたので藁人形を作り、その人形に加勢させて無事に建てた。無用になった人形を川へ捨てるときに、人形が何を食っていったらよいかと聞くので、人間の尻を食えという。それから河童が人間の尻を取るようになったという、河童起源譚になっている。所によっては竹田の番匠・飛騨の匠であったりする。これと関連した話で、大工が柱を短く切りそこね、それを女房の助力で無事に完成するが、このことを恥と思い女房を殺す。その霊が祟るので棟上げのときにはその女性を祀るという話がある。神野善治によると、これらの伝説の背後には大工による建築儀礼が存在するという。このようにみると、大工には建築に際して、それに関する霊を祀る司祭者的な面が認められる。左甚五郎や飛騨の匠などの伝説の背後には、これらの伝説を各地に伝播した旅する大工たちの存在が見逃せない。

（薄井有三）

＊神野善治「建築儀礼と人形」日本民俗学一四六、一九八三

火の玉と霊魂

ひのたまとれいこん

火の玉を見た、人魂に逢ったという話は全国的に伝承されている。火の玉と人魂との区別は明らかではないが、同じものだと考えている地域は少なくない。人魂という語は、『万葉集』巻十六に〈人魂のさ青なる君がただ独り逢へりし雨夜はひさし思ほゆ〉とあるのが初見とされており、古来から人魂に対する信仰があったことが窺える。秋田県二ツ井町には〈水汲みに行ったり、便所へ行ったりするとき、あるいはよく眠っている者は魂が抜けているから無理やり呼ばない〉、同県阿仁町には〈寝言を語っている人に《くそくらえ》といえば死ぬ〉といった俗信がある。これは人間の肉体と霊魂とは別にあって、体から霊魂が分離するという信仰があったからと推測される。このことはタマヨビ・タマヨバイといった習俗からも確認できる。人が死ぬと屋根にあがったり、井戸の底に向かってその人の名を呼び魂を呼び返すというものである。抜け出た霊魂の形状は昔話においては蝶・蜻蛉・蜂・虻など虫の姿で語られている。火の玉も霊魂の目に見える一つの形として考えられており、形は、丸型・楕円形・杓子型、色は青白・黄色・燈・赤などとされる。また、その火には熱がなく空中の燐が燃えたものであるとか、出現は雨の降る蒸し暑い夜・盆の夜・人が死んだ夜、場所は墓地などに多い。火の玉を見た人は死ぬ・火の玉を見た方角に死者や火災が出るという俗信は多い。そこには、浮遊する霊魂への畏怖、死の連想が働くからであろう。

（赤井武治）

百物語

ひゃくものがたり

月明かりのない夜、人々が一つ部屋に集まって怪談を順に語っていく。部屋には青い紙で周囲を張った行灯《あんどん》（中に灯心が百本ある）があるばかり。一話終わると一本の灯心を消して、最後、真っ暗闇になると本物の化物が出る。『伽婢子（おとぎぼうこ）』『諸国百物語』などの江戸時代の怪異小説に見られる怪談会の一形式である。文献上、最初に登場するのは『百物語』（一六五九（万治二）年）であるが、内容は笑話、中国および日本の詩人・歌人・有名人の逸事奇聞が多い。その序に百物語の方式が簡単に述べられてもおり、後の『〜百物語』と銘打った怪談集・咄本・笑話集などに大きな影響を与えた。江戸時代に盛んに行われた会のようだが、次第に娯楽性を帯び、化物の出現など信じられなくなっていき、月待・日待などのときの退屈しのぎのためとか、風流人士の遊びの一つになっていった（森鷗外の小説『百物語』一九一一年）。その起源を折口信夫は、武家の宿直《とのい》が夜中に外から近寄る化物を威嚇するため怪談話をしたというところに求めた。また『古事談』その他の文献に見られる「巡物語」との関係も考察されている。さらに現在「百物語」を語ると化物が出るという昔話の禁忌伝承として各地（特に新潟県）から報告されていることも注目しなければならない。

（渡辺公一）

＊野村純一『昔話の森――桃太郎から百物語まで――』一九九八、大修館書店

笛吹き聟《ふえふきむこ》

天人女房系の昔話の一話型。笛の上手な男のもとに天の姫が嫁にくる。その女の織った布が評判になり、殿様は女を自分のものにしようと思い、男に難題を課すが女の援助で無事解決する。次いで男は天に昇り舅に会うが、そのとき鎖につながれた鬼を見て、男は誤って千人力の米を与えてしまう。その結果、鬼は脱走して地上に降り女をさらってしまう。地上にもどった男は笛を吹きながら女の居場所を尋ね、ついに発見し、すきを見て二人で逃げる。感づいた鬼が追いかけてくるが、天の助けで無事危難を救われる。この昔話は、現在二十例あまり報告されているが、岡山県の一例を除けば新潟県・東北地方に限られているようである。天人女房の昔話が東北地方では比較的くずれたものが多いことと関連があるといわれるが、根拠がない。話の前半は難題形式を有する「絵姿女房」の昔話と類似しているが、ただ笛吹きの名人であること、天の女であることが相違し、それが後半の展開の違いになって表れている。後半は「鬼の子小綱」の昔話と同様の逃竄モチーフをもった内容である。従ってこの「笛吹き聟」の昔話を形態からみた場合、難題形式と逃竄モチーフの複合したものと捉えることができる。ところで『御伽草子』の「梵天国」は、この昔話と密接な関係がある。それについては、文献から民間に降りて流布されたとする説と、逆に民間の伝承が掬いあげられたとする説とがある。

（花部英雄）

＊関敬吾「昔話の歴史」（著作集二）

船幽霊

ふなゆうれい

海上に現れる妖怪の一種。土地により亡者船・ボウコ・海坊主・アヤカシなどともいう。その姿、形も種々で、帆船・水死者・山や断崖・怪火などであったりする。体験談あるいは伝聞の事実談として世間話風に伝えられている。盆の十六日に操業していると死者が船べりに近づいてきて柄杓貸せと声をかけてくる。そこで底の抜いた柄杓を投げてやるとスーと消える。底を抜かずにやると、それで船に水をかけられ沈められてしまうという。他にも、霧の濃い晩に船を走らせていると、突然目の前に絶壁（あるいは滑車のない帆船）が現れる。慌てて避けようとすると転覆したり暗礁に乗りあげたりする。そういう時には構わず真っすぐ突き抜ければ、自然に消えるものだという。船幽霊が出現するのは風雨や濃霧の晩、急に天候が悪くなった時に多い。こうした状況下では事故が発生しやすく、話に現実味が加わる。また不気味さ、不安感をかきたてるため、わずかの怪異現象をも既知の伝承の枠の中に組み入れて、幻影、幻想を現実の出来事として語ったりする。出現時期に盆が多いのは精霊船のイメージと重なるからであろう。しかしその根底には祀られることのない水死者の霊が浮遊していて、船幽霊に化して現れるという死霊信仰がある。この話の現実的機能は、盆や大晦日、あるいは特定の日などの禁漁日に海に出ると船幽霊に遭うというように、禁忌を犯した場合の戒めにある。それは近寄ってはいけない海域に出現することとも関連する。

（花部英雄）

古屋の漏
ふるやのもり

雨の降る晩、爺と婆が家の中で〈こんな晩は虎（狼）よりもフルヤノモリが恐い〉と話している。爺婆を食おうと潜んでいた虎は自分より恐れられているものがあると知って逃げ出そうとする。ちょうど馬泥棒にきていた盗人が馬だと思って虎に乗ったので虎はこれがフルヤノモリだと思い、一目散に盗人を乗せたまま逃げ去る（途中で盗人は虎に気づき、飛び降りて洞穴に逃げ込む。猿が長い尻尾を洞穴に入れて中をさぐると、盗人は尻尾を力まかせに引っ張った。そのため尻尾は切れて短くなり、引き込まれまいと力んだため顔が赤くなった）。

我国に広く分布する昔話の一つで、朝鮮・中国・インドなども含めたアジア諸国に多く見られる。話は虎逃亡譚で終わるものと右カッコ内の動物の発生由来まで説くものとの二つの型に大別できる。折口信夫は、夜、恐い話をすることで家に近づいてくる怪しきモノに対して示威行動をしているものととらえ、〈御伽衆〉の役割との関連を説いている。さらに〈話〉としての近世の合理化が行われる以前に力強く働きかけたものがあるとして〈ふるや〉という語に古代から中世にわたる呪歌としての性格を指摘し、神楽歌〈いそのかみ　ふるやをとこの大刀もがな　くみの緒しでて宮路通はむ〉や『万葉集』巻十六、三八三三の〈虎にのり　ふるやを越えて青淵に蛟《みづち》とり来むつるぎ大刀もが〉などをあげている。

（渡辺公一）

＊折口信夫「お伽及び咄」（全集十）、「宮廷儀礼の民俗学的考察」（全集十六）

文福茶釜

ぶんぶくちゃがま

動物報恩譚の一話型。文福は茶釜の湯の煮えたぎる擬音。江戸の赤本や絵本に、茶釜から顔や手足を出した狸の姿や傘を持って綱渡りする様子がデフォルメされたことによって、そのイメージが広範に、そして甚だしく笑話化されて伝えられてしまった。

もともとは狐の恩返しをテーマにしたもので、『日本昔話大成』の中の「狐と博労」「狐遊女」と同種の昔話である。

子どもたちに捕えられた狐を貧乏な男が助けてあげる。恩返しに狐は茶釜に姿を変えて寺に売らせる。正体がばれそうになり逃げてきて、今度は馬、次には女郎に化けて売らせ金儲けをさせる。狐は死んで稲荷に祀られるという伝承もある。

柳田國男によると、動物と人間との交渉を物語る昔話の根幹には〈動物援助〉の考えがあり、選ばれた人間に神の使いである鳥獣が富を与えるのだという。そこで動物の危難を救ってやり報恩を受けるのは、その二次的展開だと述べた。そのように考えてみると、二次的展開であるこの昔話で狐が命を捨ててまで男に献身的に尽くすことの意味が納得できる。動物援助から動物報恩に移行する過渡的な様相を帯びた昔話といえる。

『甲子夜話』に出ている茂林寺の分福茶釜の伝説は、汲めども尽きぬ茶釜の茶を飲むと福が分け与えられるという寺宝の茶釜の触れ込みであるが、昔話との関連は薄い。

（花部英雄）

平家谷《へいけだに》

平家の落武者が隠れ住んだと伝える村。多く辺鄙の地の急峻な谷あいの地にあり、一般に平家谷と呼ばれる。北は秋田県から南は鹿児島県に至るまで、ほぼ全国的な分布をみせ、その数は百を超える。主に西日本に多いのは、平家の勢力範囲、合戦の行われた西国の地であることと関係すると思われる。源氏の追討を逃れるように山深くに入り、里との交渉を断ちひっそりと暮らしてきたために古い慣習や言葉遣いが残ったとする。またその頃の武具や遺品、塚などが今も残されているとまことしやかに語られるが伝説の域を出るものではない。問題はなぜこのように全国的な規模でそれも数多く伝承されてきたかである。その理由の一つとして、平家谷と呼ばれる村が伝統的に狩人、木地師などの職業者の村であったり、あるいは巫女・神人などの神職者と関係の深かったことがあげられる。こうした特殊な職能者たちは里人から特別な目で見られたし、また自ら平家という高貴な出自であることを誇りにして伝えてきたと思われる。これには、貴人は罪あって都を離れ地方を流離するという貴種流離の思想が根底に流れている。また平家谷と称する地には、古く隠田百姓村と呼ばれて戦乱を避けてきた人々が開墾した土地も含まれたりする。こうした村の中には、『平家物語』の全国的な普及、浸透により、平家谷へと改称されていったものもあると思われる。

（花部英雄）

＊武田静澄『落人伝説の旅』一九六九、社会思想社

蛇《へび》

蛇は、水辺や湿地に生息することから、古来から水を司る神聖な動物、水の神として考えられてきた。農耕民にとって、生産活動と水とは死活問題にかかわることであったから、〈蛇〉〈水の神〉に対する信仰はいうまでもない。したがって、〈水の神〉としての蛇は、現実の目の前に出没する蛇でもあったのだから、祖先たちは崇めると同時に、一方では危害を加えるものとして恐れもした。

祖先たちは、蛇をナガモノ・ナガムシ・クチナワ・カガチなどと呼び、その生態の観察は様々な昔話・伝説・俗信を生んだ。蛇が登場する昔話には、「蛇聟入」をはじめ、「蛇息子」「食わず女房」「蛇女房」「蛙と蛇」「蚯蚓の歌と蛇の眼」「蕨の恩」「天福地福」「金の蛇」などがあり、「蛇石」や「蛇が淵」などの伝説もある。蛇は、水の神というだけではなく、家の守り神でもある。また、蛇の夢を見ると金が入る、蛇のぬけがらをたんすの中に入れておくと金がたまる、蛇を指すとその指が腐る、海上では蛇といってはならぬ、など吉と凶の俗信が今日でも生きている。六月一日をムケノツイタチと呼ぶように、蛇は年中行事、信仰にも生きている。

以上のように、神聖な蛇から邪悪な蛇へと、人々の意識は移行してきた。現在では、それらをすべて含む形で蛇に対する吉凶のイメージがあるといえる。

（米屋陽一）

＊吉野裕子『蛇――日本の蛇信仰――』一九七九、法政大学出版局

蛇女房

へびにょうぼう

異類女房譚。ほぼ全国に分布がみられ、しばしば地域の沼や池に結びついて語られる。蛇を助けた若者のもとに、美女が訪れ妻になる。妻は妊娠するが、夫に産屋、あるいは授乳するところを見るなという。夫が覗くと、蛇が子を生んでいる。妻は、かつて助けられた蛇であると告白し、乳の代わりに目玉をくり抜いて子に与えて去る。蛇が人間界に子孫を残していく点に始祖伝説的傾向があると考えられている。異類女房譚では、常に男性が女性の正体を知ることで破局を迎える。出産が破局の契機となるものに、『古事記』の豊玉姫説話があるが、口頭伝承では本話型のみにみられるモチーフである。岐阜県吉城郡に伝わる話では七日間、岩手県東磐井郡の伝承では百日間、産室を覗くことを禁じたと語る。現実に産室は神聖視され、産婦の忌があけるまで夫が近づくことを禁ずる慣習は各地にあった。本話型は先に掲げた単純離別型の他に、二つの型がある。父子が蛇の目玉を領主に奪われ、もう一方の目を貰う。盲目になった蛇は、朝夕鐘を撞いて刻を告げるよう頼む。近江の三井寺の鐘由来として語られることも多く、東北地方にも分布がみられる。伝播の背景には、三井寺に関連した座頭の存在が考えられる。再度与えた目玉も奪われたと知った蛇が、災害をおこして村を壊滅させるとする型は、西日本、ことに山口・四国・九州に多く、寛永年間の島原の山崩れと結合して語られることが多い。

（粂智子）

蛇聟入《へびむこいり》

蛇と娘の婚姻の昔話を総称している。青森県から沖縄県まで広範に伝承されており、『日本昔話大成』では異類聟に入り、〈苧環型〉と〈水乞型〉に分けられている。

〈苧環型〉は、娘のもとへ毎夜男が通ってくる。不信に思った母親にいわれ、男の着物に針と糸をつける。翌朝、糸を辿っていくと蛇である。娘は子を孕んでいたが、立ち聞きして子をおろす方法を知り、おろす。蛇は針あるいは鉄の毒で死ぬという話である。五月節供と結びつけている話が多く、他にも三月三日、九月九日の行事に結びついている。

人間の知恵で蛇の子をおろすことが主眼となっているが、逆に蛇との間の子が大力を持つ英雄になっている話もある。新潟県の五十嵐小文治・長野県の小泉小太郎等で、伝説に多く見られる。『古事記』の三輪山神話で、三輪山の神である蛇との子供が、神の子であると語られていることと関連する。

もう一つは〈水乞型〉である。爺が干上がった田に水を引いてくれれば、娘三人のうち一人を嫁にやると約束する。蛇のところに末娘が嫁に行く。針千本とひょうたんを持っていき、蛇に池でひょうたんを沈めさせ、さらに針を投げて、さし殺す。前半は水を司っていた神の姿をほうふつとさせるが、後半は知恵によって人間が勝つ形になっている。「蛇聟入」に関わる文献もあり、神話、昔話、伝説の起源、変遷を知る上で重要な話である。


（米屋陽一）

星《ほし》

星の伝承の中には、人々の生活と深く結びついて語られているものがある。浪速の名船頭、桑名屋徳蔵にまつわる話なども、その一つである。徳蔵はいつもネノホシ（北極星）を見て船を動かしていた。ある時、妻にネノホシは動くか、それとも動かないかと聞かれた徳蔵は、動くはずがないと答えた。ところが妻は、ネノホシは夜中に四寸動くものだと告げ、驚く徳蔵に、機を織るのにチギリの柱を目あてにしらべたので間違いないと教えたという。いうまでもなく、北極星を航海の重要な目安にする船乗りたちの生活の知恵が話の背景にある。

人が死んだのち星になったと伝える昔話や伝説も各地に残っている。「お銀小銀」の結末で、お月は月にお星は星になったと語る例があり、岩手県胆沢郡衣川村（現・奥州市）には、仲のよかった老夫婦が死後星になったという「星になった爺婆」の昔話が伝えられている。笑話に登場する星の話では、おどけ者の「星を落とす」がよく知られている。星に近づくため屋根に登って、箒や竿で落とそうとする話で、土地によって主人公が異なり、大分では吉五、山梨では市兵衛、宮城では小僧がそれぞれ愚かな役を担っている。話によっては、箒を振りまわしている途中、たまたま流星があったのを見て、星を落としたと勘違いするといったふうに語る例もある。（矢口裕康）

＊野尻抱影『星の民俗学』一九七八、講談社。草下英明『星の神話伝説集』一九八二、社会思想社

時鳥と兄弟《ほととぎすときょうだい》

小鳥前生譚の一つ。兄が盲目なので、弟は毎日山芋を取ってきてはよいところを与える。兄は弟がもっとうまいところを食べていると思い込み、弟を殺し腹を割くと芋の筋ばかり。後悔した兄は時鳥になる。これが代表的な話の筋で、全国的な分布を示す。時鳥の鳴き声を通じてその前生が説かれていく。鳴き声が話の興味の一つであり、地方ごとに様々な聞きなしがみられる。たとえば、〈あっちゃ飛んでいったか、こっちゃ飛んでいったか〉（青森）、〈ぼっとぶっつあけた、オタタカショ〉（福島）、〈掘って煮てくれよう、掘って煮てくれよう〉（石川）、〈弟殺してことかけた〉（岡山）、〈ホンドントケタカオトトノケサボウ〉（鹿児島）といった具合である。時鳥は、旧四月から五月の上旬に八千八声鳴かなければいけないといわれる。一日中鳴く時鳥の声や、五月節句に供えられる山芋を食べるたびに、人々はこの話を蘇らせ語りついでいったのだろう。また、兄が盲目であることが多い点から話が一層哀れになっているが、本話の伝播には盲人が関与していたのではないかといわれている。なお、亜型としては、三重県熊野市の大工の棟梁と小僧の事例がある。小僧が御器を割った罰のために凍死して時鳥になり、〈御器欠けたか、御器欠けたか〉と鳴く。また、福島・徳島・香川・愛媛・高知・大分などには、和尚と小僧の話で〈弟子恋し〉と鳴く事例がある。

（伊藤清和）

＊福田晃『昔話の伝播』一九七六、弘文堂

本格昔話

ほんかくむかしばなし

昔話を動物昔話・本格昔話・笑話に三分類したその一ジャンルの名称。動物昔話が動物の由来、葛藤といった動物社会を中心としているのに対して、本格昔話は人間の誕生にはじまり成長、結婚、富の獲得といった人間の一生を話題とする。またその表現法も、笑話が一つの出来事を笑いという機能で目的化して表現するのに対して、筋の展開を通して人間的真実、人生的機微に触れることを目的として表現する。本格的な昔話という意味であり、またいくつかのモチーフが組み合わされてタイプをつくることから複合昔話といった呼称も用いられる。『日本昔話大成』では本格昔話を、〈婚姻・異類聟〉〈婚姻・異類女房〉〈婚姻・難題聟〉〈誕生〉〈運命と致富〉〈呪宝譚〉〈兄弟譚〉〈隣の爺〉〈大歳の客〉〈継子譚〉〈異郷〉〈動物報恩〉〈逃竄譚〉〈愚かな動物〉〈人と狐〉の十五項目に分類し、二百七十四話型を収めている。この数は昔話全体の三分の一強にあたる。関敬吾のこの分類はアールネの分類に基づいて日本の昔話の現状を加味したものである。他に柳田國男による分類があり（『日本昔話名彙』）、その中の完形昔話がここでの本格昔話にほぼ該当する。これは、ただし柳田が派生昔話とした〈因縁話〉〈化物話〉を、関は本格昔話に加えている。これは、昔話の発達を完形・派生といった一元的な見方に対する反省に立ったものであろう。

（花部英雄）

＊関敬吾「第二部　本格昔話の序」（『日本昔話大成』二、一九七八、角川書店）

松《まつ》

松は常緑樹であり、樹齢の長い木であることから、長寿、不変の象徴とされてきた。また、木の中でも、杉などよりも個体によって形状に特徴の現れやすい木でもある。根あがり松とか、傘松とかの名称は、松のそれぞれの形状によっているのである。たとえば、岐阜県稲葉郡網代村（現・岐阜市）に通ずる俗に佐野の坂という坂の中間に、佐野の下り松という大木があった。この松は昔、猿が実を植えて大木となったという。名の由来は、この松の枝が坂まで垂れ下っていたからである。この例のように特に大きいとか、他と比較して一目で区別できるような木であることが多い。それは伝説そのものの性格によるものと考えられる。伝説は、それを伝える地域の人々にとって信じられているハナシであり、そのしるしとして事物が残っているのである。当然、しるしとしての事物は信じるに足るものでなければいけないということである。

また松は神の依代とされ、民間信仰の対象であった。そのような信仰から松に関する伝説が生じたという考えもある。貴人や高僧が掛けたという衣掛松や袈裟掛松などの多くの松の伝説を人々が信じたのは、松そのものの形状や生態の特徴とともに、神聖な木として民間信仰の対象であったことも見逃せない。

（財前哲也）

＊柳田國男「神樹篇」（定本十一）。高嶋雄三郎『松』一九七五、法政大学出版局

祭りと伝説

まつりとでんせつ

神事祭礼の由来にまつわる伝説はひとり祭事に関わるものだけでなく、祭祀者や祭祀方式にいたる広い領域にわたって見出すことができる。

たとえば福島県福島市飯坂町の茂庭地区では、白鳥神社が氏神として祀られているが、人身御供に関する伝説が伝承されている。すなわち天香森《てんこうもり》と呼ぶ山の菅沼には大蛇が棲んでおり、三年に一度、人身御供を捧げねばならなかった。この地に落ちのびてきた斎藤某がそれを聞いて、家来とともに退治しようということになった。建久三年の九月十九日、人身御供の娘の陰に隠れていたところ、大蛇が山を昇ってきた。弓を何本射っても命中せず矢は尽きる。そこへ三本の矢をくわえた白鳥が現れ、その矢によって大蛇を射止めることができた。その矢はよもぎだったという。こうしたことから白鳥神社を祀るようになり、九月十九日を祭日にしたというのである。祭日こそ変更したが、現在でも盛大な祭りが営まれている。なお、この地区では少し前まで木流しと呼ぶいかだ流しが盛んだったが、流木で作られた木流し地蔵の祭りが子供たちによって行われている。全国には風吹き地蔵や縛られ地蔵など、伝説を伴って祀られている地蔵は枚挙にいとまがない。そのほか、天王社と胡瓜・大鳥社と鶏（卵）のように、特定の祭神と結びついた植物や動物があって、氏子がこれを食することを禁忌とすることもよく知られている。

（佐々木勝）

水蜘蛛

みずぐも

水界の霊異を説く昔話。また伝説としても「賢こ淵」「蜘蛛淵」などと呼ばれ、池・淵・沼・滝などにまつわって広く分布している。

ある男が淵や池で魚釣りをしていると、水中から一匹の蜘蛛が出てきて男の足に糸をかける。しばらくするとまた出てきて糸をかける。これを何度も繰り返すので、男は不思議に思って糸を足からはずし傍の木にかけておくと、水中から〈エイコラ、エイコラ〉という声がして、糸をかけた木が水のなかに大きな音とともに引き込まれる。

蜘蛛に対する信仰を背景として成立した昔話である。蜘蛛は、神の意を示現するものとして信じられており、占いなどにも多く用いられる。こうした信仰や俗信は、蜘蛛の特異な形状や性情に発している。もともと蜘蛛は天候などに敏感な生物であるところから、蜘蛛を水の神とする信仰が生じ、淵のヌシとして水底に住むと信じられた。また、蜘蛛が一晩のうちに巣を作りあげるところから織姫という発想も生じ、蜘蛛の機織姫・織姫が水底にいるなどの伝説も生まれた。『下野風土記』にある「綾織池」の伝説は池の主が蜘蛛の機織姫であったことを示している。また、福島県福島市の箔淵には、蜘蛛が大木を淵のなかに引き込むと大雨が降ってきたという伝説があり、蜘蛛の水神としての性格をよく表している。この伝説の分布と機織淵伝説の分布に類似性がある点にも注意しておきたい。

（藤田尚樹）

味噌買橋

みそかいばし

夢の知らせによって金持ちになるという致富譚の一話型。「味噌買橋」の名称の起こりとなった岐阜県大野郡の報告例では、長吉という正直な炭焼きの夢枕に仙人のような老人が現れ、味噌買橋の上に立っていてみよと告げる。さっそく炭焼きは実行するが、一日たっても、二日三日たってもよいことは聞けない。やっと五日目に橋のたもとの豆腐屋の主人から、乗鞍の麓の沢山という村の長吉という男の家の側の松の根に宝物が埋っている夢を見たと教えられる。すぐに帰り松の木の根を掘ってみると、宝物が出てきて長者となる。村人は、長吉を福富長者と呼んだという内容である。

この話は、『日本昔話大成』では、新潟県・香川県・岡山県・宮城県などで十八例報告されており、主人公を炭焼きと語る事例が多いのは注目すべき点であろう。また、橋の名は、五条の橋・日本橋・両国橋が具体的にあげられている。橋が財宝を得るきっかけとなっているのは、橋が現世と異郷とを結ぶ場所であり、かつて、橋の上を通過する時に人の声を聞いて占ったという橋占が、根底にあると考えられる。夢の知らせによって財宝を得るという点で、「夢見小僧」「夢買長者」「だんぶり長者」などの昔話の一端を成す話でもある。外国にも同様のモチーフをもつ話が伝承されており、日本に伝播されたと考えられる。

（赤井武治）

＊柳田國男「昔話覚書」（定本六）。櫻井美紀『昔話と語りの現在』一九九八、久山社

ま行

密造酒《みつぞうしゅ》

山代巴《ともえ》は、一九五四（昭和二十九）年の『新日本文学』に「現代の民話」と題して発表した。そのなかに「密造酒」の話がある。村に税務署の役人がきて、婆さんに酒はないかと聞いた。婆さんは時間をかせいで隣りへ役人がきたことを告げた。そして役人を裏山の竹林へと連れていった。役人は酒はどこにあるのか、と聞けば婆さんは、あの高いところがうちの竹だ、と答えた。役人が、あれは竹だ、竹ではない酒だ、というと婆さんは、私は耳が遠いもんですみませんでした、酒は造っておりませんといった。役人が村へもどる頃には、村人の家の密造酒はどこかへ隠されていた。

この話は、同音異義語を聞き違えたり、耳の聞こえない（聞こえないふりをする）主人公が相手から言われたことに対して、とんちんかんな返事をする聞き違いによる笑話の型が踏まえられている。松谷みよ子は、〈どぶろくを造って不当に儲ける。庶民にとってそんなことは関わりのないことだった。自分たちの飲み料が必要なので儲けるわけではねえ。だからこそ税務署を煙に巻いたタケとサケなどの話が喝采を受け、語り継がれたのではないだろうか〉と記している。「密造酒」の体験談・また聞き談は、〈現代の世間話〉（現代の民話）として、人々の間に確実に定着している。

（米屋陽一）

＊松谷みよ子「現代民話考、密造酒と偽汽車」民話の手帖二、一九七八、日本民話の会

見るなの座敷

みるなのざしき

「見るなの座敷」は、隣りの爺型に分類されているが、系統は二つある。一つは、ある男が野原の一軒家に泊る。女主人が外出するとき、家の中の各座敷を見てもよいが一つの座敷だけは見てはいけないという。男が見てはいけないという座敷をのぞくと、鶯が枝にとまっている。女主人が帰ってきて、約束を破ったことをなじり、鶯となってホーホケキョと鳴きながら飛んでいく。家はなくなり、男は野原に立っていたという話。また一つは、ある爺が女の家に泊る。ある座敷を見てはいけないといわれる。忠実に守り、遣っても遣っても尽きることのない一文銭をもらう。隣りの爺が真似をしてその家に泊り、座敷をのぞくと女は鶯になって飛んでいく。この二つの系統のつながりはよくわからないが、単純構造の前者の方が古いように思える。

『今昔物語集』巻十九―三十三には、ある僧が見てはいけないという禁を破って中をのぞくと季節ごとの世の中の様子が手にとるようにわかるという話が載っている。見てはいけないというタブーは、「蛇女房」「鶴女房」「魚女房」などの異類婚姻譚に多くでてくるモチーフである。「見るなの座敷」も、女の真の姿を見たことにより破局が訪れるのだから、その意味では異類婚姻譚的要素もあるといえる。地域的には東日本に多く分布している。主人公は、男、木樵、坊主、旅人、炭焼きなど非農民の要素が強い。

（大島廣志）

＊河合隼雄『昔話と日本人の心』一九八二、岩波書店

民話

みんわ

我国の民俗学の黎明期、伝承されてきた様々な話を表す術語は雑多であった。一九〇二（明治三十五）年の高木敏雄の論文には〈民間説話〉の語がみられる。一九二三（大正十二）年、佐々木喜善は『江刺郡昔話』を編み、〈昔話〉〈口碑〉〈民話〉と分類した。関敬吾は『旅と伝説』（昭和五〜六年）に「高陽民話」という題で寄稿している。これが、フォーク・テールなどのヨーロッパ語を直訳して使用した〈民話〉という語の最初であろう。関は、〈民話〉を〈昔話〉にほぼ重ね合わせて使用して、一九三五（昭和十）年に『島原半島民話集』を編んだ。

一九五五（昭和三十）年、関の『民話』（岩波書店）発刊をきっかけにして、一九五七（昭和三十二）年、桜井徳太郎は『昔ばなし』（現代教養文庫）を発刊し、関の〈民話〉という語の使用法を批判した。一方、木下順二の『夕鶴』上演をきっかけとして、一九五二（昭和二十七）に〈民話の会〉が発足し、その運動がはじまった。〈民話〉という語が一般化していったのもこの頃からであるが、伝承されてきた話も、作家の〈再話〉〈再創造〉作品も、〈民話〉と呼んでいた。一九五七（昭和三十二）年、柳田國男は『昔話覚書』の〈改版序〉のなかで、〈民話〉という新語を使う人たちを批判した。現在では、〈民話〉という語は、民俗学、口承文芸学でいうところの〈昔話〉〈伝説〉〈世間話〉などの総称として、術語としても、一般語としても使用されている。

（米屋陽一）

民話運動《みんわうんどう》

一九四九（昭和二十四）年、木下順二は戯曲『夕鶴』を発表した。その年の十月、山本安英ら〈ぶどうの会〉によって初演された。上演は、戦後の混沌としている状況のなかで、様々な分野に影響を与え、多くの文化活動のきっかけを作っていった。〈さまざまな分野の専門家と幅広く提携して民族文化としての民話に新しい光をあてていこう〉とし、一九五二（昭和二十七）年、〈民話の会〉が発足した。

〈民話の会〉の活動は、民話に関わる様々な問題提起をし、実践、討論、研究、創造を通して大きな成果をあげた。一九五六（昭和三十一）年、『民話の発見』（大月書店）、五七～六〇年にかけて「日本の昔話」『日本の民話』シリーズ（未來社）、五八～六〇年にかけて月刊雑誌『民話』が刊行された。一九六〇（昭和三十五）年、『民話』は二十四号で終刊となり、〈民話の会〉もあわせて休会を宣言した。

一九六〇年代の後半、〈むかしむかしの会〉が発足した。六九年に創立された〈子どもの文化研究所〉内〈民話の研究会〉と発展的に合流し、八〇年に〈日本民話の会〉と名称を改めた。季刊誌『民話の手帖』を経て、『聴く語る創る』を、現在刊行している。また、七四年、〈民話と文学の会〉が発足した。その他、東京以外の各地でも大小様々な〈民話の会〉が発足し、民話探訪、研究、再話語り、機関誌、資料集発刊など地域に根ざした独自の運動を展開している。（米屋陽一）

民話劇《みんわげき》

一九〇三（明治三十六）年十月、川上音二郎一座の〈お伽芝居〉「狐の裁判」「浮かれ胡弓」初演によって、日本の児童演劇は開幕するが、同年十二月には、巌谷《いわや》小波《さざなみ》『日本お伽噺』の「桃太郎」「瘤取り」が脚色され上演された。さらに一九〇六（明治三十九）年、久留島武彦が設立した〈お伽倶楽部〉は、東京と大阪に〈お伽劇団〉を結成させ、ここでも昔話は多く劇化されている。しかし、大正期に入り、一九一八（大正七）年創刊の『赤い鳥』には、当時の新劇運動を担う作家たちによる童話劇も四十四編掲載されたが、昔話を素材としたものは見当らない。同じ頃に、小原国芳らによって提唱された〈学校劇〉運動は、子供たち自身による劇活動を盛んにしたが、ここでも昔話は積極的に活用されたとはいえない。

現在、私たちが民話劇と呼んでいる概念は、戦後の一九四九（昭和二十四）年に初演された木下順二『夕鶴』によるところが大きく、これに刺激されて盛んになった。木下らは〈民話の会〉を発足させ、子供たちのための民話劇も模索し、冨田博之『桃太郎』、小池タミ子『こぶとり』、粉川光一『浦島太郎』などが書かれ、学校劇にも普及した。今日の学校劇では、民話を素材としたものがかなり多く、大人が子供に見せる児童劇では、さねとうあきら、若林一郎らが民話劇をよく手がけている。

（上地ちづ子）

＊冨田博之『日本児童演劇史』一九七六、東京書籍

昔話
むかしばなし

明治以後、口碑・民譚・童話など様々に呼ばれてきた話を、〈昔話〉に統一したのは柳田國男であった。〈ムカシ〉〈ムカシコ〉〈トントムカシ〉など、土地によって異なるものの必ず〈ムカシ〉の語を用いて呼ばれている話、つまり、〈ムカシ〉の話だから〈昔話〉と命名したのである。本来〈昔話〉とは、語り手と聞き手によって成立する〈語り〉のことであるが、同時に、〈語り〉の復元である文字による〈語られた話〉をも指している。

この〈昔話〉の特徴を伝説・世間話と比較してみると次のようにまとめられる。一、登場人物が、爺・婆・太郎・次郎のごとく、一般的存在である。二、話に出てくるものが今日残っていない。三、〈あったとさ〉〈あったげな〉という伝聞体をとり、語り手にも聞き手にも虚構という意識が強い。四、語り方に一定の形式（語り始め・語り納め）がある。今日、日本の昔話の話型数は一千近いと思われるが、そのほとんどは内容の上からみて、中世末から近世の所産だといわれている。

伝承的側面をみると、家系伝承（血縁）、村落伝承（地縁）、来訪者伝承の形態を指摘できる。このような多面的伝承形態が多くの〈昔話〉を醸成することとなり、豊かな昔話の国日本を現出させたのであるといえよう。〈昔話〉の多様な状況については、野村純一「日本の昔話と伝説」（本書所収）および、「昔話――」の各項を参照してほしい。

（大島廣志）

＊柳田國男「昔話覚書」（定本六）。関敬吾「民話概論」（著作集五）

昔話とうた

むかしばなしとうた

昔話とうたというときの〈うた〉の概念について、田中瑩一は《うた》とは、口承の昔話において、その前後のいわゆる地の文や会話文の表現に比べきわだった意味上のまとまりを有し、音程のあるもの、または音程が不確実であってもリズムのあるもののこと〉であるとしている。うたは、一、話の全体が含まれるもの（ウタムカシ）と二、話の部分に挿入されるものと大きく分けられ、二はまた、(a)登場人物が謡ったり、囃したりするかたち（皿々山、狐女房、連歌咄など）、(b)語り手の説明の部分で出てくる場合で擬声語や擬態語によることが多い（鳥呑爺、竹伐爺の屁の音など）。また、昔話の結句がわらべ唄になっている場合もある。(c)話の全体が歌謡起源のかたちに仕組まれている場合（由来譚など）にも分けられる。昔話のうたは、独立歌謡としてよりも、物語歌謡としての性格が濃厚で、物語のなかで、それにぴったりはまりこむように作られたのであり、内容が話の進行に背馳するという場合はないといってよい。語り手によってうたの異同がみられるが、それは昔話の中で機能する範囲でしか変化できないということである。そこで語り手に視点を据えると、語り手は伝承という類型性のなかで伝承という枠に縛られながら、一回的な表現という語り〈芸〉を演じているのである。

（財前哲也）

＊田中瑩一「昔話の中の『うた』——『舌切雀』の場合——」口承文芸研究六、一九八三

昔話と教訓

むかしばなしときょうくん

昔話には、話の最後のしめくくりとして教訓的な言葉を添える場合がある。たとえば秋田県の「屁ひり爺」の昔話では、隣りの爺が真似をして失敗した後〈それだから人の真似って、あまりするんじゃねえと。とっぴんからりのさんしょの実〉という言葉で終っている。このような教訓的な言葉が、もう少し形が整ってくると、諺という形で表現されることもある。たとえば岩手県の「雁取爺」や「地蔵浄土」や「竹伐爺」などの、隣りの爺型と称する昔話の最後に〈人真似すれば大水くらう〉という諺でしめくくられている。このような傾向は、決して現在の伝承のみに見られるものではなく、『宇治拾遺物語』の「鬼に瘤をとらるゝ事」と題した話の最後は〈ものうらやみはせまじきことなりとか〉と終っている。また同書の「雀報恩の事」の最後にも〈されば物うらやみはすまじき事也〉と終っている。

このように、昔話の最後に教訓的な言葉を添える傾向は古くからあったものといえるであろうが、すべての昔話に教訓的な言葉が備わっているわけではない。また、説教として語られていた昔話には教訓的要素が濃いといえよう。しかし、昔話が人間生活の反映であるとみるならば、そこには様々な価値観や生活観・人生観が織り込まれているといえる。そのような昔話から、知らず知らずのうちに汲み取っていく教訓も数多くあるといえるであろう。

（薄井有三）

昔話と女性

むかしばなしとじょせい

昔話の伝承と伝播には女性が大きな役割を果たしている。一般に優れた語り手は女性に多いといわれている。それは個人の資質や環境も含めて、女性の置かれた外的条件にあると思われる。男は外で女は内を守るという役割分担が行動範囲を狭くし、また常に受身の立場で生活することは、与えられたものを忠実に守り抜くという点で昔話伝承に適していたと思われる。世間の狭い女性には新しい改変を試みる材料もその機会も限られていた。伝説・世間話を男語り、昔話を女語りとする見方は話の伝承機会に拠ると思われる。

多くの昔話はイエの炉端にあって荘重な形式に基づいて語られた。イエを管理するのは女性であり、忙しい日常、子供相手に昔話を聞かせるのは多く祖母であった。女性は生家の炉端で聞いた昔話を婚家へもたらす。この婚姻による伝播も見逃せない。話のなかで女性は娘・嫁・継母・母・婆という形で登場し、異類女房譚・継子譚・愚か嫁譚などでは中心的役割を果たす。話に語り手が反映されることはしばしばあり、異類婚姻譚などは女性が管理する昔話と思われる。これらは結末に節供の由来が説かれるが、ハレの日に携わる女性の状況を示す。たとえば中部地方で五月節供に女が身を清めて集まる「女の家」などは、昔話の伝承の場だったといえる。女性はイエにあって象徴である火を守り、祭祀を司った。昔話もまた神聖な力をもつ女性によって管理伝承されたと思われる。

（梶晴美）

昔話と信仰

むかしばなしとしんこう

昔話と民族宗教との関わりについては、昔話研究上の重要な課題の一つとされてきた。起源や成立に信仰がどのように関与したのかという総体的関心に基づくものと、信仰的な要素が個々の昔話にどういった形で投影されているかという個別的関心に基づくものとに大別できよう。いずれにしても、日本人の霊魂観や他界観といった民族の心情から考察されねばならない。

本格昔話あるいは完形昔話と呼ばれる一群の中に、異常誕生譚という特異な位置を占めるものがある。小さ子の姿で生まれた主人公が思わぬ成果を遂げるというモチーフで、「桃太郎」「一寸法師」などがよく知られている。それらの話の発端に限って注目してみても、「親指太郎」のように母胎ではない所からの誕生で処女懐胎を予想させる話、蛇や蛙など水神と関係の深い生物の姿をとる話、桃や瓜などにこもって漂着するという神霊の出現形式と重なる話などが認められる。

古来脈々と続いている日本の民族宗教は霊魂信仰を中核にしたものといえるが、そこから観念されてきた生まれ変わりや魂の遊離を主題とする昔話も数多い。「夢買長者」などはその代表的なものである。人の霊魂に限らなければ「木魂聟入」、言霊信仰の流れを汲むものに「化物問答」などの呪言譚がある。そのほか、他界観の反映を示す異郷譚なども多種伝承されている。

（佐々木勝）

＊柳田國男「桃太郎の誕生」（定本八）

昔話と人生儀礼

むかしばなしとじんせいぎれい

人生における重要な時期の儀礼（誕生・成年・結婚・死）を素材にする、もしくは反映している昔話は数多い。

〈誕生〉では、まず、子のない夫婦が神に祈願して子を授かる形式が普遍的である。「田螺息子」「一寸法師」「親指太郎」「手斧息子」「蛇息子」「寅千代丸」「力太郎」などがこの発端をとり、神への祈願→異常誕生→大事業完遂と展開する。男の子が生まれるのは家族制度の反映とみられている。また、生まれた子の将来を予知する産神は「産神問答」系の昔話に集中している。誕生後の〈命名〉儀礼は「長い名の子」の笑話の中に反映されている。〈成年式〉を考える場合は、前記誕生譚が注目できる。田螺の息子は妻に殻をつぶされることによって人間に転化する。一寸法師は鬼の忘れた小槌によって正常人となる。これは新しい生命の誕生であり、死と再生の原理による、成年式の少年から成年への儀礼と共通する。さらに若者入りの試練は、「力太郎」「猿神退治」「なら梨取り」などの化物退治譚に象徴されている。こうした成年としての試練の後、幸福な結婚が約束されるのである。したがって他の〈結婚〉を語る昔話でも求婚者の課題解決がテーマとなっている。「蜂の援助」「ぼっこ食い娘」「播磨糸長」などがこの類に属す。

〈死〉後の世界では「魂を返した話」「枯骨報恩」「閻魔の失敗」などがある。

（大島廣志）

＊関敬吾「日本昔話の社会性に関する研究」（著作集一）

昔話と神話
むかしばなしとしんわ

ともに説話の一ジャンル。両者の関わりは、たとえば蛇聟入と三輪山神話、天人女房と白鳥処女神話、竜宮女房・蛇女房と豊玉姫神話など、その発生、伝承過程において深い関わりがある。一般的には、昔話は人間の誕生、婚姻、富獲得などをテーマにした本格昔話や、動物の葛藤・由来などを説く動物昔話、それに笑話を加えて三分類され、いずれも人間的真実を語ることを旨にし、娯楽として享受されてきた。一方神話は、神々の行為を通じて宇宙、自然、文化などの起源、生成を神聖なものとして語り、儀礼に結びついて伝えられてきたりした。こうした定義や機能の差違をとりあげると、両者は性格を異にしているようであるが、しかし実際はその区分が難しい。ことに源流へと遡るとき、あるものは神話が信仰の希薄化により昔話として伝承されていたり、また逆に昔話が特定の神社、社寺にまつわり神話化して語られたりして一定しない。柳田國男は日本の昔話、伝説を神話の流れを汲むものとして位置づけた。一方欧米の民俗学者の中にはそれと反対の立場に立つ者もいて、昔話を母胎に、その特殊化した形で神話があると説明する。現在もっとも実証的な説として有力なのは以上の二つを統合した考え方で、神話・伝説・昔話が併行して存在し、地域的・文化的差違によってその表現、機能が異なるとするものである。（花部英雄）

＊松前健「日本神話と昔話」（『昔話研究入門』所収、一九八一、三弥井書店）

昔話と俗信

むかしばなしとぞくしん

昔話の中には、俗信の由来を説明したり、あるいは話の一部に俗信的要素を含むものがある。「雨蛙不孝」は、親の意図に反して川端に墓を造った子が、大水のたびに心配して雨蛙になったという内容で、最後に〈だから、今でも雨が降りそうになると雨蛙が鳴き始める〉という俗信と結びついている。同様の話は「鳶《とび》不孝」としても語られる。実際に〈蛙が鳴くと雨になる〉という俗信は全国的で、江戸期の『和漢三才図会』にも〈将ニ雨フラントスルニ則鳴ク故雨蛙ト名ヅク〉と見える。鳶も〈鳶が舞うと雨が近い〉との俗信が各地にあり、こうした動物の行動から晴雨を占う俗信が話の背景となっている。「朝茶の功徳」は、爺さんの命を狙っていた蛇が〈朝茶を飲む〉という会話を〈蛇を呑む〉と聞き違えて退散する内容で、〈朝茶は一日の難をよける〉という俗信の説明になっている。この話の成立には、一日の魂の充実を願い、難よけとして飲む朝の喫茶の習俗が先行していると考えられる。類話に、一杯茶を忌む理由を説く「朝茶二杯」がある。「食わず女房」も、西日本の伝承では〈夜のクモは親に似ていても殺せ〉の俗信を伴って語られる場合が多い。「産神問答」に登場する箒神の性格には〈箒神が立ち合わないと子供が生まれない〉とか〈箒の神様はお産の神様だから、妊婦は箒を踏んではならない〉といった箒にまつわる俗信が投影している。俗信との結びつきは、昔話に限らず、伝説・世間話の分野においても広く認められる。

（常光徹）

昔話と伝説

むかしばなしとでんせつ

昔話と伝説とでは、伝承の形式や話の性格において明らかな違いがみられる。昔話は冒頭に〈むかし〉とか〈ざっとむかし〉などの発語を置き、話が完結した際には〈どんとはらい〉〈いちごさかえた〉といった結語でしめくくる。また、聞き手は語りにあわせて〈おっとう〉とか〈さーそ〉などの相槌が要求される。これらの形式は地域によって異なるが、伝説にはみられない特徴である。内容的にも、昔話は虚構や空想力を働かせた物語性に富む展開を示し、事実や現実的な事柄を語るものではないのに対し、伝説は真実と信じられている過去の出来事に関する話である。

野村純一は伝説について「かつての日にその内容が事実であったと信じられた歴史、もしくはそうした経過を有している。最初から話そのものを虚構であるとか、事実に反すると疑ったのでは、伝えられる契機を失ってしまう」(『平凡社大百科事典』)と指摘している。伝説は事実の証明として、実際におこった事件や、話と深くかかわる事跡・記念品など具体的な証拠をあげて、その信憑性を高めようとする。また、昔話が一定の形式を備え、恣意的な内容の伸縮や省略がむつかしいのにくらべ、伝説はこの点が比較的自由であるということもできる。他にもいくつかの相違点が認められるが、これらが常に明確に区別されているわけではない。蛇聟入譚のように土地によって昔話として語られたり、伝説であったりする場合もある。

(常光徹)

昔話と唱え言

むかしばなしととなえごと

昔話の中で、唱え言は己れの力だけでは成し得ぬ事柄に対峙したときに用いられる。「雁取爺」では、〈雁の眼さ灰へれ、爺っこの眼さ灰へんな〉と唱えて雁を獲る。生活の中で伝承される唱え言の流入も多い。たとえば、山形県大江町で採集された「夢見小僧」では、小僧が天狗の扇を使うのに〈ちちんぷいんぷいん、やっさっさ〉と唱える。子供が転んだ時などに、唱える言葉である。痛みを癒す呪い言葉をとり入れることで、扇の呪力を連想させようとする意図が窺える。

「猿蟹合戦」では蟹が柿の種を播いて〈生ふらずか、鋏み切ろ〉という。これは、小正月の成り木責めの文句の流入である。行事と昔話の状況が、類似していることから生じた語り口であろう。これらの唱え言は、いずれも他の語り部分と異なった節回しをもって表現される。

こうした部分について、柳田國男は〈文字の記録以外の手段を以て、古くからある言ひ伝へを後代に引継がうとするには、何か特別に印象を深くし、記憶力を扶助するものが入用であった〉とし、それゆえに〈口拍子でくり返された若干の応答や唱え言だけは、比較的古いものが鮮やかに浮き出して居る〉と指摘した。唱え言は、語り手が昔話を記憶・伝承していく要でもあり、古い形態や信仰要素を残していることが多い。

（粂智子）

昔話と謎・諺

むかしばなしとなぞ・ことわざ

諺を伴った昔話は多い。〈秋餅ムカシの正月バナシ〉〈話は庚申の晩〉は、昔話を多く語る季節や機会をいったもの。諺を中心に展開する話に「話千両」がある。江戸から故郷に帰る男が、途中で〈寂しい所に立ち寄るな〉〈急がば回れ〉〈短気は損気〉の諺を大金で買う。帰路、様々な危険にあうが、そのつど教えに従って行動し無事家に帰りつく筋で、諺のもつ力によって難を逃れる。ただ、この話のように直接諺の効用を説く昔話は少なく、普通は、話の内容に沿った形で、最後に諺を伴っている場合が多い。たとえば「猿地蔵」の末尾で〈人真似すれば大水くらう〉といい、「長柄の人柱」では〈きじも鳴かずばうたれまい〉などという。ほかにも、〈虎狼よりもりが恐い〉「古屋の漏」、〈嘘も宝〉「俵薬師」など種々あるが、すべての話に諺がついているわけではない。諺のつきやすい話についての検討が必要であろう。

謎解きの興味を組み込んだ昔話に「播磨糸長」がある。娘のかけた謎を解くことによって長者に聟入りをする内容で、〈十七の五百の馬が行かえり十五夜の月牡丹餅〉を、十七は若狭の国、五百の馬の行かえりは千馬町、十五の月はあけのや、牡丹餅はお花殿というふうに解く。「蟹問答」では、〈四足八足大足二足横行左行眼天にあり〉と問いかけてきた妖怪の正体を蟹と見破って難を逃れる。また「謎昔」のように、謎かけと謎解きだけの興味から成っている短い昔話もある。

（常光徹）

昔話と年中行事

むかしばなしとねんちゅうぎょうじ

　年中行事とは毎年同じように特定の日に特殊な営みが繰り返される伝承的行事。ケの日に対するハレの日にあたり、もとは年間の節や折り目に神を迎え祀る日であったと考えられる。昔話の中にはこれらの年中行事と深く交渉をもちながら語られる一群の話がある。

　たとえば「蛇聟入」「食わず女房」「天人女房」「鬼と賭」などでは、結末が「節供酒の由来」「しょうぶ湯に入るわけ」「七夕の由来」など節供の由来と結びつく。これらは、語りの場やその場を構成する人々の立場など、節供の行事と深く関わり興味深い問題を提起している。五月節供の〈女の宿〉や七夕に子供たちが集まる〈七夕さん籠り〉などはそこが昔話を伝承する場であり、その行事に関わる話柄があったと思われる。特に一年の中でも重要な、暮れから年始にかけての正月に因んだ昔話には、「大歳の客」「大歳の火」「宝手拭」「笠地蔵」「弘法機」「味噌買長者」など数多くの話があり、これらの話の展開にその時期の習俗や信仰が大きく作用している。〈秋餅ムカシの正月バナシ〉〈昼ムカシは語るものではない〉などの言葉にもあるように、昔話はもとは厳しい語りの制約があり、生活の中の特定の日時以外には語ることができなかった。その特定の機会に併せて内容や話柄が選別された。昔話はハレの日に、ハレの日の由来を説くことが大事な機能の一つであり、さらに農事の予祝的機能をも保持していたのであろう。

（梶晴美）

昔話と年齢
むかしばなしとねんれい

かつての村々では、語り手たちは、聞き手の子供の年齢にふさわしい話を選び、興味をもつように工夫して語っていた。各地での幾つかの例を参考にしながら、語り手と聞き手である子供との関係を整理してみると次のようになる。

①語り手は、年齢にふさわしい話を選び、幾度も繰り返し語る。②聞き耳をたてさせる。③幾つかの特定の話を要求に従って語る。④相槌を打たせる。⑤語りはじめ、語り納めのことばを教えながら、語りの場の約束を覚えさせる。⑥鳥の鳴き声、動物の声、問答形式、繰り返しの部分のひと言ひと言のことばを正確に覚えさせる。⑦話全体の筋を語れるようにする。⑧語り口調、リズム、抑揚、繰り返し、擬声語、擬態語などを正確に語れるようにする。⑨身ぶりやしぐさ、表情などを覚えさせる。⑩語り手の語り方と同じようにまちがいを正しながら、幾度も語らせ訓練させる。⑪年齢・男女に応じて、内容の複雑な話や話の数を次第に増やしていく。このように、ことばを習得する人間の最も重要な幼児期に、繰り返し繰り返し、一語一語を丁寧に教授した。子供たちも楽しみながら訓練されていった。記憶した話を次の世代に語るときは、数十年を経て爺さま婆さまになったときである。幼児期の記憶は、語り手になったとき、生き生きと甦るのである。昔話を伝えるこの方法を、現代の子供たちの様々な生活の場で生かしたいものである。（米屋陽一）

＊能田多代子『手っきり姉さま』一九五八、未來社

昔話と早物語

むかしばなしとはやものがたり

物語を一気呵成に語る早物語と昔話にはいくつかの類似性がある。①冒頭句・結句をもつ形式が一般的である。早物語は〈そうれ物語り語り候〉で語りはじめ、〈〜との物語り〉で語り納める。②類似の話型がある。特に、昔話「長い名の子」を思わせる〈てんぽう語ったりや候、むかし柏崎の孫八郎左衛門隆綱という人が、男の子を十八人持たれ、その子に名を付けてくれむとて、御地頭様へ願いあげ、御地頭様では、第一に膝頭の様いっちょうぎりとも付けられて、ちょうにちょう三郎助六孫六へいない源助あっぴらぴら蔵や相川白河とりのとっかさ立て烏帽子とんびの次郎、だとも付けられた〉という新潟県古志郡山古志村（現・長岡市山古志）の伝承存在をみると、昔話から早物語へ、またはその逆かは即断できぬが、少なくとも両者は影響関係にあったといえる。「長い名の子」の全国的伝承存在をみると、この昔話が早物語の残存形態の一つといえないだろうか。他には「拾い物分配」と同一の伝承も、山形県飽海郡平田町（現・酒田市）で報告されている。③②のような形を可能にしたものとして、座頭をはじめとした伝播者の存在が指摘できる。菅江真澄は〈をへぬれば、小盲人出て手をはたとうちて、それ、ものがたり語りさふらふ〉（『はしわのわか葉』）と、小盲人が早物語を語ったとしていることにも注目したい。④語りにリズムをもつこと。こうした類似性からも、早物語を考えることが昔話解明にもつながるといえる。（矢口裕康）

昔話とわらべうた

むかしばなしとわらべうた

昔話のなかには、歌うように語る場面が数多くある。「時鳥と兄弟」では〈弟恋しやホーイホイ〉と鳥の鳴き声が歌われるし、「桃太郎」では〈ドンブラコッコ、スッコッコ、小さい桃はあっちゃいけ、大きい桃はこっちゃこい〉と歌うように語られる。「舌切り雀」のように、〈舌切り雀どな、お宿あ、どこでござな、ちゅんちゅん〉とリズミカルに何回も繰り返されるものもある。このような箇所は、楽しい言葉遊びともなり、子供が最初に覚える句ともなる。いわばわらべ唄となっているもので、記憶の糸ともなり、話のなかに豊富に存在する。こうしたわらべうたが昔話のなかで多く歌われることで、語り聞かせる時の言葉が精選され、正確に興味深く伝承されてきた過程を窺うことができる。昔話とわらべうたとの共存は、昔話を忘却させせぬ一つの知恵でもあった。〈猫さえござらにゃ、世の中じゃあ、カッタンコー、カッタンコー〉は、「鼠浄土」に出てくる唄であるが、稲田浩二によると、京から北、丹波の国ではこの唄を歌いながら臼を搗いたという。昔話にあるわらべうたは実際の暮らしで歌われていることもあった。また、ほたるとりの唄が「瓜子姫」の冒頭に、〈そっちの水はかれえぞ、こっちの水はあめえぞ、こっちこう、こっちこう〉と歌われた例もある。「子守唄内通」のごとく、わらべうたが昔話の主題と直接関わりをもつものもある。

（米屋陽一）

＊稲田浩二『昔話は生きている』一九七七、三省堂

昔話の相槌《むかしばなしのあいづち》

昔語りは、語り手と聞き手の相対によりはじめて成立するものである。その中にあって相槌は両者の語りの場におけるコミュニケーションとしての役割に重要な位置を占める。なぜなら、昔語りの進展に相槌の有無が大きく影響を及ぼすからである。タイミングよく相槌を打つことにより、昔語りは流れるようなリズムを持つが、相槌を打たないと語り手は昔語りを先へ進めることができない。そういう意味において、相槌の語りの場における機能を研究することは、昔語りの一面を探ることにもつながる。

地方により相槌は様々な形を残している。新潟県の〈さーんすけ〉、宮城県の〈げん〉〈げい〉などがある。岩手県紫波郡の〈くちにえぼしはあ〉というのは古態であるといわれ、頭ならず口に烏帽子をつけ謹聴のおもむきをあらわしているといわれる。山形県の〈おっと〉〈おっとう〉、石川県地方の〈へんと〉〈へえと〉などは〈尊し〉の意味が残っていると考えられる。新潟県佐渡では、〈さそ〉であり、前置きなく聞き手が語り手に向かって〈さそへそでべそ〉ということがある。これは、その昔話が気に入らないという意味であり、福島県南会津郡檜枝岐村の〈さすけん〉も、昔話に興味が湧かないときの相槌である。このように、相槌を打つことは聞き手の意志表示であり、昔語りが単に語り手のみによるものではなく聞き手と共に成立するものであることを示すものといえる。

（間瀬俊治）

昔話の演劇性

むかしばなしのえんげきせい

語り手の顔が猿や狐になったり、両腕が鶴の羽根になったり、ふしくれだった両手が娘の手になったりする。山の向こうは、大きく遠くへ手が動かされ、語り手の心も山の向こうへと向かっている。昔話の本来の姿は、口先から出た言葉の羅列ではなく、このように語り手の思いが込められ、語りのリズム・唄・顔の表情・身振り手振りといった演劇的要素を含んでいた。その表情豊かな語りは、情景を想い描かせ、私たちを一つの世界へ引き込む。いわば、語りの空間が形成されるといえようし、語り手は、意識しないにせよ、聞き手がいるだけでより楽しめるものにしようとしたに相違ない。昔話が幾代も語り継がれてきた話のためか、こういった語り手、あるいはその語りは問題にされることが少なかったが、昔話の本質を考える場合に大切な問題が含まれているといえる。また、昔話に特徴的なことは、聞き手が特別な相槌を打つことで参加していくことである。この相槌を打つ箇所は語りのリズムと関わりあってきまっており、そこでは必ず打たねばならないとされた地方もあった。つまり、語り手、聞き手が一体となって語りの空間を作っていったといえる。昔話は、このように語り手により作り出された空間に聞き手も加わることで、一つの演劇的空間といえる場を創造していったといえようし、語ることは落語・講談につながるものでもあったといえよう。

（米屋陽一）

＊川村光夫『素顔をさらす俳優たち』一九八七、晩成書房

昔話の記憶法

むかしばなしのきおくほう

東北地方や新潟県を中心に、数百もの昔話を伝承する優れた語り手が紹介されている。その話の内容とともに一人の語り手が多数の話を管理・伝承していること自体、非常に興味深い。そこには、単なる話への興味や個人の資質だけでは片づけられない問題が内在すると思われる。昔話の管理・伝承の方法を考えてみるべきであろう。

具体的に記憶の方法をみると、話の題名や、話のなかの印象的な場面、言葉、歌がその鍵になる。昔話は耳で聞き、口で語るものだから、聞きながらその場面を想像し、口調のよい言葉で印象づける。話の筋の展開での反復表現や擬声語・擬態語・決まり文句・歌などは語りにリズムをつけ、話全体を想起させる要因ともなる。たとえば「花咲爺」の〈ここ掘れワンワン〉や「狐女房」の〈恋しくば訪ねきてみよ和泉なる信田の森の恨み葛の葉〉などである。これらは話の内部にあって記憶の拠り所となる言葉と思われる。また、昔話を架空のものとして聞き放すのではなく、話に登場する場所や動植物を身近な情景に重ね合わせたり、教訓や民俗知識的な意義を認めるといった昔話に対する積極的な姿勢がみられる。また、個々の話を意図的に話群にまとめて記憶したり、話の記憶法、特殊な刻み棒を用いた例もある。

昔話の記憶の方法についてはまだ十分には明らかにされていない。今後の課題といえよう。

（梶晴美）

昔話の擬態語・擬声語

むかしばなしのぎたいご・ぎせいご

擬態語・擬声語が昔話の場面に及ぼしている効果は大きい。一例をあげる。「猿と蟇《がま》の寄合田」で臼を山頂から転がして、猿と蟇とが追いかける場面がある。〈猿は餅持ってって、山てっこ行って臼ごと転ばしたってんがの。ほうしたら、臼はドンドンドンドンドンドンとまくれてって、猿はヒョイポンポンポンポンとついてとんでったって。ふくん蛙はバタンバタンとどんでったら……〉かなりのスピードで転がる臼を追いかける猿の軽快なリズムと蟇の重厚なリズムとの対比が擬態語によって見事に描写され、この場面を生き生きとしたものにしている。この他にも桃が川上から流れてくる様子、屁ひり爺が出す屁の音等、昔話の語りから決して取り除くことのできない擬態語・擬声語は数多く存在する。しかし残念なことに、擬態語・擬声語の研究は全く立ち遅れているのが現状である。水沢謙一は『昔話ノート』の中で、〈明治生まれの、昔話伝承者としての老女たちの語りには、擬態語がしきりととび出してくる。それだけに、古い慣行の擬態語があるのではないか。それがまた、日本の擬態語の独自性を語っているのではないか〉と述べ、擬態語の体系化の必要を重視しているのは見逃すことができない。同じ昔話でも各地によって違っている擬態語・擬声語の地域性やその歴史性の問題等、今後の研究に委ねるところはきわめて大きい。

（近藤雅尚）

＊水沢謙一『昔話ノート』一九六九、野島出版

昔話の禁忌《むかしばなしのきんき》

禁忌のなかでも、昼間に昔話を語ることを戒めた「昼むかし」の禁忌は代表的なものである。〈昼むかし語ると鼠（鬼）が笑う〉とか〈鼠に小便ひっかけられる〉などと、鼠や鬼の挙動に託して「昼むかし」を忌む土地は多い。何故に「昼むかし」を忌むのか、その理由は十分には解明されていないが、社会的機能の側面からは、労働に追われる時間帯での昔語りを拒む一つの手段としての役割が指摘されている。つまり、子供たちの要求を退ける際の言葉であった。しかし他方で、この禁忌にはこうした機能とは別に、語りの根幹に関わる問題を孕んでいる可能性がある。「昼むかし」の禁忌を裏返せば、それは本来昔話は夜にこそ語られるべき積極的な目的を有していたことを暗示している。野村敬子は、産室における女の声（語り）が、生まれたばかりの子供の命を狙う魔を退散させる重要な役割を担っていた事実を指摘しているが、平常においても夜の語りの背景には、語ることによって、夜間に跳梁する物の怪を駆逐し、子供の健やかで逞しい成長を願う意図が秘められていたと予想できる。見方を変えれば、「昼むかし」の鼠も鬼も本来モノの象徴的存在であって、〈鼠が笑う〉とは、物の怪が姿を潜める時間帯（昼）に昔話を語ることの無意味さの譬えと解釈することができよう。夜の語りとモノの関係は、そこからさらに転じて、〈昼間語ると血のたれる片脚が下がる〉（群馬）というように、怪異を予感させる意味合も付加されてくる。

（常光徹）

昔話の結句

むかしばなしのけっく

昔話の結末は〈それっきり〉〈いちごさかえた〉〈どっとはらい〉というように一定の句で結ばれることが多い。結句は〈むかしむかし〉〈とんとむかし〉といった語りの冒頭句と呼応する。冒頭句は、昔話世界の現実社会からの隔絶を意図し、結句は話の完了を意味している。それは事実や社会生活に結びついて伝承される伝説・世間話など、他の民間説話との相違点の一つとなっている。昔話の結句は地域ごとに多種多様であるが、意味上〈それっきり〉系統と〈いちごさかえた〉系統に大別できよう。前者は、これですべてを語り終えたという話の完了を意味し、後者は、主人公の一期（一生）が栄えたという、めでたい生涯を祝福する意味がこめられている。ここからさらには昔話の聞き手の家の繁栄を予祝する意味も含まれているといえよう。また〈いちごさかえた〉系の結句は本格昔話の主題と深く関わりをもつものであり、話者によっては「小鳥前生譚」のような動物昔話や、「おろか聟話」のような笑話は昔話の範囲外とし、冒頭句・結句のない単なる知識や話として意識している場合も多い。

全国的に見ると結句は地域ごとに特色のある分布を示している。たとえば、〈とっぴんぱらりのぷう〉（秋田県地方）、〈どっとはらい〉（岩手県地方）、〈えんつこまんまん〉（宮城県本吉郡）、〈いちがはんじょうさけた〉（新潟県）など。結句の勢力圏の解明は、今後待たれるところである。

（赤井武治）

昔話の呼称

むかしばなしのこしょう

話者が昔話そのものを指すときに用いる語のこと。現在は「昔話」という語を用いることが多いが、それとは別にその土地土地に伝えられてきた呼び名がある。昔話の呼称には、昔話全体を指す呼称と、特定の話群を指す呼称とがある。全体を指す呼称は昔話の冒頭句と関係があるものが多い。全国的に〈むかし〉が用いられている。東北地方では一般的に〈むがしこ〉〈むがすこ〉など〈こ〉を付けている。語り始めの句をそのまま用いるところも多い。たとえば、新潟県などの〈とんとむかし〉〈とんとんむかし〉などがある。特定の話群を指す呼称は、笑話に用いられ、〈○○話〉と最後に〈はなし〉と付くものが多い。

一つ一つの呼称は比較的狭い地域内で用いられている。話群の内容や特長を表している。例に、福井県の〈おとし話〉〈一口話〉〈ただけ話〉〈ふざけ話〉〈おどけ話〉〈ひょうひゃく話〉など各地に多数ある。おどけ者などの主人公の名前を表している例では、大分県などの〈吉四六話〉、石川県の〈三右衛門話〉、高知県の〈泰作話〉のように用いられている。愚か村とされる村の名前を現している例に、新潟県の〈秋山話〉や鳥取県の〈佐治谷話〉のほか各地にある。語られる場所や状況を現している例に、山形県の〈木小屋話〉、佐賀県の〈柿むき話〉、福井県の〈だんだん話〉などがある。

（和久津安史）

＊稲田浩二『昔話は生きている』一九七七、三省堂

昔話の心理学的研究

むかしばなしのしんりがくてきけんきゅう

昔話の心理学的研究は、心理学の中でも深層心理学に携わる人々によってなされてきた。深層心理学では人間の無意識の探索のため夢を重視する。そして、夢のモチーフと昔話モチーフの類似から、フロイト派の人々により夢解釈の方法が昔話に適用されたのが心理学的研究の端緒である。フロイト派では、昔話を人間の無意識的な願望充足の物語とし、エディプスコンプレックスを主体にして性的体験から昔話の解釈を試みた。それに対してユングは、人間の無意識内に潜在する元型の存在を仮定し、意識内には元型的表象があると考えた。そして昔話は元型的表象に彩られているので、基となる元型を抽出し、意味を探ることがユング派の昔話研究の目的となった。一般に手に入る書としてはユング派の河合隼雄『昔話の深層』（一九七七年、福音館書店）、フロイト派のブルーノ・ベッテルハイム『昔話の魔力』（一九七八年、評論社）がある。ただしこれらは西洋の昔話の心理学的研究である。その後、河合隼雄『昔話と日本人の心』（一九八二年、岩波書店）が刊行され、ユング派分析家による日本の昔話の心理学的研究がまとめられた。ここでは、昔話は何を物語るのであるかを問い、昔話に表現されたさまざまな女性像を通して、日本人の意識のあり方が考察されている。

（大島廣志）

＊河合隼雄「昔話の心理学的研究」（『日本昔話大成』十一、一九七九、角川書店）

昔話の伝播

むかしばなしのでんぱ

昔話は土地を異にして、同じ話型の話が伝承されている例が多い。これは昔話を保持する人々の移動に伴って、昔話そのものも、土地から土地へと移動することからくるものである。このことを伝播といい、それを担う人々を伝播者という。近世の随筆家である菅江真澄は、岩手県胆沢郡における日記『かすむこまかた』の中で〈盲瞽法師《めしいのほうし》〉が語った「琵琶に磨碓《するす》」という話を記録している。これは〈むかしむかし、どっとむかしの大むかし〉と語って始まり〈とっぴんはらり〉と終っている。形式を備えた昔話である。このように、盲目の法師や座頭・六部・説教僧・瞽女《ごぜ》・薬売り・魚売り・屋根葺《やねふき》・大工・鍛冶屋・人形遣いなど、旅をしながら生計をたてている人々が昔話を各地に運搬していた。その他に、婚姻による人の移動によって生じる伝播もある。昔話のあるものは、東日本型と西日本型というように、東西に違った型として分布していたり、東の端と西の端で一致する、周圏的分布をなす話や、全く孤立して分布する話もある。昔話の伝播の問題は、広く、民俗社会のあり方や、昔話を伝えた伝播者、交通、そしてその話の受容のあり方など、さまざまな問題が複雑にからみあっているといえる。そして、一つ一つの昔話がそれぞれ異った歴史を経てきており、それを丹念に具体的に跡づけていく必要がある。（薄井有三）

＊福田晃編『昔話の発生と伝播』一九八四、名著出版

昔話の分布

むかしばなしのぶんぷ

昔話の中には、世界的に伝承する話・ある文化圏に伝承する話・特定の地域に伝承する話がある。このことを明らかにするために、伝承分布図の作図が試みられる。作図は地理的分布をみ、そこから何らかの法則を導きだそうとするものである。この前提には、昔話の変化は、主として地理的分布の中に表れること、および採話された資料は、多くの類話の一つにすぎないことに基づくものである。広範囲な分布をみると、当然の帰結として伝播という問題にふれざるをえない。誰がどのような方法・経路により、何故その地へと伝承したのかという問題である。伝承されていた時代・伝承環境から考えると、分布図の作図は、一参考資料ととらえる見方も妥当である。今後も分布図を通して何を描こうとするのかという明確な視点をもった作図がのぞまれる。昔話分布図は、『日本昔話事典』（一九七七）に伝承分布図として十一点「犬と猫と指輪・犬聟入・運定め話・瓜子姫・小さ子・継子の椎拾い・〈継子と鳥〉系三話型・糠福米福・尻尾の釣・猫檀家・古屋の漏り」、また世界の分布図として二点「糠福米福（シンデレラ譚）・尻尾の釣」が作図されている。この他に「昔話の結末句の分布」「著名な『愚か村話』の分布」の作図もある。また『日本昔話大成』十一巻（一九八〇）には、話型分布図として「動物競争・猿聟入（一）（二）、魚女房・蛇女房・大歳の火・竜宮童子（一）（二）」の八点が作成されている。

（矢口裕康）

昔話の冒頭句《むかしばなしのぼうとうく》

昔話は一定の発句をもってはじめられるのが特徴で、本格昔話にその傾向が強く見られる。〈むかし〉〈むかしむかし〉と語りはじめるのが一般的であるが、地方により様々に形を変えて伝承されている。

例を挙げると、〈なんとむかし〉（広島県、愛媛県、岡山県など）、〈とんとむかし〉（島根県、鳥取県、新潟県など）、〈ざっとむかし〉（福島県、新潟県、宮城県など）などがある。これらは成句として伝承され、しばしば昔話の呼称としても使われる。そして、続けて〈あったげな〉〈あったとさ〉〈あったけど〉などの伝聞の句が添えられ、昔話がはじめられるのである。

これらの冒頭句により、昔話が話者の直接の経験によるものではなく、漠然とした過去の出来事であり、虚構の世界の物語りであることを示している。

鹿児島県での〈むかしのことならねぇ、あったかねかったか知らねどもあったことにして聞くがむかし〉と聞き手に対し前置きをするのも、同様の心意が窺える。同時に虚構の世界への宣誓ともいえる。『今昔物語集』の〈今は昔〉など記載文芸にもこの手法をとったものがみられ、昔話の伝承形式が古くから行われていたことがわかり、昔話の冒頭句の伝承の根強さが今に知れるのである。

（間瀬俊治）

＊稲田浩二『昔話は生きている』一九七〇、三省堂

昔話の歴史地理的研究

むかしばなしのれきしちりてきけんきゅう

昔話の歴史地理的研究はフィンランドのユリウス・クローンのカレワラ研究のなかから生まれ、その後、息子カールレ・クローンおよびアンティ・アールネが発展させた、フィンランド学派（地理・歴史学派・最近ではフィンランド・アメリカ学派とも呼ぶ）が中心となり確立した昔話の研究方法である。目的とするところは荒木博之によれば〈ある特定の説話の完全な生活史を知ること〉となる。つまり、①目前にある説話は、その話の発生以来伝播してきた多くの類話の一つにすぎず、かつ②変化には一定の法則性があるとする前提をもつ。③特定の説話の起源の時・場所および分布の道筋を知る昔話の比較研究法。そのさい対象とする資料をもとに三つの観点をもって解明していく必要がある。①検討資料としては、説話の完全な形もしくは脱落のない粗筋を、できるだけ多く類話として集める。②その資料を分類整理するさい、口承の資料は地理的に並べ、書承の類話は時代順に並べ、各資料に分類番号を付す。③資料の各要素への分解。この作業が本研究の重要な部分で、要素分解の基準としては、説話のあらゆる変化の可能性に対応できる形を設定し分析する。①から③の結果、特定説話の発生・伝播の道筋を明らかにすることが可能となる研究法である。

（矢口裕康）

＊荒木博之「昔話の歴史地理的研究」（『日本昔話大成』十一、一九七九、角川書店）

無言較べ《むごんくらべ》

二種類の話がある。ある夫婦が一つの餅を、黙り較べをして勝った者が食べる約束をする。そこへ泥棒が入り、たまりかねた妻がしゃべってしまい、夫が餅を食べるという話である。この話は、比喩と教訓とからなる百のたとえ話を集めたインドの『百喩経』という書に同じ話が記載されているが、日本の伝承にはない要素として、妻が泥棒に犯されるということがある。これは『朝鮮民譚集』にも同様な話が見える。『百喩経』は、十二世紀半ばには日本に存在していたということだが、近世の『和漢理屈物語』や『軽口手葉古の玉』などの咄本にも同様な話が見える。もう一つの話は、小僧が集まって無言の行を始めるが、段々とろうそくの火が弱くなり、一人の小僧が、ろうそくの火が消えるといい、別の小僧が、お前しゃべったといって、みなが順々にしゃべってしまうという話である。採集例は富山県射水市と島根県邑智郡の二例だけである。仏教説話集の『沙石集』や咄本の『露新軽口ばなし』などに同じ話が記載されている。無言の行が仏教の一つの修業法であり、『百喩経』や『沙石集』が説教の種本として活用されていたところから。これら二つの話は、元々は説教において語られていたものであろう。また、先の型の話は、浄土真宗地帯の富山県東礪波郡利賀村（現・南砺市）では、最初に語る昔話として報告されている。

（薄井有三）

＊大島廣志「無言較べ試論」山形の民話三十、一九七七

ムラと伝説

ムラとでんせつ

〈ムラ〉とは〈ムレ（群）〉を意味するといわれるように、地域社会にあって〈マチ〉〈都市〉に対する農林水産業を営んでいる共同生活体をいう。ある土地に固定した個々のイエがその単位となり、生産と生活を維持するために閉鎖的な共同社会を形成し、近世以降その精神的な拠り所として氏神をまつった。ムラにおいて伝説は、過去の祖先の生活であり私的な歴史である。土地が創造され、そこに祖先が住むようになり、人が集まって様々な出来事を引き起こしてきたその伝承である。たとえば山や池・沼などを創ったダイダラボッチの巨人伝説、村を開発した平家の落人伝説など起源を説明する伝承は各地に多い。また、生活に欠かすことのできない水や食物に関する由来が弘法伝説として語られる例もある。たとえば、餅を与えなかったため、以後、餅をつけなくなったという〈餅なし正月〉などである。食物禁忌など特殊な行事は氏神や弘法など神仏に関連させながら伝えられる傾向がある。特に大水や落雷・火災・疫病などムラに起こった事件を神霊の祟りとすることは多く、時には蛇や狐など動物霊も深く関わって、幸・不幸がすべてその、恩恵や懲罰と見なされるのである。ここには自然への畏怖の背後に神霊の意志を認め、ムラの危機への恐れが伝説の主題となって表出されている。伝説とはムラの崩壊への戒めであり、信仰の秩序を守ることによって人々を精神的に強く結びつける重要な機能を果たしている。（梶晴美）

戻り橋《もどりばし》

著名な人物が橋まで来て引き返したという伝説。西行法師の事跡となっている話がもっとも多い。福島県耶麻郡の報告例では、西行が会津の小平潟に高名な歌詠みがいることを聞き、歌比べをしにいった。道の途中の橋の所で子供たちにイチゴはうまいかと尋ねると、〈今をだに口にも足らぬ草の実をえちご食うとはおかしそうさん〉と歌で返事をした。西行が〈天竺の天露姫が通い来てすすき尾花は誰が子なるらん〉と聞くと、〈天竺の雪露雨が通い来てすすき尾花は天子なるらん〉と詠み返した。西行は驚いて、そこから戻ったと伝えられている。〈もどる〉という語は古くは〈もとほる〉だと考えられ、前へも行かず後へも帰らず一つの所を低徊していることだとされ、現在の意になったのは近世からの変化であるらしい。

この話は、橋の上を通過する時に人の声を聞いて占うという橋占の信仰が根底にある。西行法師が戻るという話は、他に坂・松・石などと結びつけられて伝承されており、栃木県日光市の戻石は西行が日光見物に行き、草刈り小僧にどこへ行くのかと尋ねたところ、〈冬ほきて夏がれ草を苅にけり〉と歌い返したので驚いて帰ったと伝えられている。これらの話で共通する点は、童子の問答に負けたという点である。西行法師以外では、宗祇・明智光秀などが登場する。これらの話を管理、伝播した者の存在が考えられよう。

（赤井武治）

＊柳田國男「西行橋」（定本九）

物言う魚《ものいううお》

淵で捕獲した魚が、帰りぎわに物を言ったという話。『日本昔話大成』では新話型として昔話に分類されているが、淵や池の名前に結びつくことから伝説としても扱われたりする。現在十例あまりしか報告されていないが、ほぼ全国に分散されて伝えられている。静岡県榛原郡の例では、ある人が淵で大やまめを釣り、魚籠に入らないので蓑に包み、背負って帰ろうとする。すると後ろからどこへ行くのかと呼ぶものがあり、振り向くとその大やまめが〈背中あぶり〉にと答えたので、魚を振り落として逃げ帰ったという。魚は他に大鰻・大山椒魚であったりするが、黒太郎・まさ坊と名前で呼ばれたりもする。このように大魚であったり、特別の名前で呼ばれたりするのは、この魚が尋常のものではなくそこの主であることを暗示している。池沼の主が夢に現れたり僧に化身して、魚を捕獲しないようにさせたという伝説が虚空蔵信仰としばしば結びついて語られるが、この話も主の住む特定の池沼の漁獲を禁じるという信仰を背景にしていると考えられる。沖縄本島の例では、返しに行く魚を貰って食べた男が津波に流されたという。また宮古島では、ヨナタマという魚を金網にかけているとヨナタマと呼ぶ声がし、それに答えて早く迎えにこいというのを隣の母子が聞いて逃げたので洪水に遭わなかったという。ヨナタマは海の霊（神）であり、それを食べようとしたために神罰を蒙ったという形で、より本土の例を明確に表している。

（花部英雄）

物言う亀《ものいうかめ》

「大歳の亀」と同型だが大歳の夜とは限定せず、物言う亀を発見したために分限者になるという致富譚。物言う動物によって富み栄えるという昔話は他にもあり、動物として魚・牛・猫等がいる。物言う亀の分布は四国九州が主だが南島にも濃い伝承をもっている。そのほとんどが兄弟譚として語られている。兄弟が二人いて兄は富裕な暮らしをしていて、弟は貧乏でありながら母を養っていた。ある日（大歳の夜）、弟は家に食べるものが全くなくなってしまったので兄の家に米を借りに行く。意地の悪い兄は米を貸さない。弟は仕方なく山に薪を拾いに行き、そこで〈米三升、年取らそ〉と物を言う亀を見つける。弟はさっそくそれを兄の所へ持って行き〈物を言う亀を持っている〉という。兄はそんな馬鹿なことがあるかといい、二人で賭けをする。すると亀はやはり〈米三升、年取らそ〉という。約束に負けた兄は財産を弟にやる。兄はその物言う亀を持って他の金持ちの家に行って、物を言うか賭けをする。亀は物を言わない。兄は怒って亀を投げつける。弟はその割れた亀を拾い庭に埋める。そこから竹が生え、その竹の中から金銀の財宝が出てきて、母と弟は分限者になり幸せに暮らす。奄美の昔話だが、他に「踊る提灯」という話も伝承されている。隣の爺型の話もあり、心素直でやさしい人に福分があるという昔話。（田畑千秋）

＊松浪久子「昔話『大歳の亀』伝承と伝播」（『昔話研究集成二』一九八四、名著出版）

桃太郎《ももたろう》

桃から生まれるという異常誕生をした男児が、異常な成長を遂げ、犬・猿・雉を供に従え、鬼ヶ島に鬼退治に出かけ、宝物を持ち帰る昔話。滝沢馬琴の『童蒙話赤本事始』以来、五大御伽噺の筆頭に位置づけられ、児童大衆に親しまれた。さらに一八八七（明治二十）年以降、国定国語読本に採用されるに及んで、一般大衆に広く流布されるとともに話の筋も画一化された。

しかし、各地方における伝承は様々で、川上から流れてくるのが桃ではなく、白や赤の箱とするものもあり、誕生の仕方も、たんすや戸棚や臼に入れておいた桃が自然に割れ、男児が誕生するなど一様ではない。後半の鬼退治も、鬼を海中に投げ宝物を取って帰ったり、鬼に酒を飲ませて退治する例もある。また岡山県を中心に、横着な性格と大力をもった〈隣の寝太郎型〉の桃太郎が多い。「桃太郎」に関する研究も様々な視点からなされてきた。柳田國男は「瓜子姫」との関連から、異常誕生説話に視座を設け、神聖な霊力を有する小さ子の信仰を重視すると同時に、英雄神としての妻覓《つまま》ぎの欠落にまで言及した。関敬吾は、鬼ヶ島征伐の冒険的行為に、社会慣習としての通過儀礼である成年式が反映していると考えた。石田英一郎は「桃太郎」の源に、遠い昔に信仰された原始母神とその子神とにまつわる霊童の異常出生譚的な神話を想定している。

（近藤雅尚）

＊柳田國男「桃太郎の誕生」（定本五）。滑川道夫『桃太郎像の変容』一九八一、東京書籍

屋根葺き

やねふき

現在では萱《かや》葺き屋根の家をみることも少なくなったが、戦後もしばらくは、特に農村部において、萱葺き屋根が主流であった。萱葺き屋根は何年かに一度、葺きかえをする必要があり、多くは専門の屋根葺き職人によってなされた。

屋根葺き職人は農業に従事するかたわら、農閑期の副業として職人六、七人が弟子一、二を含む組をつくってわたり歩いた。各組には毎年回る範囲のようなものがあって、それを〈だんな場〉などと呼ぶ。毎年、組の棟梁があいさつ回りをして、その年の仕事の手配をした。屋根の葺きかえには人手を多く必要としたので、近所の人や縁者などの援助を受けた。屋根の葺きかえ作業の下ごしらえや休息時、雨天の折りなどは格好の話の場であった。事実、屋根葺き職人には話の上手な者が多かった。

福島県南会津郡の有力な昔話伝承者である渡辺武も、屋根葺き職人として世間を歩いた人である。彼は仕事の合い間に、集まった人々に笑話などを披瀝し、夜は夜で子供を集めては昔話を語って聞かせ、大変に喜ばれた。そのため彼には仕事の注文も多く、また彼自身もそれを初めから意識して話を語ったという。

このように屋根葺き職人は昔話の伝播者としての重要な役割を担っている。一般にその話柄は世間話風な昔話が多く、中には南山話など愚か村話との関わりをもつ話などもみられる。（藤田尚樹）

山姥

やまうば

山中に住むといわれる女の妖怪。山母、山婆、山姫、山女郎ともいう。背が高く髪が長い、口が大きくさけている、眼が異様に光るなどと人々に恐れられる一方、間の抜けた面や、暮の市に里に降りてきて幸福を授けるなどの伝承もある。山姥のこうした二面性は昔話の中にも窺える。たとえば「牛方山姥」「食わず女房」「三枚の御札」などでは山姥は人を食おうと追いかけてくる。ところが山姥の弱点である特定の植物や言葉、護符、経などの呪物や人間の知恵などで山姥は逆に殺されてしまう。ここでは恐しい反面、人にだまされるといった愚かな面がみられ、それをさらに強調した話に「山姥と石餅」などがある。これらは恨み死にした山姥の祟りを説いて世間話的傾向が濃くなっている。山姥と植物などの由来譚との関係も注目される。一方、福をもたらす話には「糠福米福」「姥皮」「五郎の欠椀」「三人兄弟」などがあり、常に援助者として登場する。これらの中では継子や正直者が山姥から宝を授けられる。山姥の宝は姥皮や頭巾・着物などで、こうしたことから山姥と機織りとの関係が考えられる。山姥は水界の女、つまり水の女に対応して、かつては山の神に仕える巫女であり、里との交渉がなくなった後に妖怪化されたと思われる。しかし、山の神が零落して妖怪化されたという面があったにしろ、人間の善悪の行動によって化物にも福神にも成り得るものが山姥だと考えられる。

（梶晴美）

＊高崎正秀「金太郎誕生譚」（著作集七、一九七一、桜楓社）

山男《やまおとこ》

山の怪。山中に住むといわれる異人。住む所を定めず山中に出没するという。山爺・山父・山大人・山童などとも呼ばれる。背丈は異常に高く、頭髪が赤い。また目もランランと光っているといわれ、力も普通の人間の比ではないという。このような男に山で出会った等の実見談が多くある。ただし、この男が山で出会った人に危害を加えたという話は少なく、むしろ仕事を手伝ったり、道に迷った人を助けたなどの話の方が多い。酒や飯などとひきかえに期待以上の仕事をしてくれる者と考えられていたらしい。これらの山男伝承は、実際に山に住み里人とはあまり交渉をもたずに生活した者たちについての伝承ともとれるが、もとは、山仕事をする者の不安な心理から自然に生まれた山の妖怪であろう。それがたとえば、「さとりの怪」の話にも示されている。山小屋の炉の火で餅を焼いていると、山男がやってきてしきりに餅を欲しがっては食う。この餅がなくなったら自分が山男に食われてしまうんだなと覚悟していると、火であぶられた枝がパチッとはねて、山男の顔にあたった。山男は驚いて〈とても人間にはかなわない〉といって逃げ帰ってしまった。翌朝、山小屋の前には薪が山のようにあった、などの話がそれである。山男伝承の背景には山の神信仰があり、その姿に山の神が投影されていて、山男を山の神の零落したものとみることもできよう。

（藤田尚樹）

＊柳田國男「山の人生」（定本四）

山田白滝

やまだしらたき

男が長者の娘を歌の力によって嫁にするという昔話。三人の下男が希望を話し合う。一番目はごちそうが食べたい。二番目は小判が欲しい。三番目は主人の娘が欲しいという。それを主人が聞いて、一番目と二番目の下男には希望をかなえてやる。三番目の下男には、娘の詠みかけた歌を上手に詠み返したら望みをかなえるという。娘が上の句を出すと、男は下の句を上手に詠み娘をもらう、という話。下男の名はゴモク・モクズ・山田などという名が与えられており、下賤な身を示す。唱和される歌は三系統に分けられる。①娘〈天より高くさく花におよびもあるまい杢蔵に〉、男〈天より高く咲く花もおちりゃ杢蔵の下になる〉、②娘〈見上げろや五階の塔を黒鴉〉男、〈鴉でも飛び立てば堂が目の下〉、③娘〈朝日さすかげにもささぬ白滝がなぜか山田の下となるぞや〉、男〈かんばつで山田の稲もかれはてるおちて助けよ白滝の水〉の三系統だが、①の系統が圧倒的に多く全国的分布を示している。本話は「兵庫口説」が流行し、「山田の露」として民謡の形で唄いつがれ現在も民間芸能として残っている。また、富山県をはじめ各地の山田と呼ばれる地名の中に伝説として伝承されてもいる。本話は芸能・歌謡とも関わっており、臼田甚五郎は当麻寺系統の女流唱導家の関与があるとしている。

（財前哲也）

＊柳田國男「山田の露」（定本七）。臼田甚五郎『天人女房その他・昔話叙説Ⅲ』一九七三、桜楓社

山の背くらべ

やまのせいくらべ

山と山が背の高さを争ったという話は、北海道から九州まで、広く伝えられている。たとえば富士山には、白山・八ヶ岳・愛鷹山などとの背くらべの伝説が残っている。富士山と八ヶ岳が背くらべをしたとき、両方に樋を渡して水を流したら、富士山の方へ流れていった。怒った富士山が八ヶ岳の頭を棒で叩いたら、頭が八つに割れてしまって現在のようになったという。文献に記載されたものに『近江国風土記逸文』がある。これには、夷服《いぶき》の岳《たけ》と浅井の丘とが高さを争って、浅井の丘が一夜にして高さを増したので、夷服の岳の神が怒って刀で浅井の比売の頭を切り、それが江《うみ》の中に堕ちて江島（竹生島）になったという話である。このように、山と山が背をくらべたり、争ったりする話は、かなり古くからあったことがわかる。

また、山に登るときの習俗と結びついた伝説もある。越中の立山と加賀の白山が背くらべをしたとき、両方に樋を渡して水を流したら、立山の方へと流れた。そこで立山は樋の下に石を一つ入れたので、水は逆に白山の方へと流れた。それで立山に登った人は頂上に、石を一つ置いてくるようにするという。古く、山々を信仰の対象としていた人々が、山の高く秀麗であることを願っていた心意の表れとみることができるであろう。

（薄井有三）

＊柳田國男「日本の伝説」（定本二十六）
関敬吾「山の伝説」（著作集三）

幽霊《ゆうれい》

幽霊は、死者が生前の姿でこの世に現れたものである。出現の理由は、恨みだけとは限らず、この世に残した思いにかられて現れるなど実に多様である。柳田國男は、妖怪と幽霊とを区別し、幽霊は、ほぼ定まった時間に特定の相手に対して出現するとし、池田弥三郎は、場所に執着する霊を妖怪、特定の個人に執着する霊を幽霊としている。死者が生前の姿でこの世に現れるのは、古くから文献の中に見られる。たとえば、『今昔物語集』巻二十七第二には、宇多天皇が左大臣源融の幽霊を見る話が載っており、また、承久本『北野天神縁起』には、菅原道真の幽霊が延暦寺の座主《ざす》法性房尊意の所に現れる姿が描かれている。

民間説話の中でも多種多様の幽霊が語られ、たとえば、広く分布している「子育て幽霊」は、妊婦が死んで埋葬されてから出産し、その子供のために幽霊となって飴を買い求めるという内容である。現代の世間話の中にも、タクシーの車中や学校・墓地などに出現する幽霊のことがまことしやかに話されている。幽霊に足がないという特徴は、一説には江戸時代の円山応挙によってつくられたといわれる。また、姿・形も固定されたものではなく『東海道四谷怪談』等の幽霊芝居などの影響を受けて大きく変容をとげてきたのであろう。

（赤井武治）

＊柳田國男「妖怪談義」（定本四）。池田弥三郎『日本の幽霊』一九五九、中央公論社。阿部正路『日本の幽霊たち』一九七五、日貿出版社

雪女《ゆきおんな》

雪中にあらわれる女の妖怪で、雪女郎ともいう。東北地方を中心に多雪地帯に伝承されている。青森県弘前市およびその周辺では正月元日に雪女が来て、最初の卯の日に帰るという。岩手県遠野市では小正月または冬の満月の日に雪女が多くの子を連れて遊ぶという。このような人間界を訪れる日から、雪女の歳神的性格を窺うことができる。吹雪の晩に雪女を親切にもてなしたところ、翌朝、雪女は黄金と化していたという「大歳の客」系昔話の存在も雪女の歳神的性格と無縁でない。遠野市の例だけでなく、雪女は子供を連れて出現することが多い。同じように子を連れて出現する産女《うぶめ》の伝承とも通いあう。山形県最上郡では産女を雪女だと言い伝えている。

伝説の雪女は、新潟・富山・長野に同型で伝えられている。吹雪の日、雪女が山小屋の猟師親子の前にあらわれ、親の方を殺す。雪女はこのことをだれにも話すな、話したら命を取ると子の猟師にいう。数年経ったある日、女が猟師の家を訪れ宿を乞う。二人は夫婦になり子供が生まれる。あるとき、猟師は妻にうっかり吹雪の日の出来事を話してしまう。妻はあのときの女は自分だといい、命を取るところだが子供のために助けてやるといって姿を消す。小泉八雲の「雪おんな」も同タイプ。発端は山の禁を破ったがために山の精霊に殺されるという山人の怪異譚に多い。つまり、雪女の伝説は、山人の怪異譚と雪女の怪異譚の複合により生まれた話なのである。

（大島廣志）

夢《ゆめ》

〈夢の知らせ〉といって何か事件の起こる前兆と考えたり、〈夢のお告げ〉といって神のお告げを夢のなかで聞くという態度が古くからあったことを示す言葉が今も残っている。また正夢といって夢によってその内容と同じことを予想したり、逆夢といってその内容とは逆のことを予想するといった夢の判断もする。

初夢は、正月元日から二日にかけて見る夢で、一年の運勢を占う重要な意味をもっていた。近世には、米とか財宝を積んだ船またはそれに七福神が乗った宝船の絵を描いたものを枕の下に敷いて寝ると、よい初夢を見るとされていた。また、悪夢を食べてもらおうと考えてこの宝船に〈獏《ばく》〉の文字を書いたりもした。このように夢という現象を、何かの予兆ととらえ、夢判断をすることによって、より積極的によい方向へもっていこうとした。

昔話のなかにでてくる夢にも以上の民俗的思考が取り入れられている。「猫檀家」では、飼っていた猫が和尚の夢枕に立って助言をするという話。「夢買長者」は、夢で財宝の隠し場所を知ったという話。「夢見小僧」は、同じく夢をみた小僧がその夢をだれにもいわず結局夢のとおり二軒の長者の聟になる。「味噌買橋」も夢のお告げを信じた男が幸福になる、という話。どれも、吉夢で正夢となる話で、夢を予兆とする考えが基本になっている。

（財前哲也）

＊西郷信綱『古代人と夢』一九七二、平凡社

夢見小僧

ゆめみこぞう

初夢をみた男が、その通りの行動によって富を得る昔話。

子供が初夢をみるが、親（または師匠）に尋ねられてもいわないので、家を追われてしまう。子供は鬼に出会い、退治して生き棒・死に棒・千里棒・聴耳などの宝物をとって帰る。長者の家へ行き死んだ娘を蘇生させる。他の長者にも同様のことを行い、またそこの聟になる。月に十五日ずつ二人の女房と同棲する。その後、家に帰って〈こんな夢であった〉と親に告げる、というもの。

我国の分布は青森から沖縄まで、ほぼ全国的に認められている昔話である。古く、吉夢は人に語るものではない、とされていたことが『文徳実録』にみえ、吉夢はうっかり口外すると人に横取りされると考えられていた。昔話中、初夢云々とあるが、初夢は一年の運勢を占う重要な意味をもっていた。

近世には、初夢によい夢をみようと宝船の絵を描いたものを枕の下に敷いて寝たりした。そして、吉夢は人に聞かせるものではないとするモチーフが強く生きているといえる。

人に聞かせなかったために幸福になったのであり、それとは逆に人に夢を売り、買った男が幸福になるというのが「夢買長者」の昔話で、「夢見小僧」と「夢買長者」は夢に対する考え方を核にした表裏の関係にある昔話であるといえる。

（財前哲也）

百合若大臣

ゆりわかだいじん

英雄伝説。九州を本拠地として伝承されている伝説は、おおよそ次のような内容である。

昔、豊後の国守に百合若という人がいた。百合若は生来、力が強く、また弓の名人であった。百合若は外敵と対馬沖で戦い大勝するが、家臣によって謀られ、玄海の島に置き去りにされる。心配する妻が、百合若の愛鷹に手紙をつけて百合若の元に送り返信を得る。その後、百合若は身をやつし、本土に戻り、裏切った家臣を殺して、再び国守になる。

この伝説に関連して、大分県付近には百合若の塚や愛鷹を祀った御鷹の宮、あるいは百合若を裏切った別府太郎・次郎の墓などがある。また、この伝説の分布は九州だけにとどまることなく、遠く東北でも伝承されている。そして、百合若を大男・巨人とする伝承もある。百合若伝説は、中世から近世にかけて幸若舞や語り物として広く流布したらしい。

また、北九州から壱岐にかけては、百合若説経があり、百合若伝説と八幡信仰との密接な関係を示している。これは、壱岐のイチジョーという巫女が近年まで語っていたもので、百合若のユリは、その時に用いるユリという呪具の名から生じたという説もある。

この伝説の内容の類似から、「オデュッセイアー」の翻案であるという説もあるが、これは各地で独自の成長発展を遂げた上での類似とするのが妥当であろう。

（藤田尚樹）

妖怪《ようかい》

柳田國男によれば、妖怪は信仰の衰退にともなって神々の零落した姿とされる。妖怪に対する人間の態度には三段階の展開を想定している。すなわち、一段階は、妖怪の存在を信じている人が、恐怖のあまり示現を恐れる。二段階は、妖怪を承認しながらも、その威力を疑いはじめる。三段階では、妖怪の存在を否定し、その正体をあばいてしまうのである。一般に妖怪と幽霊という言葉はあいまいに用いられているが、民俗学の立場からは、妖怪と幽霊は区別している。第一に幽霊は人間の姿で出現するが、妖怪は様々の異様な姿で現れ、ときには、物音・風・火として出てくる。第二に幽霊は特定の相手を選ぶのに対し、妖怪は特定の場所に出現するが、相手を選ばない。第三に妖怪の現れる時間は昼と夜との境目であって、逢魔が時、たそがれ時が多い。妖怪に対する研究は、柳田國男以来あまり進んでいるとはいえない。しかし、近年になって小松和彦は、妖径を、①祭祀されない神である。②異類異形の他者的存在である。③外のカテゴリーに属しているがために恐怖をひき起こすものである。④人間に対して恨み、嫉みというようなものをもっていて、それが原因として様々の災厄を人間にもたらすものであると定義づけた。この考えは新しい視野から妖怪をみたもので注目できよう。

（赤井武治）

＊小松和彦「魔と妖怪」（『日本民俗文化大系四』一九八三、小学館）
宮田登『妖怪の民俗学』一九八五、岩波書店

養老の滝

ようろうのたき

貧しい男が、酒の好きな父のために毎日酒を買って飲ませていた。ある日息子は山で迷い（または足を滑らせ）、清水に行き着く。その清水は美酒となり、息子はその清水を汲み帰って父を喜ばした。ところが他人が汲むとただの水になってしまう。孝行譚として伝わっているものが多い。

この伝承は、神聖な泉（清水）の信仰から発し、鎌倉時代にはすでに成立しており、『古今著聞集』巻八、『十訓抄』巻六が古い。謡曲「養老」も、この伝説をもとにつくられたものである。「養老寺縁起」によると、前述の話に天皇が感銘し、養老の滝と名付け年号を養老に改めたことを記しているが、歴史上の養老改元も天皇が行幸の際、多度山の美泉で身体を清めたところ肌滑らかに、痛みが止まり、髪が伸び、眼病が治ったことからくる、としている。天皇が神聖な水を求めて行幸したことや、特定の霊水を用いて祭事を行うことが酒をかわす習わしに通じて、この伝説が展開していくこととなったのだろう。

話によっては、老父ではなく老母（老女）のモチーフをもつものもみられる。

時代が下り、孝行のテーマが強調され、孝子泉の伝説に展開していったものと思われ、さらに致富譚としての長者伝説にも結びついている。

（幸野典子）

＊柳田國男「孝子泉の伝説」（定本四）

義経《よしつね》

源義朝の第九子として一一五九（平治元）年に誕生。母は常盤。『義経記』はその生い立ち、牛若丸時代、金売り吉次の案内による秀衡との対面、鬼一法眼や弁慶との出会いなどの力強い貴公子としての彼を描いた後、平家追討の大活躍の場は『平家物語』に譲って、兄頼朝の不興を買って〈腰越の申状〉を出す場へと進む。追手を逃れて吉野・京都・奈良を転々とし、北陸道を通って平泉へ向かう弱々しい悲劇の主人公としての彼が描かれ、最後に衣河の合戦で三十一歳の生涯を終えるのである。『義経記』は室町時代中期に成立した軍記物語で、義経死後ほどなくして生まれた数々の各地の義経伝説を年代順に寄せ集めた本なので、あちこちに無理のあるものとなっている。柳田國男は、本書の伝説の中心部分は奥州に広がっていた熊野信仰を背景にした座頭たちによって語り伝えられていたものだろうと考えた。後世への影響も大きく、謡曲、幸若舞曲、浄瑠璃などの語り物的な文芸や御伽草子、浮世草子などに及んでいる。『日本伝説名彙』で義経に関する伝説四十九話を調べると、半数は腰掛松の類で、次に腰掛石の類が十六話ある。分布状態は宮城県から山口県まで四国を含めて十八府県で関東は少なく、福島・兵庫県が七話で一番多い。〈判官びいき〉という語ができたほど彼が人気を得たのは、若くして不遇のうちに亡くなった者を悼む、〈御霊信仰〉が基盤にあったとみられる。

（渡辺公一）

＊島津久基『義経伝説と文学』復刻一九七七、大学堂書店

予兆と世間話

よちょうとせけんばなし

何らかの前兆を意識したあとで、その結果と思われる出来事を体験したという話。前兆とみなされる事柄は多様だが伝統的に、カラス鳴き・火の玉・火柱・虫のしらせ・食器の破損などの現象が多い。その結果は吉凶に分かれるが、一般には凶事、とくに人の死にかかわって取沙汰される例が顕著である。次の話はカラス鳴きの例である。

東京都東村山市。昭和十年頃の話。小学四年の時、遠足の帰路カラスの群に出会い、異様な鳴き声とともに行く手を立ちふさがれた。この日の朝、弟が急に体調の変化を訴えていたのだが、私の帰宅を待っていたのは弟の急死だった。弟は五歳の命を閉じたが、カラスの群に出合ったその時刻に息を引きとったという(『現代民話考』Ⅴより)。ふつう、予兆と結果の間に科学的な因果関係は希薄である。また例話に〈この日の朝、弟が急に体調の変化を訴えていた〉とあるように、予兆(ここではカラス鳴き)を感じる前提に、何らかの危機的状況が潜在している場合がみられる。カラスそのものは人の死を予告して鳴くわけではないが、緊迫した事態の発生とともに人々の不安な精神が研ぎすまされ、カラス鳴きの変化にすばやく反応し、不吉なことの前ぶれではないかと受けとめるのであろう。予兆と結果の偶然の一致、あるいは思わぬ不幸に遭遇した結果から過去に遡って予兆を特定するケースもある。予兆譚は独自の体験として話されるが、類型性をもって分布している。

(常光徹)

夜泣き石・松

よなきいし・まつ

夜泣き伝説の類には、石・松の他、銀杏・榎・杉・水・橋・地蔵・鐘と様々である。夜泣き石は、岩石が夜ごと泣き声をあげるという伝説で、うなり石・おなり石などとも呼ばれる。静岡県掛川市の〈小夜の中山の夜泣き石〉、長野県更級郡上山田町（現・千曲市）の〈老塚の夜泣き石〉等では、子供の夜泣きが石の破片や石についている苔等により治るとか、子供が丈夫に育つという子育て信仰へとつながっている。福岡県筑紫郡大野町（現・大野城市）の〈毘沙門様〉は〈夜泣石〉とも呼ばれ、〈子供の夜泣きには、この森の松葉を褥《しとね》の下に敷いて寝ると泣き止む〉といい、「夜泣き松」との複合を思わせる。一方「夜泣き松」には三つの型がある。一つは、木が夜中に泣き声を発するという伝説。もう一つは、その木を削りとり赤子の夜泣きを止める呪いとする俗信をともなう伝説。第三は両者を折衷した型である。長野県下伊那郡阿智村の夜泣き松は、義経の手植えと伝えられ、夜泣きする子にこの枝に火をつけて見せると直るといわれている。枝以外は木皮・葉・幹・根・落葉に火をつけるとよいとする話もある。福岡県朝倉郡三輪町（現・筑前町）の夜泣き松は、この樹皮をはいで夜泣きする子の床の下に敷いて寝かすと夜泣きがやむと伝える。床の下以外には枕の下・枕もととする話もある。以上のようにみてくると、夜泣き封じと通じていることがわかる。両伝説とも、神霊が木や石に憑いた信仰の名残りが伝説化したものともいえる。

（矢口裕康）

落語と昔話

らくごとむかしばなし

〈落語の三祖〉と呼ばれる江戸の鹿野武左衛門・京の露の五郎兵衛・大阪の米沢彦八らが活躍するのは一六七八（延宝四）年以降のことで、招かれたお座敷（武左衛門）や大道、辻でその芸を披露した。仕方咄と称されるその咄は好評を博し咄本としても刊行され、後の落語のネタを提供した。もっとも彼らの咄も独創によるものではなく、直接的には『醒睡笑』『きのふはけふの物語』などの先行する咄本を多く利用している。さらにそのルーツをたどると、種々の書物に出典がある。たとえば「久米の仙人」「愛宕山」（『今昔物語集』）、「無言の行」「寿限無」「テレスコ」（『沙石集』）、「熊坂」「船弁慶」（『義経記』）、「松山鏡」「大山詣り」「無筆の犬」（狂言）、「片袖」「幽霊船」（『奇異雑談集』）などがその一例である。これらの作品の一部が様々なルートを経て初期の咄本へと流れ込んでくる。そしてもう一方には民間の口承からのルートがある。昔話の中の笑話、わけても〈愚か村話〉〈愚か聟話〉〈狡猾者譚〉〈大話〉などは江戸小咄と深い関わりがあり、それに多く取り入れられている。こうして集積された咄本を素材として落語が形成されているといってよい。もっとも落語から民間の笑話に流れていったものもあるだろう。ところでもとは同じといっても落語と昔話とでは表現方法は大きく異なる。巧みな話術に仕草を交じえて人物・心理を細密描写する落語に対し、昔話は素朴に骨子を簡明直截に語るものである。

（花部英雄）

竜《りゅう》

〈竜〉は、鳳凰や麒麟などと同様に中国で生まれた想像上の合成動物である。空中、陸上、水中で自由に活動することができ、鳥類、獣類、魚類、甲殻類の特徴を具えている。大陸から我国へ入ってきた竜は、〈竜神〉〈雷神〉〈海神〉として、水の神の性格をもって今日に至っている。

中国の『説文』には、〈春分にして天に登り、秋分にして淵に潜む〉とある。この一文は、稲作に必要な雨（水）と関連している。竜は、雲や雨を思い通りにし、稲妻、稲光によって雨を降らせ、大地を潤し、豊作を約束してくれた。だから、〈竜神〉に対しては怒らせることなく、常に歌舞、供物など喜ぶ行為をしたのであった。そして、恵みのみを乞うのであった。

その〈竜神信仰〉は、いつしか仏教との絡みもあって〈竜王〉としてさらに発展していったが、長い年月の間に次第にその信仰は薄れ、竜そのものは妖怪化していった。

沖縄県に語り継がれている昔話「竜の秘密」は、蛇が昇天して竜になることを示している。「竜宮童子」「浦島太郎」「竜神と釣縄」は、海底あるいは海のはるか遠くにあるとされる竜宮という異郷訪問を語り、「竜宮女房」は、竜宮からやってきた女房と結婚する。また、「竜宮淵」の伝説もある。竜は、水や水神信仰との関係を抜きにしては解けない謎の神、妖怪、架空の動物である。

（米屋陽一）

＊中野美代子『中国の妖怪』一九八三、岩波書店

竜宮童子 りゅうぐうどうじ

異郷訪問のモチーフをもった昔話。ある貧しい男が売れ残りの薪を淵に投げ込む。淵の底から迎えがきて竜宮に連れていかれる。歓待を受けた後、薪のお礼にと童子をもらう。家に帰って大切にしていると黄金を授けてくれて裕福になる。そのうち慢心して粗末に扱い家から追い出すと、たちまち元の貧乏に戻ってしまう。この昔話は全国に分布する。薪の代わりに門松、花といった例もある。またこの部分が魚を助けてその報恩を受けるという内容に一変しているものもある。薪献上の返礼に犬・猫・亀といった動物の場合もあるが、宝物を授かるという展開の上では変化がない。富の喪失理由に、婆や兄弟のいずれかが強欲で不当に扱った結果というのがある。東北地方では欲ばりな婆、九州・南島では兄弟型というような地域性もみられる。

竜宮を訪問して贈物を与えられ裕福になるという展開は、「竜宮女房」の昔話と共通する。竜宮は富の源泉であり、神に選ばれた人間がここを訪問し、その恩恵に授かるという発想は、〈浦島子伝〉や〈海幸山幸説話〉にも通じている。この昔話は、そうした古代人の常世観を背景にしたものだといえる。ところで、「竜宮女房」の場合は婚姻をテーマにしているために、競争者の出現、難題の克服といった展開をとるのに対して、「竜宮童子」はさらなる富を追求した結果失敗する。〈すべてを欲するものはすべてを失う〉といった普遍的な理念を主題にしたものといえる。

（花部英雄）

鷲の育て子

わしのそだてご

母親が畑仕事をしていると、籠に入れておいた男児を鷲がさらっていく。鷲が木の上の巣で男児を養っていると僧がその異常に気づき、巣から降ろして小僧として修行させる。後に名僧となる。一方、母は捜しあぐねて十数年後、着物を証にして再会を果たす。

鷲が人間を連れ去るという話は世界的にも分布する。ギリシア神話において鷲はゼウスの愛鳥である。ゼウスは鷲に姿を変え、トロイアの少年ガニュメーデースを神酒の酌人として山で遊んでいるところをさらってくる。総じて鷲は王権の象徴であり、黄金とも結びついている。日本では東大寺を建立した良弁僧正の伝記として知られる。また『日本霊異記』上巻第九、『今昔物語集』巻二十六第一、『扶桑略記』第四皇極などには女児がさらわれて父親が捜す話で載っている。良弁について『霊異記』中巻第二十一を見ると、金鐘寺（東大寺の前身）の堂で念持仏執金剛神像を拝んでいると、像の脛が光を放ち御所まで届いたという。一説では良弁は百済系帰化人の末で近江志賀の出身というが、前半生は不明な点が多い。また大仏鋳造の際、九百両の黄金を聖武帝に献じた陸奥守敬福は百済王であったという。こうしてみると、「鷲の育て子」の話の背景には、山中でのお産（異常誕生）、致富（黄金）・出世などが考えられる。古くから民間にこの種の話が流布していたようだ。

（渡辺公一）

＊柳田國男「桃太郎の誕生」（定本八）

笑話《わらいばなし》

笑いを目的とした話、あるいは動物昔話・本格昔話と並ぶ昔話の分類上の一ジャンルの名称。笑話は笑いを目的とし、その機能に存在理由がある。動物昔話や本格昔話が筋の展開や内容に人生的な意味合いを付加することに中心があるのと大きく異なっている。それは語りの雰囲気、叙述の相違となって具体的に表れてくる。すなわち笑話は、自由で気楽に世間話風に話される面から、家の囲炉裏端を離れてしばしば共同の場で作業の合間などに話されたりする。また叙述に関しても、語りに伴う形式を見落としたり、簡略化させたりすることが多い。いきおい複雑な筋や込み入った内容を敬遠することになり、話が単一モチーフへと流れやすい。それは本格昔話の中の一要素が笑いを誇張される結果、一笑話に独立することとも関係するであろう。それはともかくとしても、このように笑いという機能に根ざした特性が、笑話を独自なものとしていることはまちがいないであろう。

笑話の成立に関して柳田國男は、神話・昔話からの派生と位置づけた。形態の上では複合形式から単一形式ということになる。しかしすべてがこれにあてはまるものではない。各地に伝わるおどけ者譚のようにその土地の特性を有したものが多く、それらはその地の現実生活を反映したものであり、そうした中で生み出されるものも数多いと思われる。

（花部英雄）

＊関敬吾『昔話と笑話』一九六六、岩崎美術社

藁しべ長者

わらしべちょうじゃ

一本の藁を持って旅に出た男が、それを次々と交換し、最後に大きな富を得る昔話。『日本昔話大成』では、本格昔話の運命と致富の項目に位置し、おおよそ二つの話型に分かれる。一つは〈三年味噌型〉と呼ばれ、男の持った藁しべが、蓮の葉、味噌、刀、大金と交換を繰り返す。藁しべは、蓮の葉を縛る道具として、蓮の葉は、味噌売りの桶のふたとして、味噌は、鍛冶屋が刀を打つ時の必需品として、刀は、殿様の所望するものとして、それぞれ有益に利用され、ただの藁しべが最後には殿様からの褒美の大金にかわり男に大きな富をもたらすことになる。また、味噌が長者の娘の病気を治す薬となり、長者から米をもらう例も多い。他の一つは〈観音祈願型〉と呼ばれるもので、ある男が観音に出世祈願をし、寺を出て最初に手を触れたものを大切にせよとのお告げを受ける。男の持つ虻を縛った藁しべが、蜜柑、反物、馬、田畑と家にかわっていく。その交換の様子は、〈三年味噌型〉の純朴さに較べ、いささか唐突で飛躍しすぎている。この型は『今昔物語集』『古本説話集』『宇治拾遺物語』に掲載されており、『今昔』で「参長谷男、依観音助得富話」と題されているように、霊験譚としての性格が強く反映されており、説教や唱導として盛んに語られた形跡がある。それに対し〈三年味噌型〉には信仰的色彩が薄く、怠け者や親孝行の男を主人公とし、あくまでも致富を主題とした昔話として語られたことがわかる。

（近藤雅尚）

椀貸伝説

わんかしでんせつ

椀や膳が入用の時に、塚・淵などに頼めば貸してくれるという伝説。この話は、全国的な分布を示しており、報告例も多い。

鳥取県八頭《やず》郡では、金屋というところに大きな岩があって、村人が大勢の客を持てなすようなときに、この岩のそばに来て〈膳椀を何人前貸してくれ〉と大声で叫ぶと、あくる朝には、この岩の上に希望しただけの膳椀が用意されていた。しかし、村人が借りた椀を一つごまかしたので以後貸してくれなくなったという。この岩の下は竜宮に通じているといわれる。膳椀を借りにいく所は、この他に、川・洞穴・地蔵・石などがあり、池の主・竜神・乙姫・狐などが貸し主として登場する。話の中には竜宮につながっていると説く事例もみられ、水中の異郷への観念が表れている。

静岡県榛原《はいばら》郡では、地蔵に頼みにいくという伝承がある。地蔵は現世と冥界との境に位置するところから境神の性格を認めることができ、ここにも異郷から幸を授かるという共通点がある。長野県北安曇郡では、椀貸穴のことを鼠穴と呼び、鼠が膳椀を貸してくれるという。これは昔話「鼠浄土」につながっていくものといえよう。

このように椀貸伝説は、異郷から富を授かるという信仰が根底にあると考えられる。また、膳椀を貸すというところから、膳椀を作って各地を歩きまわった木地師が、伝承・伝播に深く関与していたと考えられる。

（赤井武治）

日本の昔話と伝説

野村純一

昔話

いまからおよそ二百年前の天明八年（一七八八）の正月、三河の人菅江真澄（一七五四～一八二九）は、仙台領胆《い》沢《さわ》郡徳岡の村上良知の家に滞在していた。その際に彼は面白い記録を残している。

「九日　雪はこぼすがごとくふりていと寒ければ、男女童ども埋火のもとに集ひて、あとうがたりせり。また草子に牛の画《かた》あるを、これは某《なに》なるぞ、牛子《べこ》といへば、いな牛なりとあらがひ、また是《これ》なに、猿といへば、ましなりと、論《つりごと》すなと家老女《とじ》のいへば止《やみ》ぬ。つりごととは論《あげつらふ》ことの方言《くにことば》なり、また某々《なぞなぞ》かくるを聞て、

　うなゐ子が稚心《をさな》の春浅み
　　いひとけがたき庭のしら雪

をやみなう雪ふれり」

『かすむこまがた』の一節である。この記事に関してはこれまで、ほとんど注意される機会はなかった。しかし、何気無く真澄の記したこの情況は、わが国の昔話はその頃すでに「あとう

がたり」の一環として成立していたとする事実を示していて面白い。資料、もしくは史料としては、すなわち、遡って、この国に行われる昔話伝承の実態を併せて確認し得るということで、きわめて重要な位置を主張してくると思われる。

それというのも、現今なお、民間に認められるいくつかの口承文芸を俎上にのぼせた場合、昔話には特に選んでこれを語り伝えるに際しては、他に例をみないほどに著しいいくつかの特性が備わっていた。伝承上の特色である。そしてこれをごく客観的にいえば、実は、そこでの在りのよう自体が、すでにそのまま昔話と他の民間文芸との相違、たとえば、伝説や世間話との決定的な違いといった結果を、きわめて顕著に印象づけてくる重要な役割を果していたからにほかならない。

改めて追認するようになる。かつての日、真澄の記した「あとうがたり」とは、「あどがたり」の謂いであった。「あど」とは「相槌」である。古く『大鏡』には「よくきかむとあどうつめりし」の一節があった。具体的な行為としては、モノガタリ、つまりは物語の語り手に対してそこでの享受者たち、いわば聴く側の者が、実質的な話の伸展に伴ってその場その場できちんと合の手を入れる。要は相槌を打って、その進行を扶ける働きを司ることをいった。称してこれを「あどがたり」とした。したがって、この場合、徳岡の村上家の子供たちは、埋火に小さな手をかざしながら、それでも一所懸命に「あど」を打っていたというわけである。

そうはいってももちろん、そこでの「あど」の具体的な内容について真澄は何も記していない。二百年前の奥州胆沢郡の子供たちは、このとき、いったいどのような言葉を発していたのであろうか。思うにそれはおそらく「おう」か「おお」、もしくは「おっとう」といっていたのではなかろうか。私はそう判断している。話は少し細かくなるが、いったいに昔話の相槌は、土地によって著しく内容を異にしていた。仮に「むかし、あったけど」と語り手の老人が発語すると、それを受けて山形県の庄内ではまず「おでやれ、おでやれ」とまわりで囃した。その上で岩手県南から宮城県北部の海岸部では「はぁーれ」とか「はぁーれや」という。古くは「げん」「げい」であった。福島県南会津郡では「さすけん」。これは新潟県栃尾市の「さぁーんすけ」や、佐渡の「さーす」「さーそ」もしくは「さそ」に直接繋がる例である。瀬戸内の島では「おお」。奄美の徳之島では「はいはい」といった。これらはいずれも、非日常の特殊な用語である。それのみならず、さらに加えて、昔話には特別に、これを催促する言葉があった。前出、庄内では「こどとや、こどとや」といった。他には「もしとず、もしとず」とか、「ほれがら」「ほすて」といって、語り手に促した。「さそ」は「さ(然)候」が原義であるとみれば、それからして「こどとや」は、「言、問はばや」の意ではなかっただろうか。

それにつけても、伝説や世間話には必要としないこれらの特別な言葉や物言いは、昔話に限って何故存在したのであろうか。その原因は、これの素姓はそもそもが物語、つまりはこの国におけるモノガタリの一斑としてあったからであろうと、私は推察している。

ところで、ここにいうモノガタリと、そこでのモノとは何か。モノは元来が物の怪とか物の気、あるいは物狂い、物狂おしいといった場合のモノ。したがって、実際にきちんとこれを確認するのは、ちょっと望み難い。しかし、それにもかかわらず、彼等は私共の身辺に始終跳梁跋扈している。そして、こちらの不注意やわずかな隙を窺ってはいつなん時でも、病いや災いをもたらして平穏無事な日々の生活につけ入り、これを脅かそうとする。そういった風のまことに厄介でいやな相手である。それからして、要は精霊などというのがこれの実態であろう。折口信夫（一八八七〜一九五三）は、昔話伝承の場面におおよそこうした態のモノと人間との対座、あるいは相渉や葛藤といった事態を想定、導入して、柳田國男や関敬吾とはかなり異なった見解を表明した。併せて折口はそこに生成、醸成された情況、もしくは場面をひとたびはトギ（伽）という具合に考えた。トギの際に披露されたからこれをトギバナシ、つまりはオトギバナシの源流というように整理、解釈したわけである。

具体的にはこれを要するに何人かのひとがひとところに寄ってモノガタリをしている。暗い夜である。雨が降っていればなお更のこと、外からは家の中の様子を窺うようにしてモノが忍び寄ろうとする。一座のひとびとはその場で、それよりももっと怖い内容を話題にしている。化物話である。いうなれば外からのモノに向かって、こちらの方がずっと凄いぞといった態の威嚇である。折口は、「古屋《ふるや》の漏《もり》」の話を例に引いて、昔話とモノとトギとの関係をこのように説いた。そして、お互いが夜を徹して恐ろしい内容の話を披露し合うのが百物語であろうと述べた。こうした折口の解釈はすこぶる魅力がある。しかして反面、昔話全般に向けての発言はきわめて限られていて、最終的にこれを体系づけて言うには至らなかった。

しかし翻って想えば、すでに指摘したように、わが国の昔話にはこれをモノガタリ、つまり基本的には無文字社会に行われる常民間の口承のそれというように遇する面がきわめて強かった。そこで、仮にこれを百物語にそくしていっても、村内では通常「ヒャクモンガタリは化物が出る」

として常に厳しく戒めていた。百物語への禁忌である。留まるところを知らず、いつまでもモノガタリの場を継続すること、すなわち、百物語を強行するのは何故避けなければならないのか。現今の伝承ではそのほとんどがこれを説明して「化物が出る」としている。しかし、ひとたびは各地に残る古い慣習を窺うに、百物語は元来が大歳《おおとし》の晩、それも村内にあって選ばれた幾人かの者が、神社の拝殿や寺の堂内に集まって、そこで語り合う仕来りにあった。したがって、これがそもそもの実態は正月神を迎えるための神聖な夜語りにあったとみてよい。それがあって、通常安易にこれを模するのを強く戒めたのが、いまに伝わる百物語の原型ではなかったかと思われるのである。

いずれにしても、モノガタリの場と時とこれの継続、続行には、それ相応の秩序と制限、もしくは制約と規制があった。ひっきょうするに節度が要求された。そして現行の昔話伝承の場面に、もしもこの種の習いを裏付けるような材料を求めるならば、さし当っては、次の例などが直接それを補うのではなかろうか。直截に機能する具体的な部分に限って提示しよう。

「さあさ、坊さん、語ってけらえん」

「俺の昔話は囃し言葉が余計でね」

「何でもいがす（いいです）。いがす」

「ほだら始めるがら、一区切りごとに『棚から落った煤《すす》け達磨《だるま》の目《まなぐ》を引っつぱ抜いで、砂で磨いて木賊《とくさ》をかげで、金箔のようにひっからがしたは、じでごのはー』て囃してけらえん」

「はいはい」

座頭が、

「むがすあったずもな」て言うと、ばんつぁんが、

〽棚がら落った煤け達磨の目《まなぐ》を引っつぱ抜いで、砂で磨いて木賊をかげで、金箔のようにひっからがしたは、じでごのはー

て囃したど。座頭が、

「あっとごにな」て言うと、ばんつぁんが

〽棚がら落った煤け達磨の目を引っつぱ抜いで、砂で磨いて木賊をかげで、金箔のようにひっからがしたは、じでごのはー

て、また囃さねげねんだと。聞かせる方より聞く方が余計にしゃべんねげねんで、ばんつぁんはとくと嫌《やん》だくなって、

「もう沢山だから止めでけれ。止めでけれ。さあさ、休んでけらえん」て言ったど。

『陸前昔話集』（「全国昔話資料集成」二十九）に拠った。これは明らかに意図して、語りの場を締結、解消に導く働きを擁する結構にある。形式譚の一種である。そして他になお、俗にいう「長い話」とか「切り無し話」の類い、つまりは「果て無し話」とは、いずれこうした素姓、来歴にあったと見做されるのであった。

さて、いまここに引いた事例の中では、昔話を語る座頭が、冒頭「むがすあったずもな」という具合に言い置いた。さきには一度「むかし、あったけど」と記した。昔話を披露するに先立って、語り手たちは通常まず、このように発語するのがそこでの習いであった。冒頭句である。それがため村々では久しくこれを「むかし語り」と称していた。「とんとむかしがあったて」と言う土地では、「とんとむかし」と呼んでいた。昔話の呼称である。そしてそこでの子供たちは「爺さ爺さ、むかし語れや」とか、「婆んちゃん、とんとむかし語ってけらしやれ」などといってこれを催促したわけである。そのとき、村内にあって一人で百も二百も、ときにはまた三百話も語り得る老人について、処によっては特別にこ

の人を「語り爺さ」とか「語り婆さ」と呼んで待遇した。尊称である。他にかけがえのない古老とか宿老の意でもあった。その意味で彼等は単なる昔話の語り手ではなかった。それがため、この人たちが語り収めの句と共に無事多くの昔話を語り終えると、周囲のひとびとはその結句を確認した上で、格別改まった礼の言葉を用意した。

たとえば福島県南会津郡では「ご苦労でやした。おもしろうござった」とか、「かたじけのうござった」といった。また、徳島県三好郡東祖谷山では、話が終るとそれまでに何度聞いたことのあった話でも、「昔の衆《し》はえらかったのうや」とか「こんがな話まっことあったんだろうか」といって、聴き手たちは互いに感嘆の言葉を述べ合ったそうである。それからしてこれを要するに、それは語りの場での儀礼の言葉、もしくは語りに付随する儀礼そのものと見立てても決して間違いにはなるまい。昔話にはそもそもいくつかの儀礼が伴っていたわけである。

以上は、いずれもその多くがわが国の昔話の原質をひとたびは「むかし語り」すなわち、モノガタリ、つまりは物語の一環として捉えようとするとき、そこに著しく顕在化してくる事態の在りようであった。客観的にはこれをして、昔話伝承上の形態、もしくは約束事というようにに認めるのも可能であろう。ところで、その一方で昔話には元来、それを語ること自体にすでに厳しい禁忌、あるいは制約といった付帯条件が備わっていた。

具体的には、たとえば語る時とか機会を強く訴えるのがそうである。その際、わが国に汎《ひろ》く行われるのは、普通「昼むかし」と称して、外に陽のある明かるいうちに物語を語るのをひどく厭った。現在各地に認められるのは「昼むかしを語るとねずみに小便をひっかけられる」とか、「ねずみが笑う」、さらには「ねずみに攫《さら》われる」というように、なべてねずみからの報復、制裁をいう場合が圧倒的に多い。長崎県の下五島では、「ねずみは梁の上から夫婦の夜の生活を窺き見しているので、隣りの家にそれを告げる」といって、殊にこれを忌んだ。そのほか「お寺の鐘が割れる」「お寺の鍋が割れる」とか「天井から血のしたたる足がさがってくる」「夏に雪が降る」「赤い雪が降る」、さらには日常生活に密着して「船に乗ると難破する」「便所に行くときに滑る」「餅搗きのときに足を踏みたがえる」などといった。

こうしてみると、「昼むかし」の禁忌を侵したときには、身に不吉な事態の惹起するのを予知、予告した点に共通した心意が流れている。それからして、時と場合によって、どうしてもこれの避けられない折には、「ねずみ、ねずみ、昼間のなかの話だ」といって、あらかじめ断わればよいといった。注意すべきは、この場合にもねずみからの許諾、了承を積極的に求めているわけで、結局、昔話の禁忌には一様にねずみの動向、消息が関心の的になっていた。これはおそらく、ヨメ、ヨモノとしてのねずみをいうことで、昔話は本来が夜語るもの、つまりは常民の間における神聖な夜語り、行き着くところはモノガタリとしての系譜にあったことを裏付けていると思われるのである。したがって、それがため、ひとたびこれの伝承に当っては、かなり窮屈な約束事や制約、さらには禁忌、加えて厳粛な作法や仕来りといったものが、いくつも備わっていたと理解されるのであった。

このようにして、わが国に行われる昔話の実態を追及し、かつ、そこでの状況を追尋して行けば、当然のこと、昔話には昔話としての自律した秩序や原理が伴っており、それによってそこには自ずと独自の世界や世界観が生成、展開されている事実が認識される。要は常民の文芸として、すでに完結した機能を擁する言語伝承、言語行為の世界であった。それからして、もしもいま、これを大局的に掌握するならば、顧みて汎く一般に人類の起源や文化、あるいは厳然たる自然の秩序や序列などについて説くのが神話。すなわち、それが神々の世界と神々の物語であるならば、翻って一方、この昔話は、常民の間に惹起するごく身近かで卑近なモノガタリということで、昔話と神話とは、最終的にはそれぞれがほぼ両極に位し得る二つの概念として捉えることが出来るであろう。そう思われるのである。

伝説

伝説は昔話とは違って、そこでの内容は語り手とその周囲のひとびととの間では、久しく事実そのもの、つまりは実際の出来事であると信じられてきた。したがって、それはしばしば物理的時間内に惹起した事件として、多くは過去の歴史にそくして述べられていた。それがため、わが国ではこれを称して古来、「いいつたえ」とか「いわれ」という具合に位置づけてきた。「由来」や「口碑」の一環として遇していたわけである。しかし、由来や口碑はそもそもが、現在の事物に関する説明や、過去の出来事についてのあらゆる話を包括する。これに対して、伝説は元来がある特定の土地に存する、しかもきわめて具体的な事物に即して語られるということで、結果的にはその範囲をかなり狭ばめていると認められる。さらにそれはまた、寺社縁起などと共通する部分が多々存する。たとえば、中将姫や百合《ゆり》若《わか》の縁起譚がこれに該当する。しかしこれら縁起類の成立には通常僧侶や神官のような、いわば文字に通じた知識人の参加、介入が大幅に予想される。これに対して伝説は、あくまでもこれが口頭の言語伝承、言語行為であるのを原則とした。その部分でもこれは明らかに一線を画する別の存在であるとしなければなるまい。

ところで、さきにも述べたように、私共はひとつの目安として、一定のストーリーをもつ民間文芸を、昔話、伝説、世間話、もしくは語り物というように今日これを大別している。しかしてその中でも伝説は、そこに伝えられる内容が真実そのものであることを強調する点で、神話の擁する属性とそのまま重なる性質を有している。それからして、これを要してごく客観的にいうならば、伝説は現在でも土地によってはなお、しばしば民間神話、あるいは地方神話としての地位を確保し、実際にまたその機能を充分に果しているとする事実に結びつく。いうなれば、伝説と神話の相渉である。そしてこの一端の事実は、同時にまた伝説の特性をそのまま説明するものでもあった。具体的には、すなわち、この類いの話は、いずれもかつての日に、その内容が事実であったと信じられていた歴史、もしくはそうした経過をそのまま抱え込んでいた。それというのも、最初から話そのものを虚構であるとか、事実に反すると疑っていたのでは、それはすでに伝えられる契機を失っていたということである。それがあって、たとえば郷土の創成を説く洪水伝説とか、山の背くらべや神あらそい、そしてまたそれに伴う巨人伝説や、一族の始祖の由来、出自をいう鮭の大助の話、あるいは温泉発見といった具合にひとたび話の内容が原古にさかのぼればのぼるほど、そこでの話の在りようは神話のそれに類似、接近し、結果として両者の区分、区別はきわめて紛らわしい状況を示していた。

ついでこの種の話は、そこでの歴史性、いうなればそれが事実であったことの直接証明として、過去の事件や出来事の傍証を求めるべく、記念品もしくはそれの事跡を積極的に用意した。英雄田村麻呂や平将門の首塚、八百比丘尼《はつぴやくびくに》や常陸坊海尊入定の塚や小祠、あるいは磐司磐三郎《ばんじばんざぶろう》の岩、弘法石、西行法師の笠掛桜とか衣掛松、義経や弁慶の腰掛松や逆さ杉、片目の魚や片葉の芦といった例がそうである。いずれも話に関連する事物や事跡を確保、用意して事実の存在証明を補強しようとしてきた。具体化を図るわけである。これによって、そこでの話はしばしば歴史的事実に寄り添って伝えられ、その物理的な時間生命を獲得しようとした。これがために、こうした類いの話を伝えるに際しては、明らかにこれを完結し、独立した一編の物語としていう場合と、一方にはまた、眼前の事態、つまりは属目の事物にそのすべてを託してそこでの説明はごく簡単にすませてしまう場合とがあった。昔話とは違って、伝説を述べるに当っては、こうした在りようが実は充分可能であったわけである。

そこでここに、改めてそれらの特性を要約するならば、そこにはまず第一に、こうした話に向けて、これを支持するひとびとの真摯・素朴な心持ちがまず必要であった。信心があり、篤い信頼があった。とりあえずはこれを信仰、あるいは宗教性として認識するのが叶えられよう。第二に、話は求めて常に歴史上の出来事にかかわって説かれようとし、それがために信憑性が重視されていた。手立てや手段としてそこでは始終怠りなく、事実追認の機会に併せてそのための証拠品を必要とした。この事態を現実性、歴史性とみる。第三に、話は独立した一編の物語として起伏に富み、起承転結を心得ている場合と、他方、目の前にある事実としての動かし難い事物の由来をわずかに説いて終る、そうした場合とがあった。いうなれば、話は時と場合によって長短、伸縮は常時自在であった。それからして、これを統一された様式の欠如、つまりは不定型の恣意的な伝承と認めることができた。もっとも、これらの特性は、必ずしも伝説に限っての絶対的なそれというように断言するわけではない。しかし、ひとたびここに指摘し得るこうした在りようは、たとえばこれを昔話のそれに直接比較・照合した場合、少なくとも伝説の特色をより一層顕在化していると判断し得るものであった。

このように昔話と比較した上で、ここに抽出した伝説の特性にもとづいて、十九世紀の初頭にドイツのグリム兄弟(J. &. W. Grimm)は、「昔話は詩的であり、伝説は歴史的である」と説いた。伝説の研究史上、伝説の定義、もしくはそれの概念規定について、もっとも早くにこれを試みたのは二人のこの兄弟であった。ところで、わが国の研究者で初めてこの種の見解を示したのは上田敏であった。Folk-Loreを訳して、これに「俗説学」の語を用いたのは、上田敏が最初である。それとともに彼は「俗説学は単にお伽噺のやうな古来のハナシ又《また》モノガタリのみを研究するのでは無く、一定時に於ける一民衆の心に存するあらゆるイヒツタへの総体を吟味し取調べてよい」とした。その上で彼はさらに伝説・神話・お伽噺の差異については、まず「一体ハナシには(一)娯楽の為《ため》にするハナシと(二)真実と信じるハナシとがある」と言い置いたあと、「お伽噺とこれら二者の区別如何《いかん》といふに、古伝神話に現はれる神明、英雄等は、一定の名称を有《も》ち、多くは一定の土地に関係して、嘗《か》つて実際この世に存在してゐたとしてある。之《これ》に反して、お伽噺の世界はすべて漠としてゐる。今は昔とか、昔々あつたとさとかいふばかり、人物の名も多く定まつてゐず、何処《どこ》とも誰《だれ》とも、全く当がない」と述べた。

こうしてみると、ここでの敏の指摘は、早い時機にあってきわめて適切、的確であったと評し得る。ただし、上田敏の発言は遂にそこまで、で、このあと、わが国に行われる伝説の具体的な分類とそれに伴う問題点の摘出は、他の先進諸国同様、民俗学そのものの黎明と勃興の時を経なければならなかった。そしてこの際、研究史に即してもしもこれの展開について、ひと言添えるならば、それはもちろん、その後の高木敏雄、さらには柳田國男といった先学たちの業績に直接委ねるところが多かったのである。

以上、事の次第はおおよそ、これまでにわが国の民俗社会に行われてきた昔話と伝説の在りようと、また、そこでの実態にもとづいて述べてきた。その点、ここに記した個々の事象はそのほとんどがなお確認の叶えられる内容であるとして、まず間違いない。しかし、それと共に一方でこれはまた、そこで扱う資料と方法に限りのある事実を紛れもなく示すものであった。何故ならばたとえば、村内に行われてきたこれらの材料は、早い話、それがいくら出揃ったとしても、いかに詳細を極めたとしても、振返って、それではそれがいつからそこに在ったのか、またいつ誰がどのような機会にそれを村にもたらしたのか。いわばこういった態のきわめて具体的な問題になるとそれはほとんど判らない。したがって、かつての日、村々に隆盛を極めた筈の昔話や伝説は、いつ、どこからここに辿り着いてその挙句、ようやく定着するに至ったのか。ひとたびはこうした命題に突き当ると、これに対しては、ほとんどの場合、的確な対応がなし得ないということにあった。これを要約して、それはもしも口承文芸、つまりは、昔話や伝説におけるそこでの通時性の問題、すなわち、ひとつひとつの話と、特にそれを選んで享受、受容してきた人、もしくはその土地柄をひっくるめての歴史性の問題という具合に掌握するならば、次に立ち向うべき課題はまさにその一事に尽きると思われる。

その意味では、私共の手元に在る昔話や伝説は、過去の日に、いったいどのような経緯のもとに、やがてここに及んだのか。それに伴って、その間、文献所収の話や、またそれを直接口舌にのぼせたひとびとの介入はどうあったのか。つまりは積極的な改竄や改作の工夫は介在したか、どうか。別条こうした点もまた、改めて問い直されなければならない筈である。

いずれにしても、昔話伝説研究への道は、ここにいまようやくその具体的な緒に就いたことだけは間違いない。

（『昔話・伝説小事典』一九八七年、みずうみ書房刊所収）

鍛冶屋
(弘前市高杉、P59)
青森
青森県
愚か村話
(八戸の八幡)
(八戸市、P51)
秋田県
秋田
形式譚
(久慈市、P89)
盛岡
洪水伝説
(北上川、P95)
岩手県
赤子塚
(花巻市、P10)
マヨイガ(隠れ里)
(遠野市、P57)
宮城県
金成沢、鍋越山
赤岩五駄鱈、松崎五駄鱈
(気仙沼市、P158)
神足石
(塩釜神社、P11)
白鳥神社
(福島市、P219)
源兵衛淵
広瀬川の淵
(仙台市、P67)
信夫文知摺石
(福島市、P166)
田村麻呂産清水
(郡山市田村町、P31)
髪剃り狐
(南会津郡、P69)
腰掛松
(那須温泉大明神)
(那須郡那須町、P99)

各地に伝わる昔話・伝説❶

（括弧内の頁は、関連のある本文記載頁）

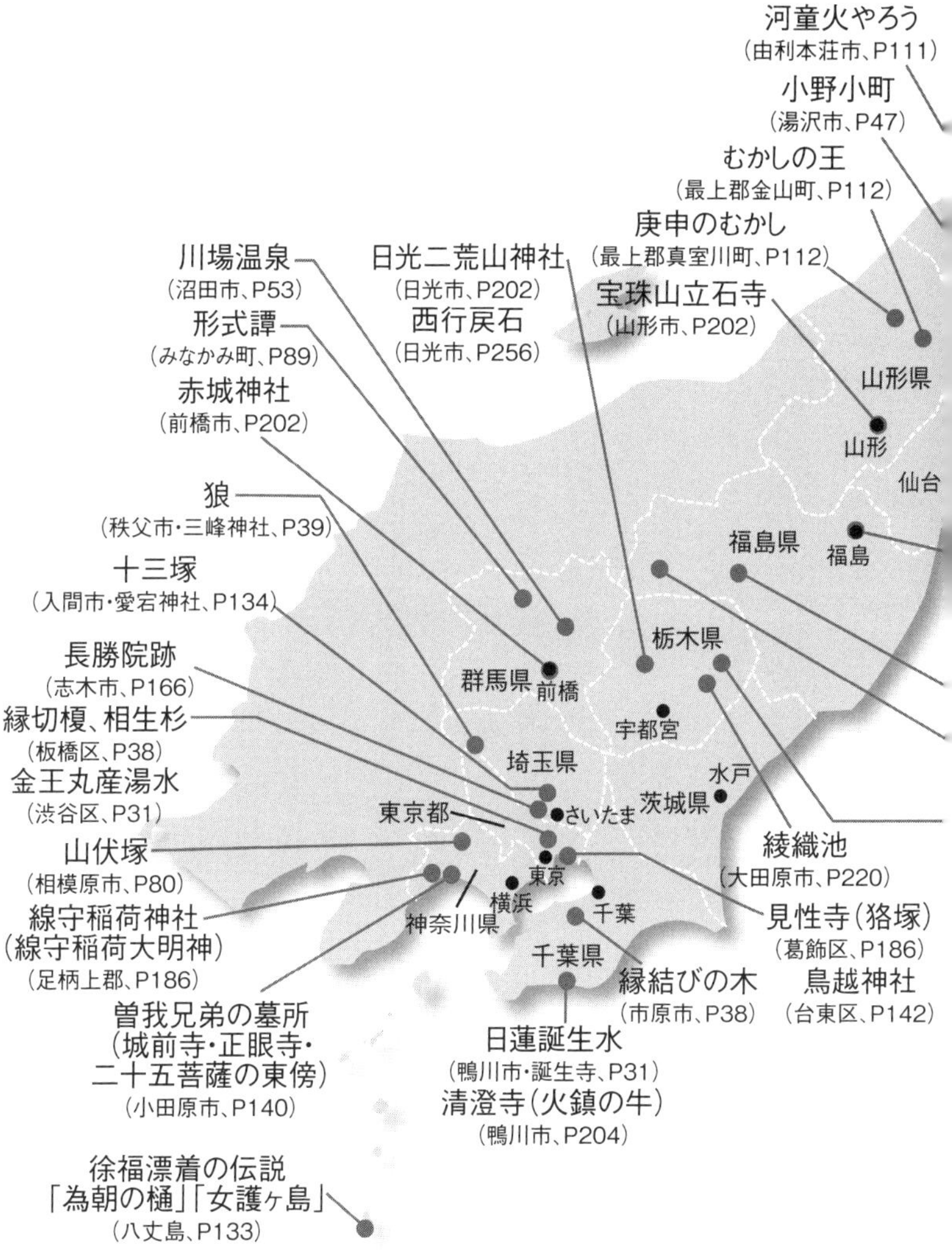

河童火やろう
（由利本荘市、P111）
小野小町
（湯沢市、P47）
むかしの王
（最上郡金山町、P112）
庚申のむかし
（最上郡真室川町、P112）
川場温泉
（沼田市、P53）
日光二荒山神社
（日光市、P202）
西行戻石
（日光市、P256）
宝珠山立石寺
（山形市、P202）
形式譚
（みなかみ町、P89）
赤城神社
（前橋市、P202）
山形県
山形
仙台
狼
（秩父市・三峰神社、P39）
福島県
福島
十三塚
（入間市・愛宕神社、P134）
栃木県
長勝院跡
（志木市、P166）
群馬県
前橋
縁切榎、相生杉
（板橋区、P38）
宇都宮
金王丸産湯水
（渋谷区、P31）
埼玉県
水戸
東京都
さいたま
茨城県
山伏塚
（相模原市、P80）
綾織池
（大田原市、P220）
東京
線守稲荷神社
（線守稲荷大明神）
（足柄上郡、P186）
横浜
千葉
神奈川県
見性寺（猫塚）
（葛飾区、P186）
千葉県
縁結びの木
（市原市、P38）
鳥越神社
（台東区、P142）
曽我兄弟の墓所
（城前寺・正眼寺・
二十五菩薩の東傍）
（小田原市、P140）
日蓮誕生水
（鴨川市・誕生寺、P31）
清澄寺（火鎮の牛）
（鴨川市、P204）
徐福漂着の伝説
「為朝の樋」「女護ヶ島」
（八丈島、P133）

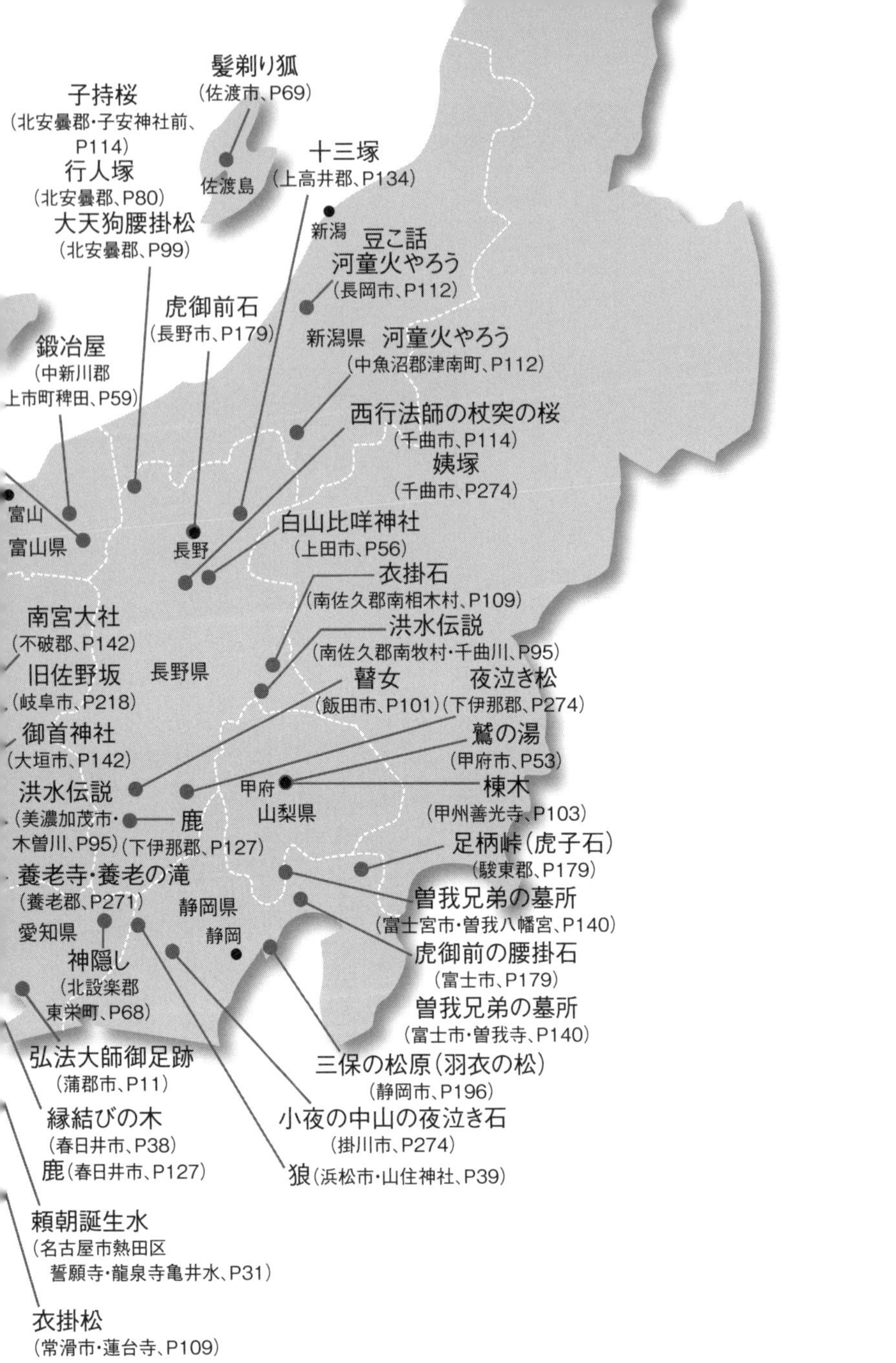
髪剃り狐
（佐渡市、P69）
子持桜
（北安曇郡・子安神社前、P114）
行人塚
（北安曇郡、P80）
大天狗腰掛松
（北安曇郡、P99）
十三塚
（上高井郡、P134）
佐渡島
新潟
豆こ話
河童火やろう
（長岡市、P112）
虎御前石
（長野市、P179）
鍛冶屋
（中新川郡
上市町稗田、P59）
新潟県
河童火やろう
（中魚沼郡津南町、P112）
西行法師の杖突の桜
（千曲市、P114）
姨塚
（千曲市、P274）
富山
富山県
長野
白山比咩神社
（上田市、P56）
衣掛石
（南佐久郡南相木村、P109）
南宮大社
（不破郡、P142）
洪水伝説
（南佐久郡南牧村・千曲川、P95）
旧佐野坂
（岐阜市、P218）
長野県
瞽女
（飯田市、P101）
夜泣き松
（下伊那郡、P274）
御首神社
（大垣市、P142）
鷲の湯
（甲府市、P53）
洪水伝説
（美濃加茂市・木曽川、P95）
甲府
棟木
（甲州善光寺、P103）
鹿
（下伊那郡、P127）
山梨県
足柄峠（虎子石）
（駿東郡、P179）
養老寺・養老の滝
（養老郡、P271）
曽我兄弟の墓所
（富士宮市・曽我八幡宮、P140）
静岡県
愛知県
静岡
神隠し
（北設楽郡
東栄町、P68）
虎御前の腰掛石
（富士市、P179）
曽我兄弟の墓所
（富士市・曽我寺、P140）
弘法大師御足跡
（蒲郡市、P11）
三保の松原（羽衣の松）
（静岡市、P196）
縁結びの木
（春日井市、P38）
小夜の中山の夜泣き石
（掛川市、P274）
鹿（春日井市、P127）
狼（浜松市・山住神社、P39）
頼朝誕生水
（名古屋市熱田区
誓願寺・龍泉寺亀井水、P31）
衣掛松
（常滑市・蓮台寺、P109）

各地に伝わる昔話・伝説❷

蟹甲石
（鳳珠郡能登町、P65）
御陣乗太鼓
（輪島市名舟町、P90）
鍛冶屋
（輪島市門前町剣地、P59）
十三塚
（鹿島郡、P134）
白山
（白山市・岐阜県大野郡
白川村、P264）
源五郎の天昇り
（琵琶湖、P91）
木地師
（東近江市、P72）
立山連峰
（中新川郡、P264）
延暦寺
（大津市、P265）
小町の手具足塚
（大津市・小野神社、P47）
牡丹餅三つ
（南砺市、P112）
金沢
石川県
園城寺（三井寺）
（大津市、P213）
余呉湖
（長浜市、P196）
瀬田の唐橋
（大津市唐橋町、P152,197）
小鳥前生譚
（長浜市、P105）
竹生島
（長浜市、P264）
木魂聟入
（東山区・三十三間堂、P103）
福井
田楽能
（今立郡池田町水海、P90）
福井県
一休話
（北区・大徳寺、P20）
伊吹山
（米原市、P264）
牛若丸誕生水
（北区、P31）
岐阜県
菅公産湯の水
（下京区、P31）
岐阜
親鸞上人産湯の井
（伏見区、P31）
兵庫県
滋賀県
金糞岳
（揖斐郡、P264）
名古屋
山城蟹満寺
（木津川市、P65）
京都
大津
甲賀三郎
（甲賀市、笠岡釈迦堂、P94）
盲杖桜
（明石市・柿本神社〔人丸神社〕、P114）
神戸
大阪
京都府
津
宇治橋
（伊勢市、P197）
長柄橋
（大阪市、P197）
大阪府
奈良
神の祟り
（タタラシイ神）
（淡路島、P70）
三重県
鹿（山辺郡、P127）
東大寺・金鐘寺
（奈良市、P278）
当麻寺
（葛城市、P161）
和歌山
奈良県
弘法伝説
（伊都郡高野町・高野山、P97）
和歌山県
日張山青蓮寺
（宇陀市、P161）
雲雀山得生寺
（有田市、P161）
三輪山
（桜井市、P214）
安珍・清姫
（日高郡日高川町・道成寺、P15）
清姫
（田辺市
中辺路町、P15）
徐福の墓
（新宮市、P133）
衣通姫の
産湯の井
（桜井市・玉津島明神、P31）

松江
鳥取
鳥取県
湖山池
（鳥取市、P162）
島根県
義経腰掛石
（高松市源氏ヶ峰、P99）
岡山県
寝太郎荒神
（山陽小野田市、P178）
岡山
広島県
弘法大師足跡
（綾歌郡綾川町、P11）
高松
広島
山口県
山口
愚か村
（築上郡築上町寒田、P160）
十三塚
（三豊市、P134）
香川県
徳島
徳島県
吉五話
（中津市、P75）
太郎塚・次郎塚・鷹の塚
（別府市、P269）
松山
愛媛県
高知県
高知
百合若大臣の塚
（大分市、P269）
大分県
大分
髪剃り狐
（海部郡、P69）
熊本県
吉四六話
（臼杵市・普現寺、P75）
炭焼長者譚
（豊後大野市・内山観音、P137）
宮崎県
児湯の池
（西都市、P31）
和泉式部霊験譚
（東諸県郡・法華嶽薬師寺、P18）
宮崎

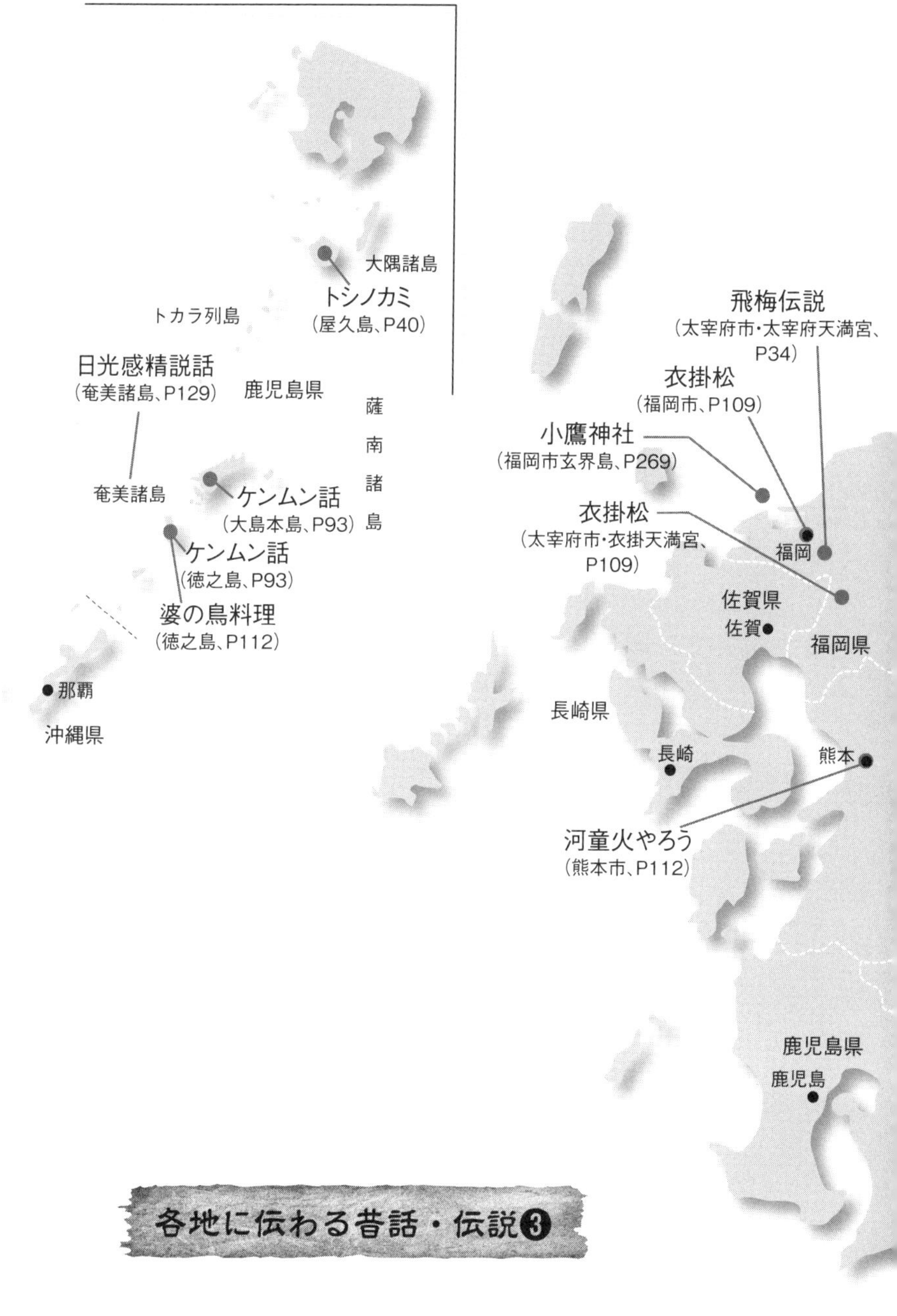

大隅諸島
トシノカミ
（屋久島、P40）
トカラ列島
日光感精説話
（奄美諸島、P129）
鹿児島県
薩南諸島
奄美諸島
ケンムン話
（大島本島、P93）
ケンムン話
（徳之島、P93）
婆の鳥料理
（徳之島、P112）
那覇
沖縄県
飛梅伝説
（太宰府市・太宰府天満宮、P34）
衣掛松
（福岡市、P109）
小鷹神社
（福岡市玄界島、P269）
衣掛松
（太宰府市・衣掛天満宮、P109）
福岡
佐賀県
佐賀
福岡県
長崎県
長崎
熊本
河童火やろう
（熊本市、P112）
鹿児島県
鹿児島

各地に伝わる昔話・伝説❸

日本おどけ者分布図（本文44頁参照）

①北海道檜山郡厚沢部町上里　繁次郎
②山形県東置賜郡高畠町露藤　佐平
③茨城県那珂郡市額田　達斉
④千葉県船橋市印内　重右衛門
⑤神奈川県厚木市七沢　久助
⑥山梨県北杜市白州町上教来石　市兵衛
⑦新潟県長岡市十日町　万四郎
⑧石川県珠洲市三崎町引砂　三右衛門
⑨京都市船井郡京丹波町大迫　きんだはん
⑩島根県出雲市小津　仁右衛門
⑪岡山県真庭市　九助
⑫広島県庄原市比和町三河内越原　左衛門
⑬高知県高岡郡四万十町　万六
⑭高知県四万十市　泰作
⑮福岡県福津市　又兵衛
⑯佐賀県唐津市大石町　勘右衛門
⑰大分県中津市　吉吾

⑱大分県臼杵市野津町野津市　吉四六
⑲宮崎県宮崎市跡江　半ぴ
⑳長崎県大村市日泊町　勘作
㉑熊本県八代市　彦一
㉒鹿児島県出水市向江町平良馬場　鎌田びっちょ
㉓鹿児島県霧島市隼人町東郷　侏儒
㉔鹿児島県大島郡沖永良部島　卯平
㉕沖縄県那覇市首里　モーイ

（『民話と文学』第二号をもとに作成）

昔話《むかしばなし》・伝説《でんせつ》を知《し》る事典《じてん》

2021年12月31日　第1版第1刷発行

編者◆野村純一《のむらじゅんいち》　佐藤涼子《さとうりょうこ》
大島廣志《おおしまひろし》　常光《つねみつ》　徹《とおる》

発行人◆小島　雄

発行所◆有限会社アーツアンドクラフツ
東京都千代田区神田神保町 2-7-17
〒101-0051
TEL. 03-6272-5207　FAX. 03-6272-5208
http://www.webarts.co.jp/

印刷　シナノ書籍印刷株式会社

落丁・乱丁本はお取り替えいたします。
ISBN978-4-908028-67-0　C0539